1.50

Connie Palmen

I. M.
*Ischa Meijer – In Margine,
In Memoriam*

*Aus dem
Niederländischen von
Hanni Ehlers*

Diogenes

Titel der 1998 bei Prometheus, Amsterdam,
erschienenen Originalausgabe: ›I. M.‹
Copyright © 1998 by Connie Palmen
Umschlagfoto von
Franco Gori

Alle deutschen Rechte vorbehalten
Copyright © 1999
Diogenes Verlag AG Zürich
150/99/8/1
ISBN 3 257 06224 9

Inhalt

In Margine   7
In Memoriam   359
Anmerkungen   398

In Margine

Er schließt in der Reestraat gerade die Haustür ab, als ich, von der Prinsengracht kommend, um die Ecke biege. Wir bleiben beide wie angewurzelt stehen und sehen einander an, ohne etwas zu sagen. Er wollte zu mir und ich zu ihm, das wissen wir. Ohne jede Vorwarnung dehnt sich mein Schließmuskel, und ich mache mir in die Hose. Mir gegenüber spreizt er die Beine, faßt sich an den Hintern und ruft verdutzt aus, er habe sich in die Hose gekackt.

Diesmal ginge ich mit ihm hinauf, sage ich. Es ist der 12. Februar 1991, sieben Tage nach unserem Interview. Als Unterwäsche trage ich an diesem Tag viel zu weite Boxershorts.

Anderthalb Wochen zuvor hat mich die Aufnahmeleiterin seiner Radiosendung, Leonie Smit, angerufen. Sie fragt, ob ich am Dienstag, dem 5. Februar, als Interviewgast bei *Eine Stunde Ischa* mitwirken könne. Vor zwei Wochen ist mein erstes Buch herausgekommen, ich habe so gut wie jeden Tag ein Interview gegeben, bin müde und finde, daß es jetzt eigentlich reicht. Obwohl ich seit Jahren mit der fixen Idee herumlaufe, daß Ischa Meijer und ich einander eines Tages begegnen werden und daß dann etwas zwischen uns passiert, irgend etwas, ich weiß nicht, was, glaube ich, daß die Zeit noch nicht reif dafür ist, und sage der Produzentin wahrheitsgemäß, daß ich am Morgen desselben Tages bereits eine Verabredung mit einer Journalistin von *Elsevier* hätte und es mir zuviel werde, nachmittags auch noch ins ›Eik en Linde‹ zu kommen. Für den Fall, daß ich es mir noch anders überlegen sollte, gibt mir die Aufnahmeleiterin ihre Telefonnummer. Ich lege auf. Da wird mir blitzartig bewußt, daß ich mich geirrt habe, daß dies doch der richtige Moment ist. Ohne weiter darüber nachzudenken, wähle ich die Nummer, die ich mir soeben notiert habe, und sage Leonie Smit, ich könne doch kommen. Sie fragt, wieso ich es mir anders überlegt hätte.

»Als ich den Hörer auflegte, wußte ich, daß es mir leid tun würde, nein gesagt zu haben«, antworte ich.

»La Palmen«, schreit er mir entgegen, als ich den Studioraum des Lokals betrete. »Wir sprechen aber nicht über *Die Gesetze*«, sagt er, mir die Hand schüttelnd, »wir werden uns über diesen Rummel unterhalten, der um dich gemacht wird.«

»Ich möchte aber über das Buch sprechen«, sage ich.

»Darüber haben wir schon genug gehört, dieser Medienrummel ist viel interessanter.«

»Aber zu dem trägst du doch jetzt auch bei.«

»Na, na, Palmen, nicht gleich so schlagfertig, das überlaß lieber mir.«

Die Sendung wird vor Publikum aufgenommen. Bevor es losgeht, steuert er auf eine Frau in der ersten Reihe zu und flüstert ihr vertraulich etwas ins Ohr.

Die ist bald Vergangenheit, durchfährt es mich.

Über die Lautsprecher hören wir das Ende des Wetterberichts und die Ankündigung der Sendung. Cor Galis steht, die von Ischa getippten Seiten in den zitternden alten Händen, am Mikrophon bereit, um den Text gleich im Anschluß mit der ihm eigenen, unverwechselbaren Stimme vorzulesen.

Letzten Samstag haben Ischa und ich unseren lieben Freund Jac Heijer beerdigt. In Halfweg. Und nach katholischem Ritus. »Was mich betrifft, gleich zwei Premieren«, sagte Ischa – terminologisch ziemlich passend, wo Jac Heijer doch der beste Theaterkritiker der Niederlande war.

»Und noch dazu ausverkauft«, stellte Ischa fest, als wir in Halfweg die Kirche betraten.

»Jac war ein beliebter Mann«, sagte ich.

»Aber so viele Leute?« meinte Ischa.

Mit all diesen betrübten Freunden und Bekannten und Kollegen zusammen schoben wir uns an den Kondolenzbüchern vorbei.

»Er war, ist und bleibt eben beliebt«, behauptete ich.

»Natürlich«, sagte Ischa, »natürlich, Cor, aber bei so vielen – geht denn das überhaupt?«

Wir rutschten in eine Bankreihe hinein. Ischa kam neben Olga Zuiderhoek zu sitzen und ich neben Frans Weisz.

»Noch dazu so berühmten und solchen Koryphäen in ihrem Metier«, hörte ich Izzyboy leise murmeln.

Dann begann die Totenmesse, und Ischa und ich waren anschließend völlig einer Meinung: so eine katholische Beisetzung ist doch gar nicht so übel, die hat Format und Schlichtheit. »Ich bin ja leider nicht katho-

lisch, sonst ...«, sagte Ischa. Ich warf ihm einen verstohlenen Seitenblick zu und sah, daß er eher sorgenvoll als bekümmert aussah.

»Probleme?« fragte ich.

Izzy schwieg. Mittlerweile standen wir draußen auf dem Friedhof, umringt von all diesen Leuten aus der Welt des Theaters und des Journalismus.

»Kopf hoch«, sagte ich zu Ischa. »Du kennst doch jede Menge Leute – da müßte es schon merkwürdig zugehen, wenn nicht ein paar davon auch zu deiner Beerdigung kämen.«

»Meinst du wirklich, Cor?« fragte er, plötzlich ganz hoffnungsfroh.

»Und sei es auch nur, um sich zu treffen«, sagte ich. Hahaha!

Es war kalt, sehr kalt. Trotzdem hatten wir keine Lust auf das traditionelle Kaffee-und-Kuchen-Danach. Wir gingen anschließend gleich zu meinem Wagen, und Ischa sagte resolut: »Und jetzt auf zum nächstbesten Supermarkt, Corrieborrie.« Dort angelangt, kauften wir einen Haufen Zeugs ein, das wir überhaupt nicht brauchten. Und erst dann gestattete Izzy uns, Kaffee trinken zu gehen, in einem kleinen Lokal im Jordaan-Viertel. Und da erst sagte ich folgendes: »Ischa«, sagte ich, »Ischa, wenn sich irgend jemand einen Ast darüber lacht, daß du neidisch auf seine Beerdigung bist – na, dann bestimmt Jac Heijer, den wir gerade beerdigt haben. Meine Güte, hätte der über deine Borniertheit gelacht.«

»Dann hab ich ihm also doch noch eine Freude be-

reitet«, erwiderte Ischa und bestellte beim Wirt einen doppelten Calvados.

Und das verschlug mir für einen Augenblick die Sprache. So egozentrisch, so tatendurstig, so kindisch, so naiv und dabei zugleich so raffiniert!

»Auf meine Beerdigung«, sagte Ischa fröhlich – und hob sein Glas.

»Wohl bekomm's«, sagte ich. Und wie haben wir da gelacht – gemeinsam mit Jac Heijer. Als wenn nichts geschehen wäre.

He, Sonnyboy, fetz uns dein Lied und sing, sing, sing!

In Jeans, gestreiftem Hemd und Sakko steht er breitbeinig am Mikrophon und schließt die Augen, als er unvermutet zärtlich und hingebungsvoll den ersten Satz von *Let's Face the Music and Dance* singt: »*There may be trouble ahead.*« Dann und wann macht er einen Versuch, die Zuschauer anzusehen, doch das will ihm nicht so recht gelingen, dafür ist er zu verlegen. Ich werde ganz ruhig, als ich ihm so zuschaue. Ich weiß nicht, wo ich die Überzeugung herhole, aber ich habe sie, und sie ist sehr groß: Ich weiß, daß dort mein Mann steht. Mehr kann ich mir noch nicht darunter vorstellen.

Er interviewt zuerst einen Bewährungshelfer. Vom scheuen *crooner* verwandelt er sich dabei in einen unverfrorenen, scharfsinnigen Fragesteller, der sich nicht scheut, den ihm gegenübersitzenden Mann noch unsicherer zu machen, als der es ohnehin schon ist. Mit gespielter Lässigkeit duzt der Bewährungshelfer seinen Interviewer. Ischa verweist ihn sofort in seine Schranken: »Wir siezen uns hier. Und wenn es auch sonst überall ›du‹ und ›dein‹ heißen mag, hier nicht. Also bitte noch einmal von vorn.«

»Nein, nein, nein«, höre ich ihn kurz darauf schreien, »verschonen Sie mich mit ein Mindestmaß hier und ein Mindestmaß da. Ihr ganzes Sozialarbeiterleben lang haben Sie das gesagt, aber das muß ausgetrieben werden.«

Verstockt wie ein pubertärer Schnösel spickt der Bewährungshelfer seine Antworten im weiteren Gespräch daraufhin mit »ein Mindestmaß an Verantwortung« und ein Mindestmaß hiervon und ein Mindestmaß davon.

Den Mann sollte man hinter Gitter sperren, denke ich grimmig.

Ich sitze mit Leonie Smit, Fred van der Spek und Cor Galis an einem Tisch. Die Combo »The Izzies« spielt ein Intermezzo. Es herrscht eine angenehme Atmosphäre. Ich bin von einem merkwürdigen Glücksgefühl durchströmt, es ist wie eine Vorwegnahme dessen, was mir zuteil werden wird, des Lebens mit einem Mann, der eine angenehme Atmosphäre schaffen kann.

Im Publikum versuche ich meine Freundin Eva zu entdecken, die mich ins Studio begleitet hat. Sie lächelt mir aus der hintersten Reihe zu, und ich lächle zurück. Erst als ich ihn zu Fred van der Spek sagen höre, er wolle gern noch kurz mit ihm über die Politik der PvdA sprechen, müsse ihn aber dazu anhalten, sich kurz zu fassen, weil danach Connie Palmen dran sei, werde ich wachsamer, ohne jedoch etwas von der Nervosität zu verspüren, die ich sonst bei jedem Interview empfunden habe.

»Frau Palmen«, beginnt er kurz darauf, »vor, sagen wir mal, drei Wochen waren Sie noch völlig unbekannt, und jetzt sind Sie *das* Medienereignis im Land. Oh, das reimt sich! Hätten Sie das erwartet? Sie haben ein Buch geschrieben, einen essayistischen Roman, einen romantischen Essay, ein spannendes Buch, gutes Buch, schönes Buch.«

Das Gespräch verläuft geradezu leise, ohne Witzeleien oder höhnische Bemerkungen seinerseits, besonnen meinerseits. Wir unterhalten uns eingehend über das Schreiben und das Schriftstellersein, daß ich es schon immer gewußt hätte und nur noch hätte werden müssen, daß mein Leben jetzt stimmiger sei als je zuvor; wir sprechen über meine Eltern, über Philosophie und Religion und darüber, daß das Schreiben eine Art Bindeglied zwischen beidem ist. Es sind Themen, über die ich in Interviews bisher noch nicht gesprochen habe, doch während des gesamten Gesprächs werde ich das Gefühl nicht los, daß dies das letzte ist, was ich mit Ischa will, daß es sich ganz und gar nicht gehört, in aller Öffentlichkeit von ihm interviewt zu werden.

Im Anschluß an die Sendung kommt Leonie Smit auf mich zu. Sie ist schon seit fast zehn Jahren Aufnahmeleiterin seiner Radiosendung. Das sei ganz außergewöhnlich für sie gewesen, sagt sie, sie habe Ischa bei einem Radio-Interview noch nie so ernst und seriös erlebt. Eva kommt hinzu und bestätigt, was Leonie gesagt hat, aber ich bin bedrückt und leicht derangiert. Ich bin in der festen Überzeugung hierhergekommen, daß dies der Beginn meines Lebens mit Ischa sein würde, doch jetzt weiß ich nicht mehr, wie es weitergehen soll, und das Interview hat mir keinerlei Anhaltspunkte dafür gegeben, daß ich mit meiner Überzeugung richtig liege.

Mit Eva zusammen gehe ich die Treppe hinunter ins Lokal, wo ich mich, in Grübeln versunken, gegen den Billardtisch lehne. Leonie besorgt uns etwas zu trinken, und was den Rest betrifft, komme ich mir nur fremd vor. Ich habe keinen Blick für das, was um mich herum vor sich geht. Gerade als ich mich frage, ob ich mich geirrt habe, kommt Ischa laut redend die Treppe herunter. Er unterhält sich mit der Frau, die in der ersten Reihe saß. Er kommt zu mir herüber und fragt, wie ich es gefunden hätte.

»Ging so«, sage ich.

»Es war doch ein gutes Interview, oder?«

Ich sage nichts, sehe ihn nur an.

»Was hast du jetzt vor, Palmen?« fragt er.

»Nach Hause gehen«, sage ich, »Trübsal blasen.«

»Trübsal blasen, Trübsal blasen«, wiederholt er fröhlich. »Und Freitag abend, willst du da auch zu Hause hocken und Trübsal blasen, oder gehst du da mit mir essen?«

»Da gehe ich mit dir essen.«

»Gut. Viertel vor sieben, Hauptbahnhof, 1. Klasse, auf 2 B. Also nicht zur 2. Klasse laufen, Palmen.« Er will noch etwas hinzufügen, hält inne und sagt: »Nein, du kommst nie zu spät, oder?«

»Nein.«

»Aber ich bin überhaupt nicht unterhaltsam, also zieh was Hübsches an, da hab ich dann zumindest was zum Anschauen, wenn ich schon nicht weiß, worüber ich reden soll.«

»Connie hat immer hübsche Sachen an, und sie ist sehr wohl unterhaltsam«, entgegnet Eva schnippisch.
»Ach, ja?«
»Ja«, sage ich, »ich habe dir eine ganze Menge zu erzählen.«
»Na, was denn«, fragt er patzig, »was?«
Dann geht er weg, um nur eine Minute später wieder vor mir zu stehen, das Buch über sieben Männer und eine Frau in der Hand.
»Das mach ich sonst nie«, druckst er, als er mir *Die Gesetze* reicht, damit ich ihm eine Widmung hineinschreibe. Ich brauche nicht lange zu überlegen, was ich schreiben werde.
»Für Ischa, den ich kennenlernen mußte, das wußte ich«, schreibe ich.
Er geht mit dem Buch um den Billardtisch herum. Einige Meter von mir entfernt, schlägt er es auf und liest, was da steht. Danach sieht er mich an, hält das Buch in die Höhe und schreit laut durchs ganze Lokal: »Nummer acht!«

Jahre später wird Leonie mir sagen, daß es mehr als offensichtlich gewesen sei. Die Produktionsassistentin und sie hätten einander einen verwunderten Blick zugeworfen, weil sie kaum glauben konnten, was sie da sahen.
»Was geht denn hier ab?« hätte die Produktionsassistentin zu ihr gesagt.
»Ihr wart füreinander geboren«, wird Leonie mir sagen, »und das war uns vom ersten Moment an klar.«

Er sitzt bereits da. Ich sehe ihn durchs Fenster. Kaum daß ich die Tür geöffnet habe, hat er sich schon erhoben und nimmt noch rasch einen Schluck Mineralwasser. Ohne mich zu begrüßen, sagt er, wir gingen gleich, reicht mir aber zunächst noch das Glas, aus dem er gerade getrunken hat. Ob ich vielleicht einen Schluck möchte.

»Weißt du, wo wir essen gehen?«

»Nein.«

»Hab ich das nicht gesagt? Ha, gut. Es ist fünf Minuten von hier.«

Pier 10, denke ich, sage es aber nicht.

Wir brauchen gut eine Viertelstunde, weil wir andauernd stehenbleiben, um zu lachen. Das eine Mal kann ich nicht weiter, weil ich so furchtbar über das lachen muß, was er sagt, das andere Mal bleibt er stehen und hält sich den Bauch. Eng umschlungen, den Arm um den Nacken des anderen, betreten wir das Restaurant. An der Garderobe wird er von der Besitzerin des Lokals begrüßt.

»Das hier ist meine Frau, Connie Palmen«, sagt er zu ihr.

Es geht auf Mitternacht zu, als wir wieder draußen stehen. Wir sind den ganzen Abend fröhlich, aufgedreht und ausgelassen gewesen, so daß es komisch ist, mal für einen Moment keinen Laut von sich zu geben, als wir uns küssen.

»Kommst du mit zu mir?« fragt er.

»Nein.«

»Warum nicht?« fragt er erstaunt und empört sich gleich darauf: »Das viele Geld!«, so daß ich wieder lospruste und ihm nicht gleich eine Erklärung zu liefern brauche.

Wir gehen zum Taxistand vor dem Hauptbahnhof. Auf seine erneute Frage, warum ich denn nicht mit zu ihm käme, antworte ich, daß ich immer sieben Tage keusch bliebe, ehe ich mit jemandem, den ich ernst nähme, ins Bett ginge. Ich habe meine Tage.

»Sieben Männer, sieben Tage keusch, du bist mir ja eine sehr katholische Frau«, sagt er. »Aber ich bin doch Nummer acht, oder nicht?«

»Ja«, sage ich.

Bis zu dem Tag, da wir einander gegenüberstehen und uns in die Hosen machen, sehen wir einander täglich, aber ich schlafe in meiner eigenen Wohnung. Danach so gut wie nie mehr.

Ich habe elf Jahre lang in der Palmstraat, im Norden des Jordaan-Viertels, gewohnt und wohne jetzt seit zwei Jahren in der Allard Piersonstraat in Oud-West, ganz in der Nähe des Platzes, den er den Platz des Getauften Dichters nennt. Die Wohnung liegt im dritten Stock und hat einen Balkon mit Ausblick auf ein großes Quadrat verwilderter Gärten, deren Mittelpunkt ein knorriger Kastanienbaum bildet. Wie die Wohnungen meiner drei Brüder trägt auch die meine die Handschrift meines Vaters. Er ist mit meiner Mutter zusammen von Limburg in die Stadt gekommen, um hier wochenlang Wände durchzubrechen, zu mauern, zu verputzen, zu tischlern und zu streichen. Er hat die Bücherregale, die Einbauschränke und die Tische gebaut und für alles, was mir unmöglich erschien, eine einfache Lösung gefunden.

Am Morgen nach unserem Treffen steht Ischa unten vor der Haustür. Bei mir oben angelangt, ist er befangen und schaut sich flüchtig um.

»Genau so hatte ich es mir von dir auch vorgestellt«, sagt er. »Du wirst dich noch wundern, wenn du meine Wohnung siehst, da weht derselbe Geist.«

Ich erzähle ihm von meinem Vater, daß der alles gemacht habe, was er hier sehe.

»So was kann mich nun wirklich neidisch machen«, sagt er. »Wann kriege ich meine Schwiegereltern zu sehen?«

Er küßt mich, rupft an meinen Kleidern, bekommt daraufhin die Wahrheit von mir zu hören, trinkt eine Tasse Kaffee und geht wieder.

»Besucht, aber nicht beschlafen«, ruft er, als ich ihm die Treppe hinunter nachschaue. Er sieht, daß das bei mir unbändiges Lachen auslöst, kommt wieder heraufgerannt, umarmt mich und hüpft mit drolligen Sprüngen nach unten. Eine halbe Stunde später ruft er mich an und wiederum eine halbe Stunde später erneut:

»Wenn man ihn fragte
wie's denn begonn
hauchte er immer nur:
›Tampon‹.«

Nachdem ich kurz zum Einkaufen außer Haus war, finde ich ihn auf dem Anrufbeantworter vor.

»Suche, so wirst du, sonst tu ich's.«

Bis spät in den Abend hinein klingelt das Telefon ein paarmal pro Stunde. Ich denke, es hätte damit zu tun, daß wir einander gerade erst kennengelernt haben, doch auch in den folgenden Jahren wird sich daran nichts ändern, er wird mich anrufen, sobald ich aus der Reestraat weggegangen bin, jede Stunde, manchmal öfter.

Am Abend des Tages, an dem wir einander gegenüberstehen und uns in die Hosen machen, feiern wir im Erster-Klasse-Restaurant auf Bahnsteig 2 B des Hauptbahnhofs das Erscheinen des ersten Sammelbands von *Der Dicke Mann*. Unser Verleger, Mai Spijkers, ist da, und mit ihm einige Lektoren. Ischa ist stolz und fröhlich. Er ißt mit der rechten Hand und läßt den linken Arm auf meiner Schulter oder die linke Hand auf meinem Kopf ruhen. Die Runde am Tisch schüchtert mich ein, und ich schenke ihm daher offenbar nicht genügend Aufmerksamkeit.

»Wenn du jetzt nicht mal für einen Moment zeigst, wie sehr du mir zugetan bist, fange ich ganz laut an zu schreien, und das ist äußerst unangenehm«, sagt er daraufhin irgendwann.

Ich bin froh, daß er alles ausspricht, was ihn beunruhigt oder stört, und sage ihm, daß ich hoffte, er werde das auch weiterhin immer tun.

»Das hoffe ich auch«, erwidert er unerwartet ernst.

Mai erzählt an diesem Abend etwas, dessentwegen Ischa sich geniert, auch wenn er laut darüber lacht. Es geht um Widmungen in Büchern, und ich erzähle, ich hätte noch gezögert, ob ich mein Buch jemandem widmen sollte, bis mir bewußt geworden sei, daß ich etwas gegen solche Widmungen hätte und sie mich bei anderen irritierten. Mal davon abgesehen, daß ich Widmungen für Eltern oder Ehegatten, denen der Autor, wie er behaupte, alles zu verdanken habe, ungeheuer sentimental fände, sei ich, wenn ich auf der ersten Seite eines Romans »Für Soundso« stehen sähe, auch stark geneigt, zu denken, das Buch sei demnach für Soundso bestimmt und nicht für mich, es daraufhin gleich wieder zuzuschlagen und ungelesen zu lassen. Ich sage das ironisch und ohne zu wissen, daß Ischa jedes Buch, das er geschrieben hat, mit einer Widmung versehen hat, doch er kontert darauf mit einer zynischen Bemerkung. Um mich zu verteidigen, erinnert Mai ihn lachend an die Widmung, die in *Der Dicke Mann* stehe, und daß er noch vor einer Woche alles dafür gegeben hätte, diese Widmung wieder entfernen zu lassen.

In das Exemplar, das er mir vor ein paar Tagen geschenkt hat, hat er hineingeschrieben: Für Meinefrau Palmen. Ischa. Februar 1991.

Das Gerücht verbreitet sich schnell. In manchen Schaufenstern liegen unsere Bücher suggestiv nebeneinander. *Der Dicke Mann* neben *Die Gesetze*. Da ich nicht Zeitung lese, kenne ich seine Kolumne im NRC *Handelsblad* nicht und erschrecke daher, als ich sie mir jetzt in gebündelter Form zuführe, darüber, wie traurig, düster, einsam und selbstzerstörerisch sein Dicker Mann ist.

»Bist du so?« frage ich abends im Bett.

»Manchmal. Ich habe so viel mitgemacht in meinem Leben. Ich bin ein unglücklicher Knabe – und irgendwie auch nicht.«

»Du bist ein ängstlicher Mann«, sage ich und füge hinzu, daß mir das Vertrauen zu ihm einflöße.

Ich lese es von seinem Gesicht ab, wenn ich einige Stunden von ihm weggewesen bin und wieder zu ihm zurückkomme, ihn festhalte und anschaue. Die kleinen Muskeln in seiner rechten Gesichtshälfte ziehen sich zusammen, sobald er mich sieht, und die kleinen Muskeln um sein rechtes Auge herum lassen sich in der nächsten Stunde schon gleich gar nicht mehr unter Kontrolle bringen, sie ziehen sein Lid herunter, wenn er den Mut findet, meinem Blick ein wenig länger standzuhalten oder mir in die Augen zu sehen, wenn er etwas zu mir sagt. Und im Bett merke ich es, an der Bravour und der aufgesetzten Schamlosigkeit, womit diese ganze Angst und Verlegenheit übertönt werden müssen. Doch ich bin selbst noch viel zu verdattert, verlegen und ängstlich, als daß ich alles aussprechen könnte, was ich denke.

Am Valentinstag 1991 feiern wir seinen achtundvierzigsten Geburtstag mit einem gemeinsamen Mittagessen in dem Restaurant, über dem er wohnt. Danach gehen wir ins Bett. Wir liegen kaum, als es an der Tür klingelt. Er läuft nackt zum Fenster und schiebt es hoch. Ich höre ihn jemandem zurufen, das ginge nicht, ihn so einfach zu Hause zu überfallen.

»Nein, ich mach nicht auf. Geh weg!« höre ich.

Als er wieder zu mir zurückkommt, frage ich ihn nicht, wer das war, doch ich sehe die Frau vor mir, die im Eik en Linde in der ersten Reihe saß und nun vielleicht mit einem Strauß Blumen da unten vor der verschlossenen Haustür steht und so grausam von ihm weggeschickt wird.

»Du hast schon sehr vielen Frauen weh getan«, sage ich, als er zu mir unter die Bettdecke schlüpft.

Es ist mir schon fast zuviel. Jeden Tag muß ich mich übergeben und breche unvermittelt in Weinen aus. Wenn ich die Wohnung in der Reestraat verlasse und, durch die Rozengracht gehend, das kleine Stück zu meiner Wohnung überbrücke, wird der Verlust seiner Nähe mit jedem Schritt, der mich weiter von ihm entfernt, unerträglicher. Zu Hause in der Allard Piersonstraat angelangt, muß ich dann manchmal im Laufschritt die Treppe hinaufspurten, weil ich schon auf halbem Wege nach oben das Telefon läuten höre und weiß, daß er es ist. Er sagt dann, daß er mich schon jetzt vermisse, und dann sage ich, daß es mir genauso gehe. Jede Minute ohne ihn ist eine Strafe.

Unterdessen gebe ich weiterhin Interviews. Ich habe mir nun mal vorgenommen, jedem Rede und Antwort zu stehen und dabei keine Selektion unter den verschiedenen Zeitungen und Zeitschriften zu treffen. Wenn ich mich in der Innenstadt, im ›Luxembourg‹ oder ›Americain‹, mit einem Journalisten verabredet habe, kann es passieren, daß Ischa während so eines Interviews hereingestürmt kommt und zu einem verdutzten Interviewer sagt, er habe unbedingt mal eben seine Frau sehen müssen. Daher blicke ich immer zur Tür, anstatt mein Gegenüber anzuschauen.

Ich komme erst wieder zur Ruhe, wenn ich bei ihm bin. Manchmal breche ich in der Reestraat schon in der Türöffnung in Tränen der Erleichterung und Rührung aus, weil er dort in seinen Boxershorts steht und mich in einer Wohnung erwartet, in der es immer warm ist, in der die Musik von Adamo erklingt und in der es nach Suppe duftet.

»Ich hab mit meiner Suppe ja schon manches bewirkt«,

sagt er, »aber noch nie habe ich eine Frau damit zum Weinen gebracht.«

»*Le sérieux d'émotion*« nennt Ischa es, daß ich derart weinen und mich übergeben muß und wir uns in die Hosen gemacht haben. Es ist ein Ausdruck von Jean-Paul Sartre, den Ischa von seinem Psychiater, Louis Tas, gelernt hat. Er nimmt die niederländische Ausgabe von Sartres *Esquisse d'une théorie des émotions* aus seinem Bücherregal. Die Übersetzung stammt von L. M. Tas und H. L. Bouman, und Tas hat auch die Einleitung geschrieben. Ischa hat die pflegliche, behutsame Art, Bücher in die Hand zu nehmen, die von Respekt und Fürsorge zeugt. Er kann es nur schwer mit ansehen, wie ich ein Buch mit der aufgeschlagenen Seite nach unten neben mich auf den Nachttisch lege, aber so möchte ich mit meinen Büchern umgehen können. Ich behandle sie nicht rüde oder achtlos, möchte sie aber aufbrechen können, möchte sie verschrammen, sie überallhin mitschleppen und Notizen am Seitenrand machen können. Seit ich ihm versprochen habe, das nicht mit seinen Büchern zu machen, läßt er mich wehen Herzens gewähren.

»Vorsicht!« schreit er, als ich das Buch von Sartre von ihm entgegennehme.

Mittwoch vormittags macht er immer seinen Besuch bei Tas in Amsterdam-Zuid. Er fährt entweder mit der Straßenbahn dorthin oder geht zu Fuß, aber immer bricht er zeitig genug auf, um bei ›Keyzer‹ noch einen Kaffee trinken zu können. Vor Beginn seiner Therapiesitzung ruft er mich von dort aus an, nach der Therapie kommt er mit zwei Matjes bei mir vorbei, die er auf der Brücke in der De Clercqstraat kauft, oder er bittet mich, im Milchladen Ecke Da Costaplein was Leckeres für uns zu holen.

»Echt und unecht, das ist es, worum sich alles dreht«, sagt er. »Louis Tas ist der echteste Mensch, den ich kenne. Der ist ein *Mensch*.«

So wechselhaft Ischa bei anderen in seiner Liebe, Freundschaft und Sympathie sein kann, so beständig ist er in seiner Bewunderung für und Liebe zu Tas. Mir ist von Anfang an klar, daß Ischas Leben um die gänzlich abwesenden und unerreichbaren Eltern kreist und Tas der wichtigste anwesende Mann in seinem Leben ist. Neben *Der Dicke Mann* wird Tas im Laufe der Jahre zum Medium der Wahrheit.

Solange die Liebe jung ist, hat sie den Charakter einer Freistätte. Nie wieder wird man so viele Chancen erhalten und auch wahrnehmen, das Spiel ehrlich zu spielen, mit möglichst wenig hinter dem Berg zu halten und sich dem, in den man verliebt ist, bekannt zu machen, wie in diesen ersten Monaten. Man riskiert es, die Wahrheit zu sagen, weil man vielleicht denkt, daß man noch nicht so viel zu verlieren hat, weil man sich vielleicht sicher ist, daß es diesmal nur klappen wird, wenn man mit offenen Karten spielt, wenn man es nicht so macht wie gewöhnlich.

»Connie«, sagt er mitten in der Nacht, »ich kann nicht treu sein, ich kann es nicht, ich werd verrückt, wenn ich daran denke. Ich werde immer wieder mal zu anderen Frauen gehen, aber ich möchte jeden Abend zu dir zurückkommen. Nicht weinen.«

Aber ich weine nicht. Ich höre es mir ruhig an und weiß, daß ich das Licht auslassen muß, daß er dies nur im Dunkeln sagen kann. Ich stelle ihm Fragen und höre, daß er sie beschämt und mit großer Mühe beantwortet. Manchmal windet er sich um die Beantwortung einer Frage herum, etwas, was ich nicht von ihm gewöhnt bin. Da ich weiß, daß wir dieses Gespräch nur ein einziges Mal auf seine Veranlassung hin führen werden, stelle ich die betreffende Frage mit anderen Worten noch einmal, bis ich weiß, was ich wissen möchte, bis ich es besser verstehe. Das einzige, was das Wissen erträglich macht, ist, daß er seine Antworten einige Male mit der Bemerkung einleitet, er habe das noch keiner Frau, mit der er zusammen war, je erzählt.

Das ist gut, denke ich dann, das ist sehr gut.

Er dreht sich im Dunkeln zu mir hin und nimmt mein Gesicht in seine Hände.

»Findest du es sehr schlimm?« fragt er und streicht mir mit den Daumenspitzen über die Wangen, um zu fühlen, ob sie naß sind.

Ich weiß es nicht. Ich weiß nicht, wie das ist. Ich habe noch nie jemanden so sehr geliebt, ich habe noch nie jemanden für mich gehabt, ich habe noch nie die Gewißheit empfunden, daß ich bei jemandem bleiben werde und dieser jemand bei mir, ich weiß nicht, was sexuelle Untreue ist, denn ich bin noch nie eine Bindung mit jemandem eingegangen. Bis jetzt stand ich immer auf der anderen Seite, war ich die Frau, mit der eine andere Frau betrogen wurde.

»Ich glaube, bei dir kann ich alles akzeptieren«, antworte ich und meine es auch so. Seine Schilderung der Spannung, die er empfindet, wenn er Frauen aufreißt und wieder verläßt, wenn er zu Huren geht und wenn er zwischen Liebe und Sex trennt, ist die Geschichte einer Sucht, sie erzählt von Unvermögen, Ohnmacht und Zwanghaftigkeit. Das sage ich ihm auch und daß mein nächstes Buch genau davon handeln werde, von Suchtverhalten. Er räumt ein, daß er das zwar nie so gesehen habe, daß es aber wohl so sei. Er ist erleichtert, daß meine Wangen trocken sind. Im Dunkeln greift er zur Fernbedienung des CD-Players, der am Fußende unseres Bettes steht, und drückt auf eine Taste. Es ist vier Uhr nachts, und *Michael Feinstein sings Cole Porter.*

»Laß uns was Besonderes draus machen«, sagt er. »Sartre und Simonelein oder was weiß ich.«

»Das werden wir wohl müssen«, erwidere ich, und da lacht er die ganze Angst in die Nacht hinaus und singt lauthals mit Feinstein mit, während er mich an seine Brust drückt und so fest in den Armen hält, daß ich denke, mir könne gar nichts passieren, solange er in meiner Nähe sei.

Um ihn zu halten, muß ich ihn gehen lassen können, und das werde ich auch tun.

»Komm, rutsch noch mal eben ganz nah zu mir ran, ich hab ein kleines Gedicht für dich gemacht:
Wie eine flammende Kerze
ist meine Seele am Qualmen
für meine Geliebte
Connie Palmen.«

Am Montag, den 25. Februar, wird der erste *Dicke Mann* in *Het Parool* erscheinen. Etwa zur gleichen Zeit soll ich in einer Buchhandlung in Haarlem Cees Nooteboom interviewen. Ihm ist in diesem Jahr die Ehre zuteil geworden, den Geschenkband für die Buchwoche zu schreiben, den ich abends im Bett studiere. Es wird das erste Mal sein, daß ich ein Interview mit jemandem mache, und da ich es nicht anders gewöhnt bin, bereite ich mich darauf vor wie eine Studentin. Ischa meint, das solle ich nicht machen, ich würde viel zuviel Zeit investieren, und er beklagt sich, daß ich Abend für Abend mit diesem seiner Meinung nach unbedeutenden Büchlein befaßt bin. Ich solle Nooteboom ganz einfach fragen, was ich persönlich von ihm wissen wolle, rät er mir, doch meine Unerfahrenheit macht mich unsicher, und da klammere ich mich an dem einzigen fest, was ich habe, nämlich an dieser Erzählung über einen Mann, der Sokrates heißt. Hin und wieder nimmt er mir das Buch aus der Hand und liest laut daraus vor.

»Mein Gott, was soll denn das hier schon wieder heißen?« schreit er dann nach nur einem Satz. »Das ist doch totaler Quatsch.«

Ich verteidige Nooteboom, habe aber keine große Lust, mich weiter damit aufzuhalten, denn ich habe genügend andere Sorgen.

Spät am Sonntag abend rollt Ischa seinen hölzernen Schreibtischstuhl an den Tisch am Fenster und beginnt auf seiner IBM zu tippen. Ich liege im Bett und versuche mir Fragen zu *Die folgende Geschichte* zu überlegen, aber ich bin zu aufgekratzt vor Glück und lausche vergnügt dem Geräusch der elektrischen Schreibmaschine. Hin und wieder luge ich vom Schlafzimmer aus zu ihm hinüber, wie er da ganz in sich versunken mit gekrümmtem, rundem

Rücken im Lichtkegel einer Schreibtischlampe am Tisch sitzt und seinen rechten Zeigefinger wie ein Hämmerchen auf die Tasten niederfahren läßt. Durch das vorhanglose Fenster fallen die Lichter der Reestraat herein. Nach anderthalb Stunden ruft er mich zu sich und fragt, ob ich den *Dicken Mann* lesen möchte.

Es ist das erste von den tausend Malen, da ich das tun werde, da ich mich an den Küchentisch setze, er flüchtig, aber zwanghaft kontrolliert, ob die Tischplatte auch sauber ist, ehe er die zwei DIN-A4-Seiten sorgfältig vor mich hinlegt und trappelnd vor Ungeduld wartet, bis ich die Kolumne gelesen habe. Jedesmal, wenn ich auflache, wird er schnell hintereinander »Was, was?« fragen und, ohne daß er eine Antwort erhalten hat, mitkichern oder zu mir kommen und über meine Schulter hinweg mitlesen.

Erst an diesem Sonntagabend, als ich zum erstenmal so einen *Dicken Mann* lese, der vom nächsten Tag an dreimal die Woche in *Het Parool* erscheinen wird und einige Monate später jeden Tag, wird mir bewußt, welche Bedeutung diese Zeitungskolumne in Ischas und meinem Leben haben wird.

Dieser erste *Dicke Mann* handelt von dem Buch, das ich gerade abends im Bett lese, dem Buch von Cees Nooteboom.

Der Dicke Mann mag keinen prätentiösen Unsinn, dachte Der Dicke Mann (...), wie kommst du bloß auf so was, was willst du damit sagen, wer glaubst du überhaupt, wer du bist, du Aufgeplusterter Inhaltsloser Schreiberling?

Mein erster Impuls ist zu protestieren, zu sagen, daß es

sich hier um jemanden handelt, den ich mag, jemanden, mit dem ich mich auf besondere Weise verbunden fühle, daß Nooteboom außerdem jemand ist, von dessen Werk ich viel halte, jemand, den ich nicht gern als Aufgeplusterten Inhaltslosen Schreiberling beschimpft sehen möchte, schon gar nicht, wenn ich ihn in anderthalb Wochen in aller Öffentlichkeit interviewen muß. Doch ich protestiere nicht.

»Es ist dein *Dicker Mann*«, sage ich.

»Aber ich hab doch recht, oder?«

»Nein, das finde ich nicht.«

»Er ist doch geistreich, findest du nicht?«

»Ich kann ihn nicht geistreich finden.«

»Aber könntest du dir vorstellen, daß andere ihn geistreich finden?«

»Das schon, ja.«

An diesem Abend beschließe ich auch, ohne lange darüber nachzudenken, niemals zu fragen, wer wer ist in *Der Dicke Mann*, sondern mir anzugewöhnen, Distanz zu dessen Inhalten zu wahren, sowohl um sicherzustellen, daß Ischa sich niemals daran gehindert fühlt, zu schreiben, was er schreiben möchte, als auch um mich nicht für das, was er schreibt und was er von etwas oder jemandem hält, verantwortlich zu fühlen.

Ab Juli 1991 werde ich jeden Tag lesen können, wo er am Tag zuvor war, mit wem er gesprochen hat oder in sonst irgendeiner Weise zu tun hatte, was er gemacht oder was sich hier in der Wohnung, zwischen uns beiden, ereignet hat. Wenn ich die Wahrheit kenne, werde ich lesen, wie er diese abwandelt, aus welchen Männern er Frauen macht und aus welchen Frauen Männer, und wenn ich die Wahrheit nicht kenne, werde ich dahingehende Vermutungen anstellen, jedoch immer, ohne ihn damit zu behelligen. Es ist ein Gesetz, das ich für mich aufstelle. Und ich weiß sehr wohl, warum. Ich weiß, daß es so und nicht anders zu sein hat.

Von den mehr als tausend Malen werde ich dieses Gesetz einige Male verletzen. Weil ich dann nicht anders kann und mich durch den *Dicken Mann* in die Enge getrieben fühle.

Jahre später werde ich ihm mal irgendwann illustrieren, auf wie vielfältige Weise er während seiner Abwesenheit im Laufe eines Tages doch anwesend war und auf wie viele Arten ich etwas über ihn erfahren habe, ohne daß er es mir direkt erzählt hat. Das wird dann so ein Tag gewesen sein, an dem ein Interview mit ihm in einer Wochenzeitung steht, eine seiner früheren Freundinnen in einer Morgenzeitung interviewt wird und sich lang und breit über ihn ausläßt, er nachmittags im Radio ist und abends seine Fernsehsendung präsentiert und wie jeden Tag seine Kolumne auf Seite drei von *Het Parool* vor mir liegt.

»Du kommst nicht um mich herum«, wird er darauf entgegnen.

»Ich will auch gar nicht um dich herum«, werde ich sagen, »aber deine Eltern, und du machst es ihnen auf diese Art und Weise in jedem Fall sehr, sehr schwer.«

Nachts, im Halbschlaf, rollt er sich auf die Seite, setzt sich mit einem Ruck auf die Bettkante, tappt schlaftrunken zum Kühlschrank und kommt mit vollem Mund ins Bett zurück. Zusammengerollt, die Augen geschlossen, liegt er da und kaut vor sich hin. Ich warte, bis er sich erneut erheben will, drücke ihn sanft in die Kissen zurück und lege den Arm um ihn. Er murmelt etwas vor sich hin.

»Klappje Salmonella, das ist ein schöner Name. So heiße ich von jetzt an, Klappje Salmonella, mit zwei p.«

Er war fünfundvierzig, als er zum erstenmal eine eigene Wohnung bezog und entschied, daß er in seinem Leben genügend Kaffee gekocht habe und das nie wieder tun wolle. Seither trinkt er Pulverkaffee, Cap Colombie von Nescafé. Er instruiert mich, wie ich aus dem Pulver eine Tasse Kaffee zuzubereiten habe: anderthalb Teelöffel in einen Becher und dann kochendes Wasser darauf. Es schmeckt sogar.

Unterdessen macht er Frühstück.

»Wie möchtest du dein Ei, toskanisch oder romanisch?« Er steht am Herd und kommentiert: »Man mache das Ei zunächst topfbewußt, dann fettfreundlich und schlage es dann erst in der Mitte auf. Man rede ihm gut zu und lasse es dann aus eigener Kraft delektabilisieren.«

Wir nehmen unser Frühstück mit zurück ins Bett, lieben uns, reden, lieben uns wieder und dehnen den Morgen zu einem ganzen Tag aus.

»Liebling, Spatz, ich finde es himmlisch mit dir«, sagt er, »wenn du willst, daß ich dafür bezahle, tu ich's.«

»So leicht wollte ich es dir nun auch wieder nicht machen«, entgegne ich.

Ich traue mich immer noch nicht zu sagen, was ich

wirklich über unseren sexuellen Umgang miteinander denke.

Wir legen Musik auf. Er verfügt über das gesamte Sortiment an Schnulzen, die ich so sehr mag und die ich noch bei keinem anderen gesehen, geschweige denn, zu hören bekommen habe. Er hat Pussycat, Benny Neijman, Freddy Quinn und die Jukeboxhits der fünfziger und sechziger Jahre. Und er spielt mir Sachen vor, die ich noch nicht so gut kenne, die amerikanischen *crooner* und die französischen Chansonniers und Italiener wie Paolo Conte und Lucio Dalla. Ischa singt die Lieder in allen Sprachen mühelos mit und schwenkt dazu die erhobenen Fäuste.

Wir leben auf fünfundsechzig Quadratmetern, und von diesen fünfundsechzig Quadratmetern wird das Bett zu dem Ort, wo wir in den kommenden Jahren die meiste Zeit verbringen. Ganz gleich, zu welcher Tageszeit ich nach Hause komme, er erwartet mich immer halb ausgezogen, nur in Boxershorts oder noch mit einer Pyjamajacke darüber. Und das erste, was ich tue, ist, meine Kleider abzustreifen und rasch in einen Pyjama zu schlüpfen. Ischa wäscht meine Sachen.

»Ich hab deinen Pyjama und deinen Pullover einer speziellen Waschmittelbehandlung unterzogen, und dabei war ich wieder eine Weile ganz nah bei dir. Zweimal tragen, und dann in die Wäsche, so wird das bei uns in der Familie gehandhabt.«

Er hat eingekauft und kocht. In der Wohnung duftet es immer nach leckerem Essen, nach Suppe, nach Butter und Fleisch in der Pfanne, oder nach gegrilltem Perlhuhn.

Morgens und abends trippeln wir auf dem engen Raum hintereinanderher. Er folgt mir bis auf die Toilette und setzt das Gespräch in der Türöffnung stehend fort oder fängt schon mal an, sich vor dem Badezimmerspiegel zu rasieren, während ich noch auf dem Klo sitze und dort auf seine Bitte hin sitzen bleibe, bis er fertig ist, weil er das gemütlich findet und wir immer über so viele Dinge zu reden haben.

»Waschen, rasieren und standalisieren.«

Seiner Meinung nach ist das Standalisieren noch am schwierigsten, und ich glaube, er hat recht.

In der Post ist ein Brief vom Organisator eines Interviews, das Ischa in einer Maastrichter Buchhandlung mit mir führen soll. Das Gerücht ist noch nicht bis in den Süden des Landes vorgedrungen. Der Organisator findet, der erbarmungslose Interviewer solle der Kleinen mal gehörig einheizen, mal sehen, was dann von dem in den Medien so hochgepuschten Wunderkind übrigbleibe. Er kann ja nicht ahnen, daß wir seinen Brief hier gemeinsam im Bett lesen und uns schon im voraus boshaft auf die Wogen freuen, die es schlagen wird, wenn ihm aufgeht, daß der erbarmungslose Interviewer und die Kleine schon wochenlang das Lager miteinander teilen.

Dann begehe ich den großen Fehler, meine Familie und meine Freunde zu meinem ersten Auftritt in der Öffentlichkeit einzuladen.

Ich weiß noch nicht, was mich erwartet.

Ich weiß nicht, daß sich an diesem Sonntag im März eine riesige Menschenmenge vor der Tür der Buchhandlung am

Vrijthof drängen wird und ich mich aus nackter Angst vor diesem Phänomen mehr denn je an Ischa festklammern werde, bei dem ich mich sicher fühle und der mir Halt bietet. Ich werde kaum einen Blick für meine Mutter und meine Brüder haben, die darüber erschrocken sein werden, wie ich aussehe, so abgemagert, verliebt, ekstatisch und abhängig.

»Nicht wiederzuerkennen«, werden sie später sagen, »du warst nicht wiederzuerkennen. Du hattest nur noch Augen für Ischa.«

So hätten sie mich noch nie erlebt.

»Ich dachte nur: Jetzt habe ich mein Kind verloren«, wird meine Mutter sagen, und daß sie auf der Rückfahrt im Zug die ganze Zeit über diese Erkenntnis habe weinen müssen.

Meine engste Freundin Paulien wird mich mit Vorwürfen überschütten, und daß ihr an dem Tag aufgegangen sei, daß sich unsere Freundschaft für immer verändert habe.

»Du warst derart auf Ischa fixiert«, wird sie nach diesem Sonntag sagen, »daß für niemand anderen mehr Platz war, und ich hab auch gesehen, daß es so bleiben wird, daß sich niemand mehr zwischen euch schieben kann, auch ich nicht. Bis dahin hat es immer du und ich geheißen, und alle wußten das. Jetzt wird es nur noch Connie und Ischa heißen. Du kannst ja von mir aus machen, was du willst, aber daß du dich vor meinen Augen für Ischa entschieden hast, das wirft mich um.«

Einige Wochen später wird sie mich in Amsterdam besuchen und an diesem Abend um unsere unglaubliche Freundschaft und den Einfluß, den jede von uns auf das

Leben der anderen hatte, weinen, und weil damit jetzt Schluß ist, wie wir beide wissen. Ich weine nicht, und das wundert mich. Sie verbietet mir, das Buch zu schreiben, das ich schreiben möchte.

»Dann bist du mich los«, sagt sie.

Arbeit und Liebe überschneiden sich. Mein Buch und dieser Mann erscheinen praktisch zeitgleich, und ich kann sie beim besten Willen nicht mehr voneinander losgelöst sehen, ich kann nicht mehr ausmachen, was mein Leben denn nun am meisten verändert hat.

Doch es veränderte sich.

Wenn ich früher von Paulien in die Defensive gedrängt worden war, hatte ich ihr des öfteren gesagt, daß ich glaubte, gerade von den Menschen, die ich am meisten liebte und denen ich meine monomane Anhänglichkeit zu erkennen gab, auf die Straße hinausgeschubst zu werden, unter die Leute, um dann den Vorwurf von ihnen zu ernten, ich sei eine, die sich mit wer weiß wie vielen Leuten abgebe, und sie wahrten deshalb lieber eine gewisse Distanz zu mir.

»Ich bin am liebsten mit dir allein. Sobald andere Leute dabei sind, bist du mir nicht mehr so sympathisch.«

Das ist so ein Satz, der von verschiedenen Menschen zu verschiedenen Zeitpunkten in verschiedenen Versionen zu mir gesagt wurde und sich mir eingeprägt hat. Mag ja sein, daß er der Angst entspringt, mich zu verlieren, aber das Mißtrauen, das sich hinter dieser Angst verbirgt, habe ich immer als Beleidigung empfunden, als Verkanntwerden. In diesem Satz liegt der unterschwellige Vorwurf, ich veränderte mich, wenn die Blicke anderer, von Publikum, auf mich gerichtet sind. Das ist ein verkapptes Verbot von dem, was ich machen möchte. Ich möchte schreiben und Bücher publizieren. Doch wenn ich mich für eine Arbeit entscheide, die mir öffentliche Bekanntheit bringt, werde ich die Liebe einiger Menschen verlieren. Von dem Moment an, da ich mich, den Vorhaltungen anderer zum Trotz, für diese Arbeit entscheide, erteile ich ihnen meinerseits eine Abfuhr. So wollen sie mich nicht. Wenn ich so bin, können sie mich nicht lieben.

Die Gesetze war die Antwort, die ich ihnen bis dahin nie zu geben gewagt hatte: dann eben nicht.

Natürlich hatten sie recht. Der Punkt, in dem sie recht hatten, war für Ischa aber gerade Grund, mich zu lieben, und das wiederum war für mich Grund, ihn zu lieben. Denn gerade daraus erwächst die notwendige Liebe zu dieser speziellen Arbeit. Es trifft zu: Drei Menschen stellen eine Menschenmenge dar, und für eine Menge spiele ich, die will ich amüsieren, schocken, belehren, der will ich Geschichten erzählen.

Bei Ischa beobachte ich das auch. Es ist ein Hin- und Hergerissensein zwischen Verheimlichung und Offenherzigkeit, zwischen dem Wunsch, die Wahrheit zu sagen, und dem Unvermögen, es auch in den intimsten Situationen zu tun; es ist die Erkenntnis, daß das Wesen der Liebe Wissen ist und das Ringen mit der Angst, mit der so großen Angst, sich eine Blöße zu geben. Wer schreibt, greift mit dem Stift nach der Macht, weil die Ohnmacht so unerträglich groß ist. Wer schreibt, hört für eine Weile auf, sich selbst Gewalt anzutun, zu leugnen, zu lügen, zu verschleiern und sich zu verstellen, hört mit all dem auf, wozu er sich gezwungen sieht, sobald die Angst zuschlägt, was ein anderer mit ihm machen könnte. Und diese Angst schlägt zu, sobald ein anderer auftaucht, der den Traum vom Sich-eine-Blöße-geben-Wollen wahrzumachen droht.

Schreiben wird aus Schweigen, Angst, Verlegenheit und einer möglicherweise übermäßig ausgeprägten Abneigung gegen Unechtheit, vor allem die eigene Unechtheit, geboren. Fiktion entspringt dem Verlangen nach Wahrheit.

Für mein Gefühl wird Schauspielern, Autoren, Performern, ja, allen, die zu erkennen geben, daß sie sich auf die eine oder andere Weise offenbaren möchten, etwas zuviel Eitelkeit unterstellt. Meiner Meinung nach ist der Ursprung dieses Bestrebens – und Talents – nahezu das Gegenteil von Eitelkeit: Es ist das zu Recht oder zu Unrecht empfundene Unvermögen, sich in Alltäglichem zu offenbaren. Dieses vermeintliche Unvermögen kann nur eine Folge mißglückter, unverstandener oder verkannter Botschaften sein, und am grausamsten ist es, wenn die Botschaft Liebe bestritten wird. Wenn der Liebe, aus der heraus man gehandelt hat, zuwenig Glauben geschenkt wurde.

Schriftsteller, Schauspieler, Entertainer, Tänzer, Dichter und Huren, sie alle begeben sich auf die unermeßliche Bühne, auf der das Gesetz des Als-ob regiert. Sie tun das, weil nur das Als-ob ihnen die Möglichkeit bietet, die Wahrheit zu sagen. Auf der Bühne der Fiktion ist die Enthüllung der Wahrheit nicht bedrohlich oder enttäuschend, denn Fiktion macht den Schriftsteller und den Schauspieler, gerade weil sie den Wahrheitsanspruch fallengelassen haben, unangreifbar.

Der März geht dem Ende entgegen. Innerhalb von zwei Monaten sind siebzigtausend Exemplare von meinem Buch gedruckt worden, und pro Tag wandern rund tausend davon über den Ladentisch. Mit Erreichen der ersten fünfstelligen Ziffer habe ich den Überblick verloren und es aufgegeben, mir noch etwas darunter vorzustellen. Nicht nur in Interviews, sondern auch von Verwandten und Freunden werde ich gefragt, wie ich das denn verarbeiten könne, aber es ist doch keine Katastrophe passiert, da gibt es nichts zu verarbeiten. Ich verschwende kaum einen Gedanken daran und suche nicht nach Erklärungen. Das einzige, was mich beschäftigt, ist dieser Mann und die Liebe zu ihm. Sie ist so groß, daß ich mir manchmal wünsche, sie ein paar Stunden lang nicht empfinden zu müssen, doch das geht nicht.

Eines Abends im Bett erzähle ich ihm diese ganz spezielle Geschichte. Anlaß dafür ist der Film, der an diesem Abend kommt, wie ich in meiner Fernsehzeitschrift entdeckt habe, und in dem Zusammenhang möchte ich ihm etwas über mich verdeutlichen, darüber, wie ich mit der Wirklichkeit umgehe, über die Geschichten, die zwischen mir und allem, was außerhalb von mir ist, liegen, und daß ich mich scheue, diesen Film anzuschauen, weil ich Geschichten so hüte und Angst davor habe, daß die Wirklichkeit des Films die Geschichte zerstören könnte. Es habe mit Gruselfilmen angefangen, erzähle ich, die hätte ich mir immer am liebsten mit meinem jüngeren Bruder Jos zusammen angesehen. Manchmal konnte ich mich schon nach einer Woche kaum noch an den Inhalt von so einem Film erinnern, weil er mir viel zu beklemmend gewesen war, als daß ich richtig hätte hingucken können. Wenn Jos und ich früher zu Besuch bei unseren Eltern waren, schliefen wir gemeinsam in einem Zimmer – er im Bett an der linken Wand, ich in dem an der rechten. Vor dem Einschlafen bat ich ihn dann, den Film, den wir zuletzt zusammen angesehen hatten, noch einmal nachzuerzählen. Er konnte das unheimlich gut. Er machte es immer furchtbar spannend und konnte mich dann mittendrin lachend und total baff fragen, ob ich das wirklich alles nicht mehr wisse, ob ich mich wirklich nicht mehr daran erinnern könne, was uns als nächstes erwarte, welche Gruselszenen sich jetzt abspielen würden. Weil ich mich aber aufgrund seiner Art zu erzählen noch mehr gruselte, wußte ich es wirklich nicht mehr und wollte es auch nicht wissen. Manchmal biß ich mir vor lauter Nervosität auf die Fingerknöchel. Er kannte ganze Dialoge aus den Filmen auswendig, zitierte sie auf amerikanisch und versuchte dabei, die Stimme des Darstellers so gut wie möglich nachzuahmen. *»Here they are, mummy!«* quiekte dann ein Kinderstimmchen, und dann war das Zimmer plötzlich voller tanzender Gespenster.

Einmal, als wir wieder bei unseren Eltern zu Hause übernachteten, hatte Jos gerade den neuesten Film von Spielberg im Kino gesehen, von dem er ganz hingerissen war. Da ich diesen *E.T.* noch nicht gesehen hatte, bat ich ihn, mir die Handlung vor dem Schlafengehen nachzuerzählen. Es sei aber gar kein gruseliger Film, sagte er, sondern in erster Linie ein Film, der ans Herz gehe, und daß man ein Wesen, das anfangs ziemlich abstoßend aussehe – obwohl er sich jetzt schon fast nicht mehr vorstellen könne, daß er E.T. je häßlich gefunden habe –, sehr liebgewinne. Dann erzählte er die Handlung aber doch nach, wobei er immer wieder in Bewunderungsrufe für Spielbergs Filmkunst ausbrach. Ich ging derartig mit, daß ich in Tränen ausbrach, als Jos seinen schönen, knochigen Zeigefinger wackelnd ins Halbdunkel reckte und ein klägliches »*Phone home, E.T., phone home*« durchs Zimmer wimmerte. Jos lachte, als er mein Gesicht sah, und da lachte ich mit. Danach hätte ich mir den Film aber nie wirklich ansehen wollen, sage ich zu Ischa, weil ich diese Erinnerung an den E.T. meines Bruders nicht hätte zerstören wollen und mir E.T. eigentlich als etwas zu ihm Gehöriges hätte bewahren wollen, als zu diesem Abend in unserem Elternhaus gehörig, und daß ich ihn damals so sehr geliebt hätte, weil er mich so gut unterhalten konnte. Ischa hat mir begeistert zugehört und sagt, er beneide mich um diese Brüder und um diese Geschichte. Sie habe ihn aber auch besonders neugierig auf den Film gemacht, fügt er dann mit gespielter Boshaftigkeit hinzu, und ich lasse mich von ihm erweichen, ihn mir mit ihm zusammen nun doch anzusehen. Die Kopfkissen im Rücken und die Bettdecke über den Füßen sehen wir uns also E.T. an.

Anschließend bin ich enttäuscht und wehmütig. Ischa versteht das. Er versucht mich aufzumuntern. Er sieht mich schelmisch an, krümmt den Zeigefinger, zeigt damit erst auf sich, legt ihn dann an meine Wange und wimmert: »*I.M., C.P. Home?*«

Um sieben Uhr klingelt der Wecker. Wir drehen uns einander zu. Ich tauche mit dem Kopf unter die Decke und strecke den Zeigefinger heraus.

»*Home*«, sagt Ischa und hakt sich mit seinem Zeigefinger bei mir ein.

Dann zieht er sich seine Boxershorts an und geht an den Schreibtisch am Fenster, auf dem seine IBM steht. Kaum eine Minute später hämmert er schon mit einem Finger energisch auf die Tasten ein. Ich koche uns Kaffee, streichle ihm über den Kopf, drücke ihm einen Kuß auf den Scheitel und gehe mit einem Buch ins warme Bett zurück.

»Gefetzt!« ruft er nach einer knappen Dreiviertelstunde.

Ich stehe auf und setze mich an den Tisch, unter die Lampe. Er breitet die zwei Seiten sorgfältig vor mir aus und liest über meine Schulter hinweg mit. Es kommt erst auf der zweiten Seite. Noch bevor ich die Kolumne dort weiterlese, ist mein Auge auf diese Initialen gefallen und mir wird ganz übel vor Zorn.

»Es ist meine Geschichte, Is!« rufe ich empört aus, als ich den Schlußsatz gelesen habe.

»Das wird doch wohl noch erlaubt sein.«

»Nein, das ist nicht erlaubt. Es ist *meine* Geschichte.«

»Ich habe sie doch leicht abgewandelt«, sagt er mit schuldbewußter Miene.

»Das ist aber reichlich naiv von dir. Du machst aus einem kleinen Bruder eine kleine Schwester und denkst, das wäre dann nicht mehr meine Geschichte, aber es ist und bleibt meine Geschichte, und ich möchte nicht, daß du damit losziehst.«

»Du kannst sie selbst doch auch ruhig noch gebrauchen«, versucht er einzulenken, »das merkt doch keiner, bis dahin ist mein Artikel längst vergessen.«

»Darum geht es mir gar nicht, das sind Argumente, die überhaupt keine Rolle spielen. Ich habe einfach keine Lust, jedesmal, wenn ich dir etwas erzähle, fürchten zu müssen, daß du meine Geschichten für den *Dicken Mann* gebrauchst. Such dir deinen Stoff mal schön selbst, und wenn du etwas verwenden möchtest, was ich dir erzählt habe, dann fragst du mich vorher. Ich weiß auch nicht, wie wir das am besten machen, aber so wie jetzt geht es nicht, das weiß ich, so fühle ich mich beklaut.«

Er sieht mich an und streichelt mir über den Kopf.

»Du bist leichenblaß«, sagt er besorgt, und das könnte stimmen, denn mir ist schlecht.

»Es ist eine Erinnerung, an der mir sehr viel liegt«, sage ich versöhnlich, »deshalb finde ich es so schlimm.«

»Kann ich ihn abfetzen?« fragt er kleinlaut.

»Ja, fetz ihn ruhig ab«, sage ich.

»*Home?*« fleht er kläglich und streckt den Zeigefinger wie ein Fragezeichen in die Höhe.

Ich antworte mit nickendem Finger.

Jeden Dienstagnachmittag bricht er mit einem Köfferchen in der Hand zum Eik en Linde auf, von wo aus ab siebzehn Uhr seine Radiosendung in den Äther geht. Zuvor hat er einen Text getippt, den Cor Galis vorlesen wird. Er läßt Cor darin als Mitbewohner auftreten, der mit ihm zusammen auf dem graugrünen Ledersofa sitzt und fernsieht, der mit ihm zusammen einkaufen geht, Telefongespräche mit ihm führt und ihn in- und auswendig kennt. In den Dialogen stellt Ischa sich selbst als neurotischen, kindischen, egoistischen, eifersüchtigen, aber sympathischen Izzyboy dar und Corrieborrie als vernünftigen, väterlichen, strengen, aber rührseligen alten Mann, der über das Benehmen seines Schützlings am Ende doch immer wieder in schallendes Gelächter ausbricht.

Zuhörer sind naiv, denen kann man alles weismachen. Ein Großteil von ihnen glaubt, daß Cor Galis diese Auftakte zur Sendung selbst schreibt, und ein noch größerer Teil glaubt, daß er und Ischa tatsächlich zusammen wohnen und ihre Abende gemeinsam verbringen, Seite an Seite, auf dem graugrünen Ledersofa. Doch Ischa mag Cor Galis nicht und wechselt vor und nach der Sendung kaum ein Wort mit ihm. Es bleibt bei der Begrüßung, und darin ist das Auf-Wiedersehen meist auch schon eingeschlossen.

Sosehr Der Dicke Mann Einzelgänger und die Unschuld in Person ist, so anhänglich, verheiratet und schuldig ist der Ischa im Vorspann zur Radiosendung. »Ischa und ich« und »wir« heißt es da. Sobald er unter seinem eigenen Namen schreibt, gibt er wunderbare Kostproben von Selbsterkenntnis zum besten, und sein Vermögen, die Wirklichkeit zu Fiktion zu verbiegen, läßt merklich nach.

Nachdem wir ein Wochenende in Maastricht verbracht und den Montag zu einem Abstecher nach Lüttich genutzt haben, heißt es am Dienstag zum Auftakt der Radiosendung, daß »wir gestern, verehrte Hörer, daß Ischa und ich gestern nachmittag durch Lüttich spazierten«.

Und wie wir dort so liefen, Izzy und ich, da waren wir – ja, zum Teufel, da waren wir glücklich!

Es stimmt, wir waren glücklich in Lüttich. Wir standen auf einer der Brücken, blickten auf Ourthe-Meuse, und er erzählte von einer Reise, die er einmal mit seinem Vater gemacht hatte. Er war neun oder zehn, und sein Vater ließ ihn den schweren Rucksack schleppen. Sie wanderten durchs Elsaß, auf der Suche nach einer Brücke, die sein Vater noch von vor dem Krieg kannte. Genauso wie auf ihren Spaziergängen durch Amsterdam erzählte sein Vater am laufenden Band – vom Land und seiner Geschichte, von den Dichtern, Schriftstellern und Malern. Er hatte eine Landkarte bei sich und hielt schließlich irgendwann einen Passanten an, um zu fragen, wo die Brücke sei. Die gab es längst nicht mehr. Die Landkarte seines Vaters stammte auch noch aus der Vorkriegszeit. Ischa erzählte, daß ihn das wütend gemacht und zugleich mit unerträglichem Mitleid erfüllt habe. Ich kenne das. Man werde da von widerstreitenden Gefühlen zerrissen, wie sie wahrscheinlich nur nahe Angehörige heraufbeschwören könnten, meinte ich daher.

»Er schrieb eine Ansichtskarte an meine Mutter. Sein letzter Satz lautete: ›Und Is ist einfach Is.‹«

»Wie schön«, sagte ich.

Und wir standen da auf dieser Brücke, Arm in Arm, und ich sagte zu ihm, daß Is auch einfach Is bleiben solle, daß ich am meisten von ihm hätte, wenn er genau das tun würde, was er selbst wolle.

Von der Brücke aus sahen wir eine Gaststätte, in die wir uns kurz darauf setzten, um etwas zu essen. Da kam er auf Simenon zu sprechen. Es gebe niemanden, den er so sehr bewundert habe wie Simenon, als er ihn als junger Reporter in Paris besucht und interviewt habe. Es sei im Sommer gewesen und sehr heiß. Ischa sah es wieder vor sich, wie dieser Mann ihm gegenübergesessen, hin und wieder seine Pfeife angezündet und ihm seine Geschichte erzählt hatte.

»Beim Abschied nahm er meine Hände und hielt sie an seinen Körper. ›Fühlen Sie mal‹, sagte er, ›ich bin klatschnaß.‹ Ist das nicht toll, daß ein so großer Mann so etwas mit einem jungen Bewunderer macht?«

Während Huren und Zuhälter ein und aus gingen, saßen wir stundenlang so da und redeten. Ich vertraute ihm an, daß ich mich noch nie im Leben so nicht-einsam gefühlt hätte wie jetzt, mit ihm, und ich fragte mich laut, ob es nicht ein Wort dafür gebe, dafür, wie ich mich jetzt fühlte, völlig frei von Einsamkeit würde ich nicht sagen, aber doch so ziemlich.

»Wir sind zweisam«, erwiderte er da.

Als wir am nächsten Morgen in Maastricht auf dem Bahnsteig stehen und auf den Zug nach Amsterdam warten, umarme ich ihn und sage, ich wünschte mir, daß wir für immer unzertrennlich wären. Da lacht er ganz verlegen.

Auf der Suche nach zwei Sitzplätzen kommen wir an einer Mutter mit Kind vorbei. Das Kind schmiegt sich eng an die Mutter.

»So habe ich mir das Leben als Kind immer vorgestellt«, sagt er wenig später. »Ich dachte, wenn ich mich so bei jemandem anlehnen könnte, wäre ich glücklich.«

Jeden Dienstag ruft er mich kurz vor Beginn der Radiosendung an.

»Hörst du zu?«

Ja, ich höre zu. Ich bin es nicht gewohnt, Radio zu hören, und sitze daher ein bißchen verloren in meiner Sofaecke, nicht dazu imstande, etwas anderes zu tun, als zuzuhören, so daß ich nicht so recht weiß, wo ich hingucken soll.

Es ist eine oder zwei Wochen her, nachdem er diesen *Dicken Mann* über *E.T.* geschrieben hat. Seither haben wir das mit dem Finger beibehalten und begrüßen einander immer mit schmachtender Krümmung desselben.

An diesem Dienstag hat er mich ein paarmal angerufen, obwohl er eigentlich nur zu berichten hatte, daß er den ganzen Tag an mich denken müsse und mich vermisse. Ischas erster Gast in der Sendung ist Tom Lanoye, und er spickt, ohne daß der Ärmste wüßte, was das soll, das ganze Interview mit einem jämmerlich ausgestoßenen »*Home*« nach dem anderen. Bei mir im Wohnzimmer klingt es wie ein Brunftschrei. Ich kann dem Ruf nicht widerstehen, schalte das Radio aus, bestelle ein Taxi und lasse mich schnurstracks ins Eik en Linde fahren.

»Ich hab's eilig«, sage ich zum Fahrer, »mein Mann ruft nach mir.«

Ebenso, wie ich beschlossen habe, niemals zu fragen, wer wer ist in *Der Dicke Mann*, habe ich es mir auch zur Devise gemacht, nur auf seine ausdrückliche Bitte hin ins Eik en Linde mitzugehen. Das sind Entscheidungen, die ich gegen meinen Willen treffe. Ich würde schon gern alles wissen. Ich wäre gern immer bei ihm, jede einzelne Minute des Tages. Doch wenn ich alles, was ich gern möchte, auch tun würde, wäre nicht mit mir zu leben, das ist mir auch klar.

Ein paarmal schreibt er einen *Dicken Mann*, in dem von seiner Freundin, der Kleinen Philosophin, die Rede ist.

»Das würde ich an deiner Stelle lieber lassen«, sage ich daraufhin eines Tages zu ihm. »Allein geht's dem Dicken Mann besser.«

»Wir fahren nach Amerika«, sagt er, »dann zeig ich dir meine Lieblingsstraße.«
Am Ostersonntag soll es losgehen, aber am Abend davor ist er noch in einer Talkshow zu Gast. Sie wird in Amsterdam aufgenommen, am Rembrandtplein, und ich begleite ihn dorthin.

»Meine Frau sieht jetzt aus wie ein kleiner Sokrates«, sagt er kurz vor Aufnahmebeginn zum Interviewer, »aber so ist das bei ihr immer, wenn wir verreisen wollen.«
Es ist unsere erste gemeinsame Reise.
Am nächsten Morgen werden wir über New York nach Los Angeles fliegen. Wir sind bisher noch nie zehn Tage lang vierundzwanzig Stunden am Stück zusammengewesen. Vor lauter Aufregung sind wir uns in den letzten Tagen ein paarmal in die Haare geraten und haben uns wieder versöhnt. Ich bin es nicht gewohnt zu streiten, ich habe nur Tag und Nacht davon geträumt, weil es mir immer als eine Errungenschaft erschienen ist, ein Zustand mit klaren und sicheren Verhältnissen, nach dem ich mich gesehnt habe, der mich weniger im verborgenen würde leben lassen, als ich es bisher gewohnt war. Dieses prompte Aus-

misten jedes Ärgers macht nun all die erbosten Monologe überflüssig, die ich im Geiste immer so gewandt von mir geben konnte, die in den fünfunddreißig Jahren meines Lebens aber nie einem Menschen zu Gehör gekommen sind. Manchmal bin ich über mich selbst verblüfft, über das Vertrauen, das ich in ihn setze, und manchmal ängstigt es mich auch, weil Streiten viel weniger schön ist, als ich gedacht hatte. In dem Interview sagt Ischa, Streit sei in seinem Elternhaus die einzige Art der Kommunikation gewesen und daher stelle Streit für ihn immer noch eine Form von Zärtlichkeit dar.

»Wenn ich mich also mit jemandem streite, ist das ein gutes Zeichen«, sagt er.

Vor lauter Erleichterung breche ich in ein nervöses Lachen aus. Er weiß, was in mir vorgeht. Ich frage mich, ob das so bleiben wird, ob es ihm immer wieder gelingen wird, mich zu beruhigen.

Nach unserem Urlaub wird er Tas fragen, ob er die Sendung gesehen habe, ob er mich gesehen habe.

»Und, wie fandest du sie?«

Ich hätte ihm gefallen, wird Tas antworten, und ich lachte so schön.

»Und so oft«, wird er hinzufügen, »aus Verlegenheit.«

»So geht das nicht!« schreit Ischa am nächsten Morgen, als ich kopflos zwischen Koffer und Kaffeekanne hin und her renne, weil ich nicht weiß, was ich zuerst will, packen oder mich hinsetzen.

»Ich bin selbst schon so nervös und hektisch, und wenn

du jetzt auch noch so bist, gerät das Ganze außer Kontrolle. Irgendeiner muß hier einen kühlen Kopf bewahren.«

»Könntest du das bitte diesmal tun«, flehe ich ihn an, »dann übernehme ich es beim nächsten Mal?«

Er lacht in sich hinein. Ich weiß, warum. Jede Anspielung auf die Zukunft weckt seine Lachlust, weil er noch nicht weiß, ob er sich selbst trauen kann, weil er sich noch nicht sicher ist, ob wir eine Zukunft haben oder ob nicht vielleicht geschieht, was bis jetzt immer geschehen ist, nämlich daß er es eines Tages satt hat, dies aus Angst und Beschämung noch wochen- und monatelang verschweigt, um dann von einer Minute auf die andere aus dem Leben der betreffenden Person zu verschwinden.

Man hört ja manchmal solche Geschichten von Männern, die abends noch kurz eine Schachtel Zigaretten an der Ecke holen gehen und dann nie wiederkommen; so ein Mann schwebt mir vor, als ich ihn frage, wie dieses Verlassen denn so vor sich gegangen sei. Ob die Frauen in den Wochen oder Monaten davor denn nichts gemerkt hätten, frage ich ihn, ob sie ihm nicht angemerkt hätten, daß er einen furchtbaren Entschluß gefaßt hatte und nur noch auf den richtigen Moment wartete, ihn auch in die Tat umzusetzen.

»Nicht, daß ich wüßte«, antwortet er grantig.

Das wird mir nicht passieren, denke ich und spreche es auch gleich darauf aus. Es scheint ihn zu freuen, aber er fragt trotzdem lieber noch mal nach, wieso ich das denn glaubte, obwohl er damit Gefahr läuft, sich seine eigene Freude zu verderben.

»Ich finde dich ja gerade so herrlich durchschaubar«, sage ich.

Manchmal muß er sehr über mich lachen.

In New York haben wir kaum genug Zeit, in das Flugzeug nach Los Angeles umzusteigen, und wir schaffen es nur, indem wir mit unseren Koffern in der Hand außen herum zur anderen Abflughalle rennen. Die Tür des Flugzeugs wird gleich hinter uns geschlossen. Schweißgebadet schauen wir uns an.

»Wir können gut zusammen verreisen«, sagt er freudestrahlend.

Ja, das können wir.

Ich kenne das schon bei mir, doch auf Reisen wird es mir um so deutlicher bewußt, weil man ja im allgemeinen davon ausgeht, daß Reisen nicht zuletzt unternommen werden, um sich andere Landschaften und Städte anzusehen: Bei mir funktioniert dieses Sehen sehr schlecht. Panoramen, Wüsten, Hügellandschaften, malerische kleine Dörfer und Plätze, Meere, Flüsse und Seen, ich bewahre immer nur bruchstückhafte Erinnerungen an ihre Schönheit im Gedächtnis. An was ich mich erinnere, das sind Gedanken, Gespräche, Stimmungen, und die sind allesamt mit demjenigen verknüpft, mit dem ich die Reise gemacht habe, mit der Person, die neben mir herging, die mit mir gegessen und geschlafen und immer mehr gesehen hat als ich, die sich gewissermaßen für mich die Landschaft angesehen hat.

Ischa hat ein minutiöses Gedächtnis für Umgebungen.

Einmal auf dem Pacific Coast Highway 1, North, unterwegs, sagt er laufend voraus, welcher atemberaubende Anblick mich hinter der nächsten Kurve erwartet, weiß schon, daß wir kurz in Santa Barbara haltmachen werden, um am Pier die leckerste *clam chowder* von ganz Kalifornien zu uns zu nehmen, und daß wir dann zu einem verfallenen Ausflugslokal am Rande der Straße, irgendwo zwischen Guadelupe und San Luis Obispo weiterfetzen werden, wo ich Bekanntschaft mit den besten Hamburgern machen werde, die ich je gegessen habe. Sollte ich auch dann noch nicht zufrieden sein, wird er mich hinter San Luis Obispo eilends vom Highway 1 auf die 101 dirigieren, um mich dann an den Ufern des Santa Margarita Lake mitten unter ein paar unverbesserliche Alkoholiker zu pflanzen und mir meine erste Bloody Mary zu offerieren, nach der ich bis dahin zweifellos schon stundenlang gelechzt habe, denn er kennt doch seine Frau.

Ich erinnere mich an das Glück.

Es war so groß, daß es weh tat.

Ich erinnere mich auch, daß ich ihn anschaute und deutlicher als je zuvor sah, daß es ihm genauso erging wie mir, daß er genauso glücklich sein konnte wie ich und daß ich mich in seiner Art, glücklich zu sein, am meisten in ihm wiedererkannte. Auch so einer, dem es schon fast zuviel war, den das zum Schreien und Brüllen brachte, wie man vor Wut schreien und brüllen kann, und bei ihm wie bei mir war die Vehemenz des Glücks mit unbändiger Wut und Verzweiflung verwandt.

»Gefällt es dir mit mir?« fragt er.

»Ja«, antworte ich, »ich trampele vor Glück.«

»Was ich jetzt sage, mag vielleicht sehr seltsam klingen«, sagt er mit einem Mal ganz bedächtig, »aber du bist die erste Frau, die mir ähnlich ist. Und ich weiß nicht mal, wie ich das meine. Und was noch viel schlimmer ist, ich habe es bis heute immer für undenkbar und noch dazu äußerst unangenehm gehalten, mit einer Frau zusammenzusein, die mir auch nur im entferntesten ähnlich ist, statt dessen aber ist es höchst angenehm.«

»Das verstehe ich«, erwidere ich.

»Unglückselige Frau«, ruft er daraufhin aus und legt seine Hand in meinen Nacken, wo sie die kommenden zweihundert Meilen liegenbleiben wird.

Ischa kann nicht Auto fahren, also bin ich der Chauffeur, sitze ich am Lenkrad eines großen weißen Chevrolet Cavalier, und er sitzt neben mir. Es ist das erste Mal, daß wir so zusammen im Auto sitzen, und wie so vieles auf dieser Reise ist es nicht unwichtig, wie dieses Zusammen funktioniert. Neulich, im Bett, hat er im Halbschlaf gemurmelt, daß dies jetzt für ihn schon sehr lange und sehr viel sei. Was »dies«, was »lange und viel«? habe ich ihn gefragt.

»So Seite an Seite«, hat er geantwortet.

Ähnlich geht es mir im Auto. Ich kann nicht jeden an meiner Seite ertragen, das ist wie im Bett, zu nah und zu unausweichlich.

Er liebt es, so umherkutschiert zu werden, das spüre ich. Genau wie ich kann er im Auto so richtig schön vor sich hin brüten und seinen Gedanken nachhängen. Sein rechter kleiner Finger ist voller Hornhautknubbel. Er steckt ihn in den Mund und beißt darauf herum, wenn er sinniert. Er sinniert mit großem Genuß.

An die vorgeschriebenen Ruhepausen alle zwei Stunden habe ich mich noch nie gehalten; ich kann ohne weiteres sechs, sieben Stunden hintereinander am Steuer sitzen, und selbst dann noch graut mir vor dem Moment, da ich anhalten und diese Blechmuschel verlassen muß.

In San Simeon parken wir den Chevy auf dem Gelände eines ›Best Western‹ am Stadtrand. Bevor wir aussteigen, tätschele ich das Armaturenbrett mit der flachen Hand und sage dem Chevy, daß er ein ganz Braver sei und daß Papi und Mami ihn jetzt ein Weilchen allein lassen müßten, um etwas zu essen und ein wenig zu schlafen, daß wir aber morgen früh wiederkämen. Ischa muß darüber lachen, nicht, weil er es albern findet, sondern weil er es von sich her kennt und nun findet, daß er es sich viel zu oft verkneift.

Das Best Western an der Pazifikküste ist das erste von Dutzenden von Motels und Hotels, die wir in den kommenden Jahren in Amerika ansteuern werden. So gut wie alle Best Westerns werden wie dieses erste Motel aussehen, ein graues, zweistöckiges Gebäude, dessen oberes Stockwerk mit einer Galerie versehen ist, manchmal mit, manchmal ohne Stühle. Im Apartment angelangt, läuft Ischa umher, als sei er nach Hause zurückgekehrt. Freudig stürmt er ins Badezimmer und kehrt mit zwei Gläsern in den Händen wieder.

»Hallo, Gläser«, sagt er, »wie schön, euch wiederzusehen. Diesmal nehm ich eins von euch mit nach Haus.«

Es sind Wassergläser mit der Aufschrift *Best Western Independent Worldwide Lodging*. Das sei für ihn das Schöne an Amerika, sagt er, daß überall, wo man auch gehe und stehe, ein und dieselbe Sprache gesprochen werde, die gleichen Motels stünden, die gleichen Malls, Supermärkte und Restaurantketten auftauchten, die dann auch noch überall gleich eingerichtet seien und das gleiche Essen servierten wie an jedem anderen Ort auf diesem immensen Erdteil.

»Wie könnte so ein Land auch zusammengehalten werden«, sagt er, »wenn man nicht von einem in den anderen Staat fahren und sich sicher sein könnte, daß man bei McDonald's in Cleveland mit den gleichen Worten den gleichen Hamburger de Luxe bestellen kann wie zu Hause in Houston.«

»Das hat Ähnlichkeit mit einer Religion«, sage ich.

»Genau das ist es«, bestätigt er, »es ist eine Religion!«

Er ist derjenige, der entscheidet, wann wir abreisen, und dieser Moment kommt immer abrupt. Das ist meist ganz in meinem Sinn, denn es entbindet mich von jeder Initiative meinerseits, ja, sogar von so etwas wie Zeitgefühl. Von dem Tag an, da ich mit ihm zusammen bin, fällt die Zeit in sein Ressort.

»Mein Mann und ich haben ein klares Verhältnis, wissen Sie«, sage ich, als wäre es an eine andere Person gerichtet, »er ist der Boss.«

»Wir gehen«, sagt er, mehr nicht. Und noch während er das sagt, erhebt er sich schon, und das gefällt mir daran am wenigsten, denn etwas mehr Raum zwischen dieser Ankündigung und deren Umsetzung könnte ich schon gebrauchen. Ich habe ihm das schon mehrfach gesagt, und an diesem Abend tue ich es erneut.

Wir haben noch nicht mal die Koffer ausgepackt oder geduscht, bevor es ins Restaurant ging. *Wait to be seated* steht am Eingang, und das tun wir.

»Ich stink doch nicht, oder?« fragt Ischa.

Für mich hat noch kein Mann so gut gerochen wie Ischa, und das gebe ich ihm auch zur Antwort. Obwohl er nie genug davon bekommen kann, machen Komplimente ihn auch ungläubig und verlegen.

»Sag das noch einmal«, bittet er mich, leicht errötend, »aber wieder mit deinem limburgischen Akzent, dann geht es beim zweitenmal vielleicht noch besser runter.«

Ich sage es noch einmal.

»Wirklich?« fragt er.

»Wirklich und wahrhaftig«, sage ich und lasse den limburgischen Tonfall in seiner ganzen Weichheit und Behäbigkeit zum Tragen kommen, denn ich weiß, daß er dann lachen muß, und dann muß diese Verlegenheit, die ihm die Luft abdrückt, einfach heraus, um seinem Lachen Platz zu machen.

Nach dem ersten Glas Cabernet Sauvignon löst sich die Anspannung der zurückgelegten Meilen aus meinen Muskeln. Ischa hat für mich bestellt: Steak mit *lobster tail*. Während wir aufs Essen warten, nimmt er die anderen Restaurantgäste aufs Korn, reimt sich ganze Geschichten über sie zusammen und greift hin und wieder zu seinem Notizbuch, um etwas aufzuschreiben.

»Schau mal, der Mann da. Den sieht man doch in einem fort ratlos denken: Was bin ich noch gleich? Ach ja, verheiratet.«

Als das Essen kommt, prophezeit er mir, daß dies das Köstlichste sein wird, was mir je in einem Restaurant aufgetischt worden ist. Und das stimmt.

»Ist das nicht ein tröstlicher Gedanke«, fragt er, »daß du, egal, wohin du in diesem Land auch fährst, überall, aber auch wirklich überall so ein feines Steak mit Krebsschwänzen bekommen kannst?«

Ja, ich finde die Vorstellung in der Tat wohltuend. Was er über dieses Essen gesagt habe, entgegne ich, erinnere mich an das, was er über Huren geschrieben habe; ihre weltweite Verfügbarkeit sei etwas, was sie mit dem Essen in Amerika gemeinsam hätten.

»Daran habe ich noch nie gedacht«, sagt er leise. Der Nerv an seinem rechten Auge zuckt ein wenig. Vielleicht sollte ich solche Sachen auch lieber nicht sagen.

Es bleibt einen Augenblick still. Dann strahlt er mich an.

»Wär ich David,
schrieb ich Psalmen,
nicht für den Herrn,
nein, für Connie Palmen«,
dichtet er.

»Ist mir gerade so in den Sinn gekommen«, schickt er errötend hinterher.

Das Restaurant ist voll besetzt, als er beschließt, daß wir gehen. Vom Moment dieser Ankündigung an wird er unruhig. Er reckt sich über meinen Kopf hinweg und lehnt sich zur Seite, um die Aufmerksamkeit der netten jungen Frau, die uns bedient hat, auf sich zu lenken. Schon dreimal hat er ihr mit seiner Kreditkarte gewinkt, und sie hat das auch registriert, aber sie hat mit der Bedienung an den anderen Tischen alle Hände voll zu tun.

»Scheuch sie doch nicht so«, sage ich.

Sie läßt gar nicht sonderlich lange auf sich warten, entschuldigt sich aber sofort, als sie bei uns am Tisch ist.

»Sorry I kept you waiting.«

Sie geht mit Rechnung und Kreditkarte davon. Mit einem Schmunzeln wiederhole ich ihre Entschuldigung und sage, er könne andere derart massiv unter Druck setzen, daß sie sich zwangsläufig veranlaßt fühlten, sich bei ihm zu entschuldigen, weil er einen Moment habe warten müssen. Aber auf was zum Teufel er denn warte, auf Godot oder so?

Zuerst ist er verdutzt, aber dann bin ich es, die den Mund nicht mehr zubekommt. Er läßt sich vom Stuhl unter den Tisch gleiten und hält sich den Bauch vor Lachen.

Am nächsten Morgen wird er kichernd wach.

»Godot, Godot«, prustet er, »es ist so geistreich und so wahr. Das ist das Tiefsinnigste, was je irgendwer über mich gesagt hat.«

Vom Balkon des Motels aus blicken wir auf die Felsküste und den gegen sie brandenden Pazifik. Ischa ist an diesem Morgen als erster fertig, steht frisch geduscht und duftend draußen und blickt auf den Ozean.

»Beeil dich mal ein bißchen!« ruft er durch die offene Tür, aber ich mag keine Hetze, schon gar nicht am frühen Morgen.

Er stellt sich in die Türöffnung und murmelt etwas. Mir weicht das Blut aus dem Gesicht, und ich könnte losheulen.

»Warum warst du denn vorhin so bestürzt?« fragt er, als wir beim Frühstück sitzen.

»Wegen dem, was du gesagt hast.«

»Aber was hab ich denn gesagt?«

»Du hast gesagt: ›*You've seen one, you've seen them all.*‹ Das hast du gesagt. Und das ist sehr, sehr schlimm für mich. Denn ich möchte nicht, daß es so läuft wie bei diesen anderen, ich möchte, daß es zwischen uns etwas Besonderes ist.«

Er ist tief beeindruckt, daß ich etwas so Banales ausspreche. Für ihn bewegt sich das hart am Rand zum Gefühlskitsch. Er würde sich niemals trauen, so etwas zu sagen, gesteht er, und da er mir offenbar nicht gewachsen sei, wolle er ein Kind von mir oder mich zumindest heiraten, später, wenn wir nach Las Vegas kämen.

»Möchtest du das?« fragt er.

Ich möchte schon, aber ich werde es nicht tun. Auch das hat für mich zuviel Ähnlichkeit mit dem, was er bisher bereits gemacht hat.

»Du läßt dich zu gern scheiden«, erwidere ich.

Er heiratete und ließ sich scheiden, ich weiß nicht mal, wie oft, geschweige denn, wen und von wem. Manchmal erweckt er den Eindruck, als wüßte er es selbst nicht mehr.

Ich frage nicht nach anderen Frauen, denn was die Einzelheiten dieses Teils seiner Vergangenheit betrifft, fehlt es mir an jeder Neugier. Das einzige, was ich von ihm wissen möchte, ist, warum immer wieder das gleiche abgelaufen ist, warum er keine Einsichten in bezug auf die Struktur des Verlassens gewonnen hat.

Von einer Besichtigung des Landguts von William R. Hearst ist mir weniger in Erinnerung geblieben als von dem ersten Supermarkt, in den wir hineingehen. Das sind die Gebäude, in denen man Amerika kennenlernt. Wir studieren die Lebensmittelregale, als handelte es sich um eine historische Bibliothek. Die Todesängste der Amerikaner schreien einem von jeder Verpackung entgegen. Noch ehe man sieht, was denn in einer Packung oder Dose drin ist, kann man lesen, was auf alle Fälle *nicht* drin ist, daß es *fat-free*, *sugar-free* oder *cholesterol-free* ist.

Ischa stapft vergnügt umher, schaut nach oben, nach links und rechts und wird mit jedem Schritt fröhlicher.

»Oh, ich liebe das!« seufzt er.

In der Fleischabteilung beugt er sich über das Kühlregal. In Reih und Glied glänzen uns enorme Stücke abgepacktes Fleisch an. Er breitet beide Hände aus, umschließt liebevoll ein Beefsteak von gut und gerne zwei Kilo und schmettert ein schelmisches: »*Hi folks! How are you doing today?*«

Ich stehe hinter ihm, schlinge die Arme um seine Taille, schmiege das Gesicht zwischen seine Schulterblätter und lege die Hände auf seinen Bauch. »*Hi handsome*«, sage ich. Mir ist zum Weinen.

»Was ist denn?« fragt er leicht belustigt.

Ich weiß es nicht so recht, es hat mit permanentem Gerührtsein, mit Glück, mit Liebe zu tun. Nun, da wir vierundzwanzig Stunden am Tag zusammen sind, bin ich auch vierundzwanzig Stunden am Tag von seinem Anblick gerührt, und gelegentlich macht mich das müde und ängstlich. Er legt mir die Hand in den Nacken und lächelt mich an.

»Glaubst du, daß unsere Beziehung lange halten wird?« fragt er.

»Ja«, sage ich, »ganz lange, für immer.«

Auf der Fahrt nach Salinas, wo wir die Nacht verbringen werden, legen wir einen Zwischenstopp in Monterey ein. Mit nicht zu unterdrückender Spottlust sagt er, ich hätte das doch schließlich studiert, Literatur, da müsse ich in Monterey auch dem alten Steinbeck die Ehre erweisen und so graziös und mädchenhaft wie möglich durch die Cannery Row flanieren, damit ich mal sähe, von was der Mann denn nun eigentlich geschrieben habe. Und er erläutert mir, wie wichtig es immer für ihn sei, die Dinge, von denen er lese, in Wirklichkeit zu sehen, weil er sonst nicht verstehen könne, wovon all diese Texte handelten. Mir geht das nicht so, doch als wir redend durch die Cannery Row spazieren und The Fisherman's Wharf besichtigen, dämmert es mir allmählich, was er meint, und ich bewundere ihn dafür, daß er so hohe Ansprüche an sein Vorstellungsvermögen stellt. Der Unterschied zwischen seiner und meiner Art zu lesen fasziniert mich, doch abgesehen von meiner Bewunderung beschleicht mich auch das unangenehme

Gefühl, mich rechtfertigen zu müssen, als hätte ich bis jetzt schludrig und ohne Neugierde gelesen und mich mit zu vielem einfach begnügt, weil ich nicht genug davon verstand und dem Autor Kenntnisse unterstellte, über die ich nicht verfügte.

»Ich habe mir nie weisgemacht, etwas zu wissen, wenn ich es nicht wirklich wußte«, sagt er. »Du kannst ein ganzes Buch lesen und auf jeder Seite Cannery Row stehen sehen, aber was da wirklich steht, weißt du erst jetzt. Jetzt weißt du, es bedeutet, daß man sich hier wie auf einer Eindosungsstraße vorkommt und unter so einem Aushängeschild *Sardines and Co Inc.* hindurch muß.«

»Ja, schon, aber ich lese eben ganz anders.«

»Du hast kein Auge für Umgebungen«, sagt er, »das liegt dir nicht. Du bist eine Ideenfrau.«

Später, im Wagen, sagt er: »Der Mensch will doch nur beruhigt sein.«

»Na, prima«, sage ich.

»Das ist zur Abwechslung mal meine *Bildungsidee*«, merkt er stolz an.

In sämtlichen Zeitungen stehen ausführliche Besprechungen der Nancy-Reagan-Biographie von Kitty Kelley. Die Frau würde er liebend gern mal interviewen, hat er gesagt.

Keine sechs Monate später wird er dieser Kitty Kelley bereits begegnen, in Amsterdam. Er wird sie als Führer durch den Rotlichtdistrikt begleiten. »Ein Straßenhündchen in Chanel-Verpackung« wird er sie in der Kolumne nennen, die er am Morgen nach der Begegnung mit ihr über sie schreiben wird. Darin entführt er sie in die Ruysdaelkade, klingelt dort bei einer Hure und nimmt sie mit hinein. An diesem Morgen werde ich, nachdem ich die Kolumne gelesen habe, in Tränen ausbrechen und ihm sagen, es mache mich krank vor Eifersucht, daß er sie zu den Huren mitgenommen habe.

Wir haben Kelleys Biographie hier und da schon in den Läden liegen sehen, die wir unterwegs angesteuert haben, kaufen das Buch aber erst in San Francisco, wo wir am nächsten Tag eintreffen. Es ist Mittwoch, und weil Ischa morgen einen *Dicken Mann* abliefern muß, wollen wir uns ein Motel suchen, in dem es für ihn zum Arbeiten ruhig genug ist. Ehe er jedoch loslegen kann, müssen wir noch eine Reiseschreibmaschine kaufen.

Wie immer lotst Ischa mich mit größter Leichtigkeit auch durch eine so große Stadt wie diese. Über die Oakland Bridge, eine imposante Allee aus Stahl, fahren wir in die Stadt hinein, die Scott McKenzie auf meiner allerersten Langspielplatte besang. »Bieg hier mal links ab und da vorn nach rechts.« Ischa hat einen sechsten Sinn für Hotels, Restaurants, Viertel, für den richtigen Unterschlupf. Immer findet sich irgendein Motel oder Hotel, in dem, wie das Aushängeschild verheißt, noch Zimmer frei sind. Diesmal landen wir im ›Flamingo Motor Inn‹, einem Motel mitten in der Stadt, in der 7th Street, nur einen Katzensprung vom Union Square entfernt. Gegenüber vom Motel ist ein Hotel, von dem aus er seinen *Dicken Mann* in die Niederlande faxen kann. Bevor wir ihm eine Reiseschreibmaschine kaufen gehen, machen wir noch einen kleinen

Schlenker in die Hotelbar und genehmigen uns – *why not* – eine Bloody Mary für mich und einen Wodka mit *lime juice* für ihn. Wie es sich gehört, ist es zeitlos schummrig in dieser Bar, und diese Bar in San Francisco liefert mir die Blaupause für alle anderen Bars, die ich im weiteren Leben noch mögen werde. Das dürfte auch an dem Barkeeper liegen.

Laszlo heißt er. Ischa kommt mit ihm ins Gespräch, und sie tauschen sich über *Blue Velvet* von David Lynch aus. Szene um Szene wird im Halbdunkel der Bar hervorgezaubert, wo zwei Männer plötzlich Dennis Hopper ähneln, die Sauerstoffmaske an den Mund setzen, geräuschvoll inhalieren und lüsterne Blicke auf Isabella Rossellini werfen, die darüber lachen muß, das Spiel aber nicht mit ihrem Gekicher verderben will und sich daher darauf verlegt, *In Dreams* zu summen und einem von beiden »*Mummy loves you*« zuzuhauchen.

»Ich habe noch nie einen Film so gut verstanden wie diesen«, sagt Ischa zu mir. Das kann ich nachvollziehen und bedenke ihn daher mit einem Schmunzeln.

»Sex, Angst und Unvermögen«, sage ich.

Ischa verschlägt es die Sprache. Er legt einen Arm um mich und läßt den Barkeeper mit einem Verzweiflungsschrei wissen: »*This is the real disaster: my wife understands me!*«

Wir haben Lust, uns einen anzutrinken, alle beide, und bleiben daher an unserem Tisch sitzen, bestellen einen Wodka nach dem anderen und unterhalten uns über diesen Film und über den *Dicken Mann*, ob er ihn in Amerika spielen lassen soll oder nicht. Wir sitzen schon eine gute

Stunde so da, als eine schöne Frau die Bar betritt, Laszlo mit einem beiläufigen Kuß begrüßt, ihren Mantel hinter der Theke aufhängt und damit beginnt, ein paar Gläser zu spülen. Sie wird als Naomi begrüßt.

»Das ist nun, was man hier eine JAP nennt«, erzählt Ischa, »eine waschechte *Jewish American Princess*.« Er betrachtet die Frau eingehend und spitzt die Ohren, als das Telefon läutet und sie dem Barkeeper mit Gesten signalisiert, daß sie für den Anrufer nicht da sei. Ich würdige die Frau kaum eines Blickes, denn ich bin eifersüchtig. Da ich mich dafür schäme und auch glaube, daß man einem Mann einen Heidenschrecken einjagt, wenn man sich wie eine eifersüchtige Frau benimmt, versuche ich es mir nicht anmerken zu lassen, was aber schwer möglich ist, da meine Stimme plötzlich sehr gereizt klingt, als ich Ischas Aufmerksamkeit dadurch wiederzuerlangen versuche, daß ich meinen tiefsten Abscheu gegen so ein verlogenes Getue zum Ausdruck bringe, gegen Leute, die hinter jemandes Rücken herumgestikulieren oder mit dem Mund lautlose Botschaften formulieren, lügen, daß sie irgendwo nicht sind, wo sie sehr wohl sind – »oh, wie ich das hasse, ich kann dir gar nicht sagen, wie sehr ich das verachte«.

»Da hättest du meine Mutter mal erleben sollen«, entgegnet Ischa belustigt und ahmt sie nach. Ich sehe ihm an, daß er sie bis in die Mundwinkel spürt, als er vormacht, wie sie, ohne ein Wort zu sagen, mit den Lippen überdeutlich die Worte »andersrum« bildet und sich dabei ein paarmal mit der linken Hand auf den rechten Handrücken klopft. Ischa muß selbst herzlich darüber lachen, und ich lache mit, aber er tut mir leid. Es gelingt mir nicht, mein

Mitgefühl wegzulachen, meine Augen beginnen zu brennen, und mir kommen Tränen, die ich nicht mehr zurückhalten kann.

»Was ist denn jetzt schon wieder?« fragt Ischa mit halb gespieltem, halb aufrichtigem Erstaunen. Eigentlich finde ich meinen Kummer auch unangebracht und übertrieben, und ehe ich mich versehe, habe ich es gesagt, habe ich gesagt, ich weinte wohl, weil er es nicht tue.

»Na, da könntest du ja ewig im Gange bleiben«, sagt er, und ich erschrecke über die leichte Irritation in seiner Stimme. Diese Irritation ist natürlich vollkommen berechtigt, finde ich mit einem Mal, für wen halte ich mich denn, verdammt. Um meiner Bemerkung ein wenig Gewicht zu nehmen, beichte ich ihm daher, daß ich auch eifersüchtig gewesen sei, weil er dieser schönen Frau so viel Aufmerksamkeit geschenkt habe, und daß ich mir ganz bescheuert vorkäme, wenn ich eifersüchtig sei.

»Aber diese Art von Frauen finde ich doch schrecklich«, sagt er entrüstet, »mit so einer will ich nie, aber auch wirklich nie was zu tun haben. Wir gehen«, sagt er dann. »Ich muß noch tippen.«

In der Market Street kauft er sich eine knallrote kleine Reiseschreibmaschine. Mit einem Packen Papier, zwei Dosen *diet coke* und einer Schachtel Merit ausgestattet, richtet er sich anschließend an dem kleinen Tisch im Motelzimmer ein. Irgendwie hängt bei ihm noch ein Rest von Unmut in der Luft, doch ich beschließe, dem keine allzu große Aufmerksamkeit zu schenken. Er soll erst mal seinen *Dicken Mann* tippen, dann sehen wir weiter, denke ich mir. Obwohl wir es gewohnt sind, uns auf engem Raum zusammen aufzuhalten, und ihn das auch nicht am Arbeiten hindert, halte ich es diesmal für vernünftiger, ihn allein zu lassen. Das ist zwar nichts für mich, und ich habe auch gar keine Lust, allein durch San Francisco zu bummeln, weil ich ja doch nichts sehe, aber ich weiß nun mal, daß man gelegentlich Dinge tun muß, die man eigentlich nicht so gerne tut, und glaube, daß so etwas jetzt angesagt wäre.

»Wo gehst du hin?« fragt Ischa.

Ich wolle kurz in die Geschäftsstraße, antworte ich, mich nach etwas luftigerer Kleidung umsehen, denn in dem, was ich anhätte, sei mir zu warm.

»Dann geh zu Macy's«, sagt er, »da haben sie wenigstens schicke Sachen, denn ich möchte, daß du hübsch aussiehst.«

Er gibt sich zwar alle Mühe, das merke ich, aber er kann sich nicht heiterer geben, als er es in Wirklichkeit ist. Er will gleich zwei *Dicke Männer* hintereinander tippen und meint, daß er damit ungefähr anderthalb Stunden beschäftigt sein werde, und dann müsse ich zurück sein, weil er dann mit mir in die Stadt wolle. Er habe gar keine Lust zum Tippen, sagt er.

Draußen stört mich die Sonne, und ich eile schnurstracks zu Macy's, um das Tageslicht möglichst schnell wieder los zu sein. In dem Kaufhaus fühle ich mich ganz verloren. Zum erstenmal seit Tagen habe ich ihn nicht an meiner Seite, und ich erschrecke darüber, daß ich aus anderthalb Stunden ohne ihn nichts machen kann, daß mir jede Unternehmungslust abhanden kommt und ich umherlaufe wie das wandelnde Entbehren. Bei jedem Schritt ermahne ich mich, es sei doch nun wirklich abstrus, daß ich mit jeder Faser meines Körpers an ihm hinge und mir ohne ihn nichts mehr lohnend erscheine, daß ich dagegen ankämpfen müsse, denn so etwas sei ungesund, und daß ich mich auf das zurückbesinnen müsse, was ich immer gewesen sei, eine Einzelgängerin, eine, die das Alleinsein genießen konnte und gern allein auf Einkaufsbummel ging. Mit jeder Rolltreppe, die mich weiter hinaufführt, werde ich trübsinniger. In jeder Etage laufe ich suchend umher und finde nichts, was mir auch nur im entferntesten gefällt. Als ich schließlich im obersten Stockwerk angelangt bin, wo es eine spezielle Abteilung für kleine Größen gibt, realisiere ich erst, daß ich mit zwei Paar Augen nach Kleidern schaue und daß mich das nervös und unsicher macht.

Die Zeit drängt. Wahllos schnappe ich mir ein paar Sachen von einem Ständer, einen Rock und eine Bluse, die biedersten Sachen, die ich unter all dem Schickimicki finden kann. Im Spiegel erkenne ich mich selbst kaum wieder, so verkleidet sehe ich aus, aber ich habe es eilig und werde freundlich von einer Verkäuferin bedient, die einen geradezu lachhaften Rock in einer noch kleineren Größe für mich auftreibt, so daß ich mich auch für ihre Mühe erkenntlich zeigen muß. Nach zehn Minuten habe ich für zwei Kleidungsstücke dreihundert Dollar hingeblättert und renne damit durch die Straßen von San Francisco, traurig und gehetzt, denn ich bin länger weggeblieben als anderthalb Stunden.

Ischa ist wütend. So aufgebracht habe ich ihn noch nie gesehen. Diese Wut kann nicht allein dadurch verursacht worden sein, daß ich zehn Minuten später komme, als er erwartet hat, diese Wut ist so unmäßig, daß sie mit etwas zu tun haben muß, das nicht ich allein verschuldet habe, ja, mit etwas von meiner Person Unabhängigem, etwas aus der Zeit, als ich für ihn noch gar nicht existierte. Und dieser Gedanke beruhigt mich, selbst wenn dem nicht so sein sollte. Ischa ist gereizt, vielleicht bereits durch meine Bemerkung in der Bar und jetzt auch noch durch mein Zuspätkommen, vielleicht sogar schon deswegen, weil ich kurz weggegangen, ohne ihn in die Stadt gegangen bin, wie auch immer, aus irgendeinem Grund muß alles, was ich in den vergangenen Stunden gemacht habe, bei ihm so angekommen sein, als wollte ich ihn ärgern, als wollte ich ihn strategisch und zielgerichtet ärgern. Da ich nun aber eines mit wirklich hundertprozentiger Sicherheit weiß, nämlich, daß es nicht so war, kann seine Wut mich nicht schrecken, sondern ich werde ganz ruhig. Während er noch ein wenig mault und murrt, öffne ich die Tragetasche von Macy's und breite die Kleider aus, die ich gekauft habe. Es ist noch viel schlimmer, als ich gedacht hatte. Es sind die häßlichsten, abartigsten Sachen, die ich je gekauft habe. Ohne mich von seiner störrischen Miene beirren zu lassen, zeige ich auf diese Kleidungsstücke und erstatte ihm gewissenhaft und minutiös Bericht über hundert Minuten Einsamkeit bei Macy's, San Francisco, was mir dabei so alles durch den Kopf gegangen sei, wie sehr ich ihn vermißt hätte und wie albern ich mir deswegen vorgekommen sei, wie neurotisch. Seine Miene hellt sich schon ein wenig auf, aber ganz geschlagen gibt er sich noch nicht. Erst als er die vollgetippten Seiten hin und her zu schieben beginnt und fragt, ob ich diese *Dicken Männer* eigentlich noch lesen möchte, weiß ich, daß wir das Schlimmste überstanden haben.

»Glaubst du wieder an mich?« frage ich, ehe ich zu lesen beginne.

»Na ja, das wollte ich fürs erste noch offenlassen«, antwortet er, aber dann grinst er schon wieder, und ich muß ihn vor lauter Erleichterung erst einmal umarmen.

»Unglückselige Tucke«, sagt er. »Wenn du noch einmal zu spät kommst, mach ich Hackfleisch aus dir.«

Erst Tage danach taucht in *Der Dicke Mann* eine Unverkennbar Jüdische Prinzessin in einer schmuddligen Bar in der Siebten Straße in San Francisco auf und spielt mit dem Barkeeper Laszlo das Mimenspiel der anwesenden Abwesenden. In Ischas Beschreibung ist sie mir in ihrer Coolness noch gerade eine Spur zu reizvoll, doch die Lektüre erinnert mich wieder an unseren Streit, und daher verliere ich kein Wort darüber. Statt dessen sage ich ihm abends, daß es ein guter *Dicker Mann* sei und ich es für einen wunderbaren Einfall von ihm hielte, daß er dieses lautlose Lippenspiel so ganz beiläufig in einen Nebensatz gefaßt habe: »als sei sie immer noch auf eine Karriere beim Stummfilm aus«.

Da grinst er dann, stolz und verlegen. Fürs erste will ich sein Verlangen nach Angst und Spannung in bezug auf Frauen lieber nicht mehr ansprechen.

Sobald ich bei ihm bin, kann ich wieder an etwas anderes denken als nur an ihn. Vom ersten Tag unserer Reise an schwindelt mir der Kopf davon, daß es ausgerechnet dieses

Land ist, in dem ich mehr von meiner eigenen Geschichte verstehen lerne. Das finde ich aufregend und befremdlich. Da habe ich gerade ein Buch in die Welt hinausgeschickt, das von so etwas wie Persönlichkeitsbildung handelt, und hier gehen mir nun zu genau diesem Thema ganz andere Dinge auf. Ich kann mich Ischa gegenüber gar nicht genug darüber auslassen, daß mir mitunter ganz anders wird, wenn mich wieder mal die Erkenntnis überkommt, daß ich mich mit Amerika stärker verwandt fühle als mit einem Land wie Griechenland, und das, wo doch mein Studium dem berühmtesten Griechen aller Zeiten gewidmet gewesen sei, und wie sehr ich mich in Griechenland gelangweilt hätte, weil ich einfach nicht hätte sehen können, was ich mit diesem Land zu schaffen hätte, und mich das geärgert hätte, denn die anderen, die mit mir zusammen dort gewesen seien, hätten sehr wohl den Anschein erweckt, als seien sie von Gott weiß was durchdrungen, dem Gefühl, daß unter der Akropolis die Wurzeln unserer Kultur lägen oder so.

Wie zu Beginn jedes Denkprozesses fängt es auch in Amerika mit Worten an, mit Wortpaaren besser gesagt, und wenn ich auch noch nicht genau weiß, was mir denn eigentlich aufgehen sollte, ist mir klar, daß es mit Tatsache und Fiktion, Schein und Wirklichkeit, dem Banalen und dem Sakralen zu tun hat. Worte wie diese sind sehr umfassend, und es sind die nacktesten, auf die ich kommen kann, und mit Hilfe dieser großen Worte versuche ich etwas im Kleinen zu verstehen, etwas, das sich vor meinen Augen abspielt und mich fasziniert, etwas, das ihn betrifft, etwas, womit ich mich herumschlage. Denken ist nie unpersönlich. So abstrakt es auch werden kann, es beginnt immer als ein Versuch, ein persönliches Problem zu lösen.

Es sei doch wirklich erstaunlich, erzähle ich ihm, daß ich nach drei Tagen Kalifornien mehr Orte besucht hätte, die mit meiner und der Vergangenheit von Menschen, mit denen ich aufgewachsen bin, zu tun hätten, als auf den rund zwanzig Reisen innerhalb Europas, die ich seit meinem achtzehnten Lebensjahr gemacht hätte. Bis vor drei Tagen habe ich sogar noch gedacht, ich könne nicht reisen, ich sollte besser in meinen vier Wänden bleiben, weil mir da größere Erleuchtungen kämen, als wenn ich andere Länder besuchte und mich ständig fragen müsse, wieso ich denn so gar nichts sehen, wieso ich so gar nicht beeindruckt sein könne von Kirchen, Kathedralen, Museen und Ruinen, die andere so sehr bewegten oder in eine so schön beschauliche Stimmung versetzten und sie beneidenswerte Einsichten im Hinblick auf den Ursprung ihrer Anschauungen, Empfindungen und was nicht noch alles haben ließen.

»Und ich konnte und konnte partout nichts sehen«, stöhne ich Ischa leicht übertrieben vor, »und hab mir die Hacken auf den Steinplatten dieser elenden Stoa abgelaufen, die Hände auf dem Rücken, den Blick gen Boden gewandt, ohne daß mir der geringste Gedanke gekommen wäre, wirklich, Null Komma nichts, keinerlei Vorstellung, keinerlei Einsicht, keinerlei Idee. Und wenn ich nichts zu denken habe, langweile ich mich.«

»Langweilst du dich bei mir?«

»Nicht eine Sekunde.«

Auf unserem Bummel durchs Stadtzentrum strecken wir in einem Straßencafé in der Nähe des Union Square kurz alle viere von uns. Ischa fragt, ob er mal eine Vermutung anstellen dürfe, womit das Ganze vielleicht zu tun haben könnte.

Natürlich. Gern.

»Es hat etwas mit leben zu tun«, sagt er im Brustton der Überzeugung. »Ich möchte mich ja nicht selbst rühmen, aber meiner Meinung nach hast du durch mich wieder zu leben begonnen, hast jetzt weniger Angst vor dem Leben.«

Es erscheint mir so wahr, daß ich erschrecke.

Mehr davon.

Er nimmt sich alle Zeit. Und was er sagt, wirft mich um. So, wie er über mich redet, könnte man meinen, er kenne mich schon von Kindesbeinen an, er sei mit mir zusammen aufgewachsen, in ein und derselben Familie, und habe mich von einem unsichtbaren Ort aus beobachtet, wie ich mich unter meinen Brüdern bewegte, wie ich mit meinem Vater und meiner Mutter umging, wie ich meine Ängste und meinen Mut entwickelte und mich nach zweiundzwanzig Jahren Kindsein in ein kleines Zimmer in Amsterdam, im Jordaan-Viertel, zurückzog, um mal für eine Weile nichts mehr mitmachen zu müssen, sondern nur noch aus Büchern zu lernen. Sobald er von Mia spricht – er nennt meine Mutter und meinen Vater beim Vornamen –, wird sein Gesicht weich, denn Mia versteht er am besten von allen. Ich würde ja gar nicht richtig sehen, wie sehr ich ihr ähnelte, findet er, doch das sagt er auch, um mir die Augen für seine eigene Person zu öffnen. Denn in allem, was ich bei meiner Mutter seiner Meinung nach nicht genügend würdige, steckt etwas, was er auch an sich zu haben glaubt, etwas, von dem er hofft, daß ich es erkennen lerne.

Er sagt, es erstaune ihn, daß jemand wie ich, die so lebenstüchtig sei, sich abgekapselt habe und ihre Lebenskunst so wenig zur Anwendung gebracht habe. Manchmal komme es ihm so vor, als hätte er mich irgendwo in einem Keller gefunden, hätte mich unter einem Berg muffiger Kartoffeln hervorgezogen, an der Hand genommen, ins Freie geführt und mir das Licht gezeigt. Als hätte ich mir verboten, mich zu amüsieren, und als habe mir erst jemand die Erlaubnis geben müssen, das Leben zu genießen – und dieser Jemand sei er. Er sagt, Amerika und er bedeuteten für mich dasselbe, nämlich Entertainment, Leben, Gegenwart im Gegensatz zu toter, vergangener Zeit, die ich nicht mit meiner eigenen Zeit in Zusammenhang bringen könne. Daß ich endlich *home* sei, sagt er.

»Aber ich hab doch schon ganz viel gelebt«, protestiere ich schwach.

»*Face it*, Conny!« sagt er.

Es ist wahr.

Es ist schrecklich wahr.

Ohne daß wir es gemerkt haben, ist es später geworden als beabsichtigt. Das Gespräch hat uns beide melancholisch gemacht, und wir beschließen, uns dann eben morgen mehr von der Stadt anzusehen und jetzt erst einmal essen zu gehen.

»Lust auf einen kleinen Hummer?« fragt er.

Immer.

»Na, dann auf zu einer richtigen *Lebenserfahrung*. Es ist ganz in der Nähe.«

Mit einer Selbstsicherheit, als wohnte er seit Jahren in dieser Stadt, biegt er um eine Ecke und steuert stolzen Schrittes auf Sam's Grill zu.

»Na, wie gefällt's dir mit mir?« fragt er.
»Himmlisch. Und wie findest du's mit mir?«
»Das werde ich dir ganz genau sagen: Ich schwanke zwischen totaler Verzückung und grenzenloser Panik.«
Daraufhin summt er *It's Now or Never*.

Wir laufen beide mit einem kleinen Notizbuch in der Tasche herum. Er kritzelt ein paarmal am Tag ganze oder halbe Sätze hinein, quer über die karierte Seite, Notizen für *Der Dicke Mann*. Ich schreibe in ein hochformatiges rotes Schulheftchen mit ebenfalls karierten Seiten, alles säuberlich auf die untere Linie der kleinen Kästchen, ganze Sätze, Gedanken, Bemerkungen von ihm. Meine Handschrift ist sehr klein und für ihn ohne Brille unlesbar. Er finde, das sei eine richtige Philosophenschrift, sagt er.

Die seine rührt mich. Ich könne daran ablesen, wie er als Kind gewesen sei, sage ich, wie er vornübergebeugt an einem Tisch gesessen habe, die Zungenspitze zwischen den Zähnen, und sich die größte Mühe gegeben habe, schön zu schreiben und es seinem Vater recht zu machen.

»Aber es ist doch eine erwachsene Handschrift, oder nicht?«
»Ja, aber der kleine Junge schimmert auch noch durch.«
»Bin ich für dich ein erwachsener Mann?«

»Im Werden, Liebling«, antworte ich, »im Werden.«
»*I don't want money
I want Connie*«, dichtete er.

Ich selbst habe keine spezielle Beziehung zu Jack Kerouac, aber er ist jemand, der zu meinem ältesten Bruder Pierre gehört. Als wir am Morgen unseres zweiten Tages in San Francisco unseren Bummel zur Columbus Avenue machen, um uns die berühmte Buchhandlung City Lights anzusehen, stoße ich auf ein großes Schild mit der Aufschrift Jack Kerouac Street. Es hängt an der Ecke einer kleinen Gasse. Das Konterfei eines noch jugendlichen Kerouac blickt in Schwarzweiß auf mich herab, und mir wird beim Gedanken an meinen Bruder ganz weh ums Herz, weil hier ein Bild von einem Mann aus seiner Jugend hängt. Sein bester Freund und er waren vierzehn oder fünfzehn, als sie sich in Dean Moriarty und Jack Kerouac umtauften. Sie waren zwar nie weiter gekommen als bis in die belgischen Ardennen, und das im sicheren Auto und kutschiert von meinem Vater, doch in ihrer Einbildung waren sie verwegene Stromer und selbstzerstörerische Trunkenbolde, die gebeutelten Vertreter der *Lost Generation*. Ischa sagt, ich ließe mich immer sehr liebevoll über meine Brüder aus, und das stimmt, das geht ganz von selbst, weil ich sie sehr liebe, aber ich weiß auch, daß mich dieses Kerouac-und-Moriarty-Spielen damals nicht nur amüsiert, sondern auch irritiert hat, genauso, wie es mich amüsierte und irritierte, wenn mein Bruder auf einer unsichtbaren Gitarre ein Solo mitspielte, obwohl er noch nie eine echte Gitarre in der Hand gehabt hatte.

»Du bist viel zu streng. Das ist doch goldig, das haben doch alle Jungen in dem Alter gemacht.«

»Weiß ich, heute jedenfalls, aber damals hab ich auch gedacht: *get real!*«

Ischa hat bei City Lights einen solchen Stapel Bücher gekauft, daß wir zum Motel zurück ein Taxi nehmen. Es sind samt und sonders Biographien, darunter die von Kitty Kelley über Nancy Reagan. Wieso eigentlich ein solches Theater um diese Biographie gemacht werde, frage ich ihn. Seiner Meinung nach hat es damit zu tun, daß die Biographen die Historiker der zeitgenössischen amerikanischen Geschichte sind und Reagan nun mal den Gipfel des amerikanischen Heldentums erreicht hat: der Filmstar, der Präsident der Vereinigten Staaten wurde. Auch sein eigenes Interesse habe sich gewandelt, sagt er. Wenn er früher Leute interviewt habe, sei er immer von dem Gedanken geleitet gewesen, er müsse irgendwie hinter ihre verschwiegene Geschichte kommen, das heißt, er habe jedem unterstellt, irgendein Geheimnis zu hegen, und das habe er aufdecken wollen. Jetzt betrachte er das Interview dagegen in wachsendem Maße als zeitgenössische Geschichtsschreibung, bei der all diese Lebensgeschichten einen bestimmten Einblick in unsere Wirklichkeit und die Zeit, in der wir leben, gewährten. Als ich ihn frage, was denn der Unterschied zwischen dem wissenschaftlichen Historiker und dem Biographen sei, sagt er, ohne auch nur eine Sekunde nachzudenken: »Libido, Con.«

Später werde ich ihn dann irgendwann nach dem Warum für diesen Interessenwandel fragen, was denn der eigentliche Auslöser dafür war, daß er aufgehört hat, nach dem Geheimnis zu suchen, und sich statt dessen für die Geschichte eines Menschen zu interessieren begann, und da wird er antworten, daß das mit seinem Vater zu tun gehabt habe.

»Laß uns mal das Viertel anschauen, in dem dein Freund umhergeschwärmt ist«, sagt er nachmittags. Ich verstehe nicht gleich, aber mit meinem Freund meint er Michel Foucault und mit dem Viertel Castro. Das ist wieder so ein typisches Beispiel. Ich habe die Foucault-Biographie von Didier Eribon verschlungen, doch selbst auf Papier habe ich nicht das geringste Gespür für Umgebungen, dafür, daß die Orte, wo jemand geboren wurde und sich aufgehalten hat, auch tatsächlich existieren und man sie sich also ansehen kann.

»Du setzt sofort alles in Fiktion um, sogar dein eigenes Leben«, sagt Ischa, »das ist deine Methode, die Wirklichkeit in den Griff zu bekommen.«

Jede seiner Bemerkungen macht Eindruck auf mich, auch diese, doch sie trifft die Wahrheit nur halb. Ich kann nicht so rasch ausfindig machen, was denn genau daran auszusetzen ist, ob es einfach nur eine unvollständige Sicht der Dinge ist oder ob es an irgendeiner anderen Stelle hapert, und sage ihm daher, daß es nicht ganz so sei, wie er behaupte. Es ist kein Umsetzen, glaube ich. Fiktion ist Teil der Wirklichkeit. Wenn man an einer Straßenecke in San Francisco plötzlich Jack Kerouac in die Augen schaut und dann an seinen ältesten Bruder denken muß, an seine und die eigene Kindheit, dann macht man das eigene Leben doch nicht zur Fiktion, sondern man stößt auf Fiktion, dann ist sie Wirklichkeit, denn was ist wirklicher als eine Straße, dann sieht man, wie diese Schriftsteller, Romanfiguren, Bücher, Briefe und Geschichten unauflöslich mit dem alltäglichen Leben verwoben sind, Teil davon und demnach strenggenommen keine Fiktion mehr sind, sondern ein lebendiger Bestandteil des eigenen Daseins, Geistes, Blicks.

»Hast du dieses *On the Road* gelesen?«

»Nein, das hat mich nicht reingelassen. Mein Bruder saß schon drin.«

»Besetzt«, sagt Ischa, und ich finde sein Verständnis so liebevoll, daß es weh tut und mir die Tränen kommen.

»Weißt du, was du mit mir machst?« fragt er, als wir den *Dicken Mann* in die Niederlande gefaxt haben. »Du weckst bei mir erstmals den Wunsch, etwas aufzubewahren. Ich werde eine schöne Sammelmappe von meinen Artikeln anlegen.«

Er zwingt mich zum Stehenbleiben, mustert mich, geht dann wieder weiter und sagt mit einer Mischung aus Verlegenheit und Verzweiflung: »Manchmal denk ich, mein Gott, wie lange kann diese Beziehung noch dauern? Aber dann denk ich, bei Connie ist alles von Dauer, ich brauch mir keine Sorgen zu machen, sie wird das schon deichseln. Oder ist das feige?«

»Du willst auch, daß es von Dauer ist«, stelle ich zufrieden fest.

»Ich will mich nicht binden«, sagt er ernst, »aber bei dir bleibt mir gar nichts anderes übrig, das geht von ganz allein, auch gegen meinen Willen.«

Was er da sagt, macht mich glücklich. Ich hüpfe mit ein paar Tanzschrittchen um ihn herum und schlinge die Arme um seinen Nacken.

»Unglückselige, unheilvolle Frau«, ruft er mit gespielter Hilflosigkeit aus, »*I love you*, und ich kann nichts dagegen tun.«

Am nächsten Tag wollen wir weiterfahren. Vor dem Essen trinken wir bei Laszlo einen Wodka, und nach dem Essen gehen wir noch einmal kurz zu ihm, um uns zu verabschieden.

»*Thanks for the memories*«, sagt Ischa, während er ihm die Hand schüttelt.

Laszlo drückt die seine und faßt über Kreuz auch meine Hand.

»*You're so good together*«, sagt er ernst. Ischa und ich sehen einander an, als stünden wir vor dem Altar, und das macht uns ganz verlegen. Dann kichern wir. Wir finden es beide ganz in Ordnung, daß von einem Barkeeper in einer schummrigen Bar in der Siebenten Straße in San Francisco, Kalifornien, eine eigentümliche Art von Ehe besiegelt wird.

Wir verlassen die Stadt über die Golden Gate Bridge. Das ist eine Brücke, die ich schon Dutzende Male auf Bildern gesehen habe, und daß sie nun so echt ist, überwältigt mich derartig, daß es mich große Mühe kostet, gleichzeitig noch den Chevrolet zu lenken.

Ich habe keine Ahnung, wie und warum wir in Jackson landen. Wahrscheinlich hatten wir uns vorgenommen, über den Yosemite National Park Richtung Las Vegas zu fahren, aber heftiger Regen läßt es früh dunkel werden. Es hat keinen Sinn, ein so berühmtes Naturgebiet zu durchqueren, wenn man nichts davon sehen kann, und es ist Freitag, Ischa muß also abends noch einen *Dicken Mann* schreiben. Bereits im Auto richtet er die Bitte an mich, und seiner Stimme ist anzuhören, daß er weiß, ich werde es ihm verweigern.

»Darf ich das von dir haben«, fragt er, »das mit diesen hundert Minuten Einsamkeit bei Macy's?«

Jackson ist nicht mehr als eine Straße, die auf ein Hotel zuführt. Dieses sieht aus wie ein Saloon aus einem Cowboyfilm, und es heißt auch so: Hotel Saloon Dining. Auf dem Aushängeschild ist in kleinen Lettern vermerkt, daß es in der Tat ein altes Hotel ist, *since 1862* steht dort. Ischa findet es rührend, daß auf so etwas extra hingewiesen wird.

»1862«, murmelt er. »In Italien kann der erstbeste Eisverkäufer mit Leichtigkeit bis zum Jahr 800 vor Christus zurückgehen.«

Drinnen ist es warm und gemütlich. Obwohl ich in meinem ganzen Leben noch nicht in einem Saloon gewesen bin, weiß ich, daß alles so ist, wie es zu sein hat, und dieses Wissen vermittelt mir ein seltsames Gefühl. Zur Einrichtung gehört ein Klavier, und daran sitzt ein Klavierspieler, der ihm tingeltangelartige Laute entlockt, welche mich an Zeiten erinnern, die ich nie erlebt habe. An den Tischen und der Theke sitzen ein paar Leute, die aufschauen, als wir hereinkommen, und uns taxieren, wie Dorfbewohner es bei Fremden zu tun pflegen. Der Fußboden ist mit Sand bestreut, und alles ist aus Holz. Vom Mann hinter der Theke bekommen wir einen mittelalterlich großen Schlüssel. Wir müssen zwei knarrende Treppen hinauf und lassen uns auf ein altmodisch schmales Bett mit quietschenden Sprungfedern plumpsen. Wir sind in Lachlaune.

»Jetzt wirst du mal was mitmachen. Wart's ab, wir werden hier noch einen ganz besonderen Abend erleben«, prophezeit Ischa schmunzelnd. Wir nehmen uns vor, das Gebäude bis zum nächsten Morgen nicht mehr zu verlassen. Am liebsten würden wir sofort wieder nach unten gehen, zurück in diesen warmen Saloon, aber es ist vernünftiger, daß Ischa erst seinen *Dicken Mann* schreibt, dann haben wir den Rest des Abends frei.

Von den acht *Dicken Männern*, die Ischa während unserer ersten USA-Reise schreibt, reserviert er den letzten für diesen Abend im Saloon in Jackson, Kalifornien. Ich lese ihn erst anderthalb Wochen später, als wir wieder in Amsterdam und nicht mehr vierundzwanzig Stunden am Tag zusammen sind. Da erinnere ich mich dann wieder voll und ganz daran, was an diesem Abend war, und das sowohl aufgrund dessen, was da geschrieben steht, als auch dessen, was nicht da steht. Es befremdet mich, daß ich den *Dicken Mann* brauche, um mir diesen Abend so klar in Erinnerung zurückzurufen, und in der Reestraat äußere ich Ischa gegenüber meine Verwunderung darüber. Es komme wohl daher, daß ich zu glücklich gewesen sei, erwidert er, daß ich der Ekstase nahe gewesen sei und das Gedächtnis mit einem zu großen Glück vielleicht genauso umspringe wie mit einem zu großen Kummer: Es stelle das Ganze für ein Weilchen beiseite, auf ein anderes Gleis, so daß man nicht so leicht herankomme.

»Glück ist aber doch auch unerträglich!« schreit er. »Und irgendwie auch wieder schön«, schickt er hinterher. »So wird *Der Dicke Mann* ein kleines bißchen zu unserem Tagebuch. Und ich kann die Artikel später noch mal zu *Szenen einer Ehe* umarbeiten.«

Ischa erkennt alle Melodien wieder, die der Mann am Klavier spielt. Gershwin, murmelt er dann, oder: Cole Porter. Hin und wieder singt er ein paar Sätze mit. *Der Dicke Mann*, den er heute geschrieben hat, spielt zum erstenmal in Amerika, am Pier in Santa Barbara, doch die Kolumne ist mit Erinnerungen an seine Kindheit gespickt, an die erste Coca-Cola, die er hier trank, an das mit Erdnußbutter bestrichene Weißbrot, das er hier aß.

In
deiner Kindheit
lebst du
für immer,
dichtete er.

Er läßt etwas, was wir auf dem Gelände des William Hearst Castle erlebt haben, an einem Pier irgendwo zwischen Los Angeles und San Francisco spielen. Aus dem Flug pickt eine beängstigend große Möwe einem kleinen Mädchen sein Hot dog aus der Hand. Die Mutter des Mädchens bricht in Gelächter aus und achtet überhaupt nicht auf ihr Kind, wie erschrocken und verängstigt es ist.

Sie hört gar nicht mehr auf zu lachen, diese Mutter, und da erfaßt mich besinnungslose Wut, und ich schreie ihr auf niederländisch zu: »Jetzt nimm sie doch endlich in den Arm, du blöde Zicke!« Die Mutter hört auf zu lachen und blickt in meine Richtung. »*Hold her, damn it!*« zische ich ihr etwas leiser zu und deute eine Umarmung an. Sie zuckt die Achseln, streichelt dem Mädchen unbeholfen über den Kopf und sucht Rückhalt bei den anderen Umstehenden, indem sie erneut zu lachen beginnt. Niemand stimmt ihr bei. Erst als ich mich wieder Ischa zuwende, sehe ich, daß er zwar ein bißchen blaß um die Nase ist, mich aber strahlend anstarrt. »Das hätte ich mich nie getraut«, sagt er leise. »Darf ich im Krieg bei dir untertauchen?«

Der Dicke Mann ist mutiger und traut sich sehr wohl, die Frau anzuzischen, sie solle das Mädchen in den Arm nehmen. Daß es ein schöner *Dicker Mann* sei, auch das Gedicht, habe ich ihm gesagt, und daß die Literatur alles gutmachen könne, was in unserem Leben danebengehe.

Abends, im Saloon, unterhalten wir uns über die Melodien, die dort gespielt werden. Ischas Bewunderung für Songwriter ist größer als die für die alten und neuen Dichter.

»Das sind die wahren Poeten Amerikas. Jeder kennt sie, das ist doch das Phantastischste, was ein Dichter erreichen kann. Genau wie in Frankreich, da kennt auch jedermann die Chansons von Ferré und Brassens und die Texte von Charles Trenet.«

Ich kann ihm anmerken, daß ihm das alles sehr nahegeht, obwohl ich nicht genau weiß, warum. Ohne zu begreifen, was das damit zu tun haben könnte, fällt mir plötzlich ein, was er mir vor einigen Wochen über das Einkaufen im Supermarkt erzählt hat, was so ein Gang durch einen Supermarkt bei ihm auslöst, wie es ihn rührt, daß alle Leute die gleichen Marken kaufen und er das gleiche essen wird, was Tausende anderer essen. Daß ich daran plötzlich denken müsse, sage ich.

»Ich fürchte, ich liebe dich wirklich«, murmelt Ischa daraufhin ganz sanft. Es wird plötzlich laut in dem Saloon. Man hört Stühlerücken, und das gedämpfte Stimmengewirr sich unterhaltender Menschen wird von einer durchdringenderen Frauenstimme übertönt. Sie ist es, die so geräuschvoll den Stuhl zurückgeschoben hat und nun auf den Klavierspieler zuläuft, ihm etwas zuflüstert und nach einigen einleitenden Klängen ein Lied zu singen beginnt, das Ischa als *So in Love with You* von Cole Porter wiedererkennt.

Ihm kommen die Tränen, und er ergreift meine Hand. Er versucht mir etwas zu sagen, muß aber weinen. Er drückt meine Hand und schluckt heftig, um mir so schnell wie möglich sagen zu können, was er unbedingt an mich loswerden möchte.

»Wenn sie solche Lieder darüber schreiben, dann muß es das doch auch wirklich geben.«

Weil er weint und wegen dem, was er gesagt hat, muß ich auch plötzlich weinen und sage ganz oft hintereinander: »Ja, das gibt es, lieber, lieber Schatz, ganz bestimmt, das gibt es.« Und daß es nicht vorüberzugehen brauche, daß es immer so bleiben könne und daß es das Schönste sei, was es gebe, und es überhaupt nicht schwer sei.

Als wir uns wieder beruhigt haben, wissen wir nicht so recht, wohin miteinander, und so erhebt sich Ischa, nachdem er mir erst noch ein trauriges Grinsen zugelacht hat, geht zum Klavierspieler und setzt sich dann wieder zu mir an den Tisch zurück. Bei den ersten Tönen von *It Had to Be You* singt er durch seine Tränen hindurch mit.

I wandered around
and finally found
the somebody who
could make me be true
could make me be blue
or even be glad
just to be sad
thinking of you.

Vor dem Schlafengehen beteuert er, er wolle mich niemals anlügen.

Auf dem Weg nach Las Vegas durchqueren wir ein Naturgebiet nach dem anderen – dunkle Wälder, Täler, schneebedeckte Gipfel. Stundenlang fahren wir durch Parks oder entlang an Orten mit Namen wie Fresno, Sierra Nevada, Canyon, Aberdeen, Namen, die mir so vertraut vorkommen wie St. Odiliënberg, Roermond, Den Haag und Vondelpark. Meine Aufregung über die Entdeckung, wie sehr mein Leben von amerikanischen Liedern, Büchern, Filmen und Fernsehserien geprägt ist und in welchem Maße das alles mit Ischa zu tun hat, läßt nicht nach. Ich fühle mich den ganzen Tag übervoll, begeistert, fiebrig vor Glück.

Als wir den Saum des Death Valley erreichen, setzt gerade die blaue Stunde ein. Die Sonne ist riesengroß und wirkt ganz nah. Es ist, als gehe sie nicht unter, sondern suche sich hier zwischen den Hügeln ein Plätzchen, um auszuruhen.

»Gefällt dir die Landschaft?«

»Na, und ob!« sage ich.

»Wenn sie dir nicht gefällt, mußt du's sagen, dann laß ich sie ein bißchen für dich zurechtstutzen.«

Von seiner Art zu lesen und zu sehen angesteckt, versuche ich mich genauer daran zu erinnern, was denn Michel Foucault in San Francisco oder bei seinen Rundreisen in Amerika noch gleich widerfahren ist. Irgend etwas war da, soviel weiß ich noch, aber ich habe vergessen, was sich denn hier für ihn abgespielt hat. Das erfüllt mich mit einem Gefühl von Bedauern, und dieses Bedauern erstreckt sich auf alle Bücher, die ich im Leben gelesen habe und bei denen es mir am Blick für Länder und Umgebungen gefehlt hat. Denn sonst hätte ich jetzt hier in Amerika noch mehr sehen können. Ischa versucht das Ganze zu beschönigen, da er merkt, daß mich dieses Defizit mit einem Mal bekümmert, doch das gelingt ihm nicht besonders gut, denn er ist zugleich stolz auf seine Art zu lesen und sonnt sich in dem Bewußtsein, daß er mir in diesem Punkt etwas voraushat.

»Aber was hast du denn von all diesen Büchern behalten?« fragt er mit nicht zu verhehlendem sardonischen Unterton in der Stimme.

Das ist natürlich die Frage.

Die Lektüre der Biographie von Foucault bestärkte mich in einer Idee, die ich während meines Philosophiestudiums entwickelt hatte und von der ich am Ende des

Studiums so überzeugt war, daß ich Lust hatte, ein Buch darüber zu schreiben. Mehr als das bei der Lebensgeschichte irgendeines anderen Philosophen je der Fall gewesen war, glaubte ich verstanden zu haben, wie sehr sogar so etwas wie das abstrakte philosophische Denken autobiographisch war, daß Abstraktionen aus der Persönlichkeit des jeweiligen Philosophen resultierten und weniger dazu entwickelt worden waren, das Leben im allgemeinen zu verstehen, als vielmehr dazu, Klarheit in bezug auf das eigene Leben zu gewinnen.

»Ich behalte vor allem, was mir selber dazu einfällt, wenn ich ein Buch lese«, sage ich ein wenig verloren zu Ischa, und daß ich durch die Lektüre von Foucault das Geflecht von Fiktion und Wahrheit besser durchblickt hätte und mich von da an gefragt hätte, welche Geschichten, Hirngespinste, Ansichten und Bücher hinter meinen eigenen Wahrheiten steckten. Ich habe von da an immer weniger von mir selbst und anderen einfach für bare Münze genommen. Wenn mich das Philosophiestudium in irgend etwas geschult hat, dann im Erkennen der Geschichte hinter etwas, das als ursprünglich, neu, authentisch oder gar als von Gott gegeben gelten soll, des dahintersteckenden »Machwerks«, könnte man sagen. Und dieses ganze Machwerk nenne ich der Einfachheit halber Fiktion. Natürlich habe auch ich diese Haltung wiederum entwickelt, weil mich stört, wie ich bin, und weil ich mich besser gegen äußere Einflüsse, Illusionen, Abhängigkeit und Betrug zur Wehr setzen möchte. Es ist eine philosophische Tradition, die bei Kant beginnt und sich eine etwas drastischere und härtere Devise auf die Fahne geschrieben hat als das althergebrachte »Erkenne dich selbst«, nämlich »*Sapere aude*«, was soviel bedeutet wie, daß man den Mumm zum Wissen haben soll.

»Daß Wissen und Mut zusammengehören, gefällt mir«, sage ich.

Die Umschreibung von Fiktion als etwas, das der Wirklichkeit und der Wahrheit entgegengesetzt ist, taugt natürlich hinten und vorne nicht. Gott, die Liebe, ja, sogar die Wahrheit selbst sind effektive Fiktionen, die unser Leben, unser Glück, unsere Beziehungen und Erfahrungen, also unsere Wirklichkeit, Minute für Minute beeinflussen. Es macht sehr wohl etwas aus, ob und in welcher Weise man sie in seinem Leben zuläßt. Die Schwerkraft kann man ja auch nicht sehen, und sie ist dennoch wirksam.

Was er »dickmännern« nenne, sei doch auch so etwas, sage ich zu Ischa, das sei ein Verb für das, was er mit der Wirklichkeit mache, und weil er dickmännere, gehe er anders mit der Wirklichkeit um, als wenn er es nicht täte. Ich hätte mich gern darin geschult, von mir zu wissen, wie und warum ich dächte, was ich dächte, meinte, was ich meinte, welche Geschichte bei mir dahinterstecke und wie ich zu dieser Geschichte gekommen sei.

»Du siehst also immer ein Buch hinter jemandem«, faßt Ischa zusammen.

»Ja, so in etwa«, erwidere ich, denn damit ist es nicht gesagt.

»Und was ist dann mit den Menschen, die keine Bücher gelesen haben?«

Wir fahren durch das Death Valley. Ich versuche ihm zu erklären, daß sogar das, das Durchqueren einer amerikanischen Wüste in einem Chevy Chevalier, etwas, was ich nie zuvor in meinem Leben gemacht habe, daß sogar ein so einzigartiges Erlebnis kein unbeschriebenes Etwas sein kann, daß ich das Death Valley zweifellos schon mal in einer Werbung oder einem Film gesehen habe, daß mir Beschreibungen durch den Kopf gehen, die dafür sorgen, daß ich weiß, was für eine Art von Erfahrung es ist, durch eine Wüste zu fahren, und daß diese Erfahrung daher schon teilweise ausgefüllt ist, daß ich mich gelenkt fühle, um es einmal so auszudrücken, daß zum Teil schon vorgeschrieben steht, wie ich das jetzt erlebe, und daß man das kaum umgehen kann. Fiktion ist überall, ist in gleichem Maße vorhanden wie die Wirklichkeit, und dazu braucht man schon lange keine Bücher mehr zu lesen. Film, Fernsehen, die Bibel, Reklamewände, die Zeitung. Bücher zu lesen hat den Vorteil, daß man leichter die Urgeschichte hinter den eigenen und den Erfahrungen anderer ausmacht, eine Struktur, die in immer wieder anderer Form auftaucht. Die Werbespots von Camel und Marlboro, die die Geschichte vom kernigen Helden erzählen, vom *lonesome ranger*, der nur der Gesellschaft seines weißen Freundes bedarf, eine Art von Gesellschaft, die seine Einsamkeit erst recht unterstreicht, ihr aber den Anstrich von Heldenhaftigkeit verleiht. Das ist Rauchen: heroische Einsamkeit.

»Vielleicht macht das ja jede Sucht«, füge ich hinzu, »der Einsamkeit Heroik verleihen.«

»O Gott, du arbeitest!« schreit Ischa mit gespielter Empörung auf. »Da fährt sie durchs Death Valley und schreibt nebenher todesverachtend an ihrem nächsten Buch.«

Ohne nennenswerte Pausen sitze ich schon zwölf Stunden hintereinander am Steuer, und in der Wüste wird es allmählich dunkel. Da ich nicht weiß, wie die *cruise control* funktioniert, halte ich auch schon zwölf Stunden lang den Fuß fest auf dem Gaspedal, und mein rechtes Bein fühlt sich mittlerweile an, als habe es sich selbständig gemacht. Als zum erstenmal seit Stunden rechts der Straße ein Motel auftaucht, schlägt Ischa vor, hier zu übernachten und am nächsten Morgen nach Las Vegas weiterzufahren. Mir ist es recht, ich kann nicht mehr. Das Motel erweist sich als eine Apartmentanlage. Im Hauptgebäude bekommt Ischa zu hören, daß alle Apartments besetzt seien, es auf der Strecke nach Las Vegas ansonsten kein weiteres Hotel oder Motel mehr gebe und es bis in die Stadt noch gut fünf Stunden Fahrt seien.

»Schaffst du das noch?« fragt Ischa.

»Klar.«

Er fällt mir um den Hals. In einem Laden auf dem Motelgelände kaufen wir noch zusätzlichen Proviant für die Reise ein und versuchen uns ein paar Minuten lang die Steifheit aus den Beinen zu hüpfen. Dann fahren wir weiter. Bis jetzt haben wir uns auch zwölf Stunden lang unterhalten, doch von dem Moment an, da ich vom Motelgelände hinunterfahre, ins Dunkel des Death Valley hinein, sagt er kein Wort mehr.

»Was ist?«

»Laß mich mal eben.«

Das tue ich. Er fängt erst nach Stunden wieder an zu sprechen. Ihm sei vorhin ganz mulmig geworden, bekennt er.

»Als du sagtest, daß du weiterfahren würdest, fand ich dich so stark, und da habe ich dich einen Augenblick lang mehr geliebt als meine eigene Tochter«, sagt er. Und, daß ihm das einen Heidenschrecken eingejagt habe.

Wenn man dann sechzehn Stunden Fahrt in den Knochen hat, es auf drei Uhr nachts zugeht und man nun doch völlig groggy ist, kann einem nichts Besseres passieren, als eine Stadt wie Las Vegas mitten aus der kahlen Ebene aufscheinen zu sehen. Ich bin überwältigt von dem, was ich da sehe. In der Ferne schimmert eine Art Jahrmarkt mit flackernden Lichtern, umherschwenkenden Laserstrahlen und den in allen Regenbogenfarben blinkenden Umrissen hoch aufragender Paläste. Ohne daß mir noch irgendein Geräusch ans Ohr dringt, knallt die Stadt förmlich in die Stille der Wüste hinein, und ich meine den Jahrmarktsklamauk, die klingelnden Spielautomaten und das Stimmengewirr und Johlen von Menschenmassen zu hören.

Ischa ist so stolz, als hätte er die Stadt höchstpersönlich mal so eben in die Wüste gestellt, um mir eine solche Überraschung zu bescheren. Schon gleich am Beginn der einen Hauptstraße, an der alle Hotels, Casinos und Vergnügungspaläste liegen, sehen wir eine Reihe von Motels, in denen wir unterkommen können, doch Ischa bittet mich, erst noch kurz über den Strip zu fahren. Wir kurbeln die Seitenfenster des Chevy hinunter, lehnen uns mit den Ellbogen hinaus und fahren im Schrittempo. Das Getöse der Stadt ist übermächtig, ihre Verrücktheit ebenfalls. Ich bin zu müde und zu perplex, um etwas sagen zu können, aber wenn er mir die Hand so in den Nacken legt, ist das auch nicht nötig.

»Las Vegas am Tag ist wie eine Frau in Abendtoilette beim Frühstück«, sagt Ischa am nächsten Morgen. Das stimmt, eine Stadt wie diese verträgt kein Tageslicht. Wir gehen den Strip entlang, und Ischa schlägt einen Spaziergang an den Stadtrand vor. Er fragt sich, wie die Tausende von Menschen, die hier in den Hotels und Casinos arbeiten, wohl wohnen und leben.

Um die Mittagszeit beginnt der Bauch der Stadt wieder zu rumoren. Aus den geöffneten Türen der Casinos erschallen die Geräusche der Spielautomaten. Wo immer man auch hineingeht, überall hängen Lockung und Spannung der Nacht. Barmädchen in knappen Bodysuits schlängeln sich auf hochhackigen Pumps, die ellenlangen Beine in glänzende Nylons gehüllt, mit hoch über dem Kopf erhobenen Tabletts zwischen den Spielern und Besuchern hindurch. Die ersten Bloody Marys und *straight-up whiskeys* wandern über den Tresen und landen neben Männern und Frauen, die schweigend vor einem Spielautomaten stehen oder, nicht weniger in sich zurückgezogen, zwischen anderen Spielern am Roulettetisch sitzen.

Wir spielen nicht.

»Wer nicht wagt, der nicht strauchelt«, sagt Ischa.

Ich muß darüber lachen, nehme mir aber vor, ihn später noch einmal an das, was er gerade gesagt hat, zu erinnern. Ich finde natürlich, daß er es mit mir zusammen wagen und also auch das Risiko eingehen muß, dabei zu straucheln, weil sonst nichts aus dieser Liebe wird.

Wir sitzen in der Lounge des ›Bally‹ und warten darauf, in den Saal zu können, in dem die Boxkämpfe stattfinden.

Ischa hat Karten für den Titelkampf im Bantamgewicht gekauft, der in einer Stunde beginnt, und für abends hat er Plätze im ›Dunes‹ reserviert, wo um halb elf *The Goodfellows Tour* ansteht, ein Auftritt von Al Martino und Eddie Fischer.

Ich habe unterdessen den ganzen Nachmittag über das Spielen, über Sucht und über Ischas Abwandlung dieses Gemeinplatzes nachgedacht.

»Die einen träumen vorwärts und die andern rückwärts«, sage ich zu ihm, »und du gehörst zu denen, die rückwärts träumen.«

Er springt sofort begeistert darauf an.

»Ich kann zwar nicht behaupten, daß ich so direkt verstehe, was du meinst«, sagt er, »aber ich weiß, daß du recht hast.«

Dank seiner Reaktion traue ich mich weiterzumachen, traue mich, ihm zu sagen, was ich meine. Ich glaube, er hofft mit allem, was er tut oder läßt, immer noch, etwas an seiner Vergangenheit ändern, gutmachen zu können oder es dahin zu bringen, daß seine Eltern wenigstens sehen, hören und erkennen, was sie ihm bedeuten. Deswegen kann er so kaltschnäuzig mit den Menschen umspringen, denen er in der Gegenwart begegnet, denn es ist ihm ziemlich egal, was sie machen, ob sie bleiben oder gehen, ob sie ihn lieben, anerkennen oder verurteilen. Seine Liebe und Treue gelten ohnehin nicht ihnen, sondern seinen Eltern. So, wie andere von der Zukunft träumen, träumt er von der Vergangenheit. Er ist immer noch der kleine Junge, der alles richtig machen möchte. Dabei müsse ich an das kleine Gedicht von neulich denken, in *Der Dicke Mann*, sage ich, in dem er geschrieben habe, daß man für immer in seiner Kindheit lebe.

»Kunststück!« schließe ich lakonisch, weil ich mich für meine Gewichtigkeit ein bißchen zu schämen beginne. Aber ihn stört das überhaupt nicht, er ist schwer beeindruckt und legt seinen Arm um meine Schulter.

»*I love you, I need you*. Ich hab sehr viel an dir«, sagt er ernst. »Falls du nicht schon die Frau meines Lebens bist, wirst du auf alle Fälle die Frau meines Todes.«

Ich frage ihn, was er damit meint.

»Weiß ich nicht«, sagt er. »Ich weiß nicht, warum ich das gesagt habe, aber es ist mein Ernst.«

Wir sitzen an einem kleinen runden Tisch nahe der Bühne. Ischas Hand liegt ununterbrochen entweder auf meinem Kopf oder in meinem Nacken. Eine Dame mit außergewöhnlich großer Fotokamera bewegt sich dezent um die Zuschauertische herum. Nach jedem Lied beugt sie sich während des Beifalls im Halbdunkel über einen Tisch und fragt die Besucher, ob sie ein Foto von ihnen machen dürfe.

»*Sure!*« sagt Ischa, als sie schließlich vor uns steht. Er zieht mich an sich, legt seinen Kopf an den meinen und wartet geduldig, bis sie ihr Bild gemacht hat. Sie gibt sich nicht mit einem Foto zufrieden. Macht noch ein paar, bis Ischa Grimassen zu schneiden beginnt und sagt, jetzt sei es aber genug.

»*You're so in love*«, sagt sie zu uns, »*it's marvellous to see.*«

»*I am*«, sagt Ischa.

Noch bevor die Vorstellung zu Ende ist, kommt sie mit

den entwickelten Fotos zu uns. Wir sind in Herzform festgehalten.

Ich erschrecke.

Ich habe mich noch nie so glücklich gesehen.

Auf der Fahrt von Las Vegas nach Los Angeles äußert Ischa, ihm gefalle an den Amerikanern so gut, daß sie ihre alten Stars in Ehren hielten. Mit einer Mischung aus Mitleid und Bewunderung sieht er diese beiden *crooner* wieder vor sich, von denen der eine aufreizend dumme Witze machte und der andere kaum noch Stimme hatte, und wie das Publikum den nahezu Siebzigjährigen das schon im voraus verzieh. Daß es den Amerikanern auch gar nicht so darauf ankomme, meint er, sondern daß für sie das Bedürfnis im Vordergrund stehe, diesen Stars treu zu bleiben, dem, was sie erreicht hätten und was sie den Menschen mit ihren Liedern bedeuteten.

»*Thanks for the memories*, das ist es«, sagt er, und ich höre, daß er gerührt ist, als er ergänzt, daß er sich das bei den Niederländern nicht so bald vorstellen könne.

»Das hat natürlich alles mit diesem vermeintlichen Mangel an Geschichte zu tun«, bemerke ich.

Im Gegensatz zu den Amerikanern haben wir Niederländer einen Heiligenkult. Bei uns wird jeder, der Aufmerksamkeit auf sich zieht, insgeheim als Gotteslästerer betrachtet, wenn auch meist unbewußt. Stars werden als Konkurrenten der Heiligen angesehen, und deshalb besteht Ruhm in Europa nie aus einhelliger Bewunderung, sondern ist immer auch mit Mißgunst, Herablassung und Vorwurf durchsetzt. Wir bewundern unsere Stars, beschuldigen sie aber gleichzeitig des blasphemischen Hochmuts, und wir können es ihnen im Grunde unseres Herzens niemals vergeben, daß sie den Wunsch nach Verehrung in uns wecken, weil sie in dem Moment Gott und den Heiligen, die wir uns dafür reserviert haben, den Rang streitig machen. In Amerika gehören die Heiligen zum Bild und zum Leben, in Europa gehören sie zum Wort und zum Tod. Für einen Moses, für eine Maria Magdalena oder für Kain und Abel haben sie einen Burt Lancaster, eine Marilyn Monroe und Laurel and Hardy.

Dieses Thema beschäftigt uns noch den ganzen Tag. Im Laufe des Vormittags treffen wir in Los Angeles ein und steigen, nachdem wir ein Hotelzimmer in der Nähe von Venice, fünf Gehminuten vom Strand, bezogen haben, gleich wieder in den Chevy, um ein wenig durch die Stadt und zu den Universal Studios zu fahren. Ischa läßt sich genüßlich und mit möglichst amerikanischer Aussprache die Namen von Straßen und Vierteln auf der Zunge zergehen. Sunset Boulevard, Hollywood, Beverly Hills, Pasadena, Marina del Rey. Wir kommen gerade noch rechtzeitig, um die letzte fünfstündige Führung durch die Universal Studios mitzumachen, und das ist, als liefere man uns das Illustrationsmaterial zu dem Gespräch, das wir am Morgen begonnen haben. Wir dürfen einen Blick hinter die Kulissen eines amerikanischen Gotts und das »Machwerk« der Illusion werfen. In den Universal Studios ist es kein Wunder mehr, wenn sich das Rote Meer teilt, sondern reiner Trick.

»Das ist die Semantik vom Mythos«, sagt Ischa ein

wenig verschmitzt, weil er ein Wort wie Semantik benutzt.
»Wenn mich nicht alles täuscht, dürften die Universal Studios für dich so etwas wie dein philosophisches Paradies sein.«

Er hat recht. Ich kann mich nicht erinnern, Überlegungen zur Entstehung von Schein je so plastisch dargestellt gesehen zu haben wie hier. Es ruft ein Gefühl der Dankbarkeit in mir hervor, das sich in meiner Kehle einnistet, dort alles zuschnürt und mich fünf Stunden lang schlucken läßt. Ischa zufolge hat das mit meinem Katholizismus zu tun.

»Der ist auch äußerlich kitschig und vom Inhalt her religiös«, sagt er.

In der Bimmelbahn, die uns durch ein einstürzendes, brennendes New York fährt, klammere ich mich an ihm fest.

»Ich fühle mich so sehr von dir erkannt«, sage ich ihm ins Ohr, werde aber von einem brüllenden King Kong übertönt.

»Was hast du gesagt?« fragt er, als wir wieder ans Tageslicht fahren. Ich wiederhole es noch einmal. Er lächelt.

»Wenn du mich in der kommenden halben Stunde wie ein Genie behandelst, werde ich für den Rest des Tages lammfromm sein«, sagt er strahlend.

Vom Hotelzimmer aus telefoniert er zuerst mit *Het Parool*, danach mit unserem Verleger. Mai will mich auch kurz sprechen und erzählt mir, der Schweizer Diogenes Verlag wolle die Rechte an *Die Gesetze* kaufen, zuvor wolle Daniel Keel, der Verlagschef, mich aber gern persönlich sprechen. Mai fragt, ob ich später in meinem Hotelzimmer zu erreichen sei. Ich gebe ihm die Telefonnummer durch. Keel ruft gegen drei Uhr nachts an, und ich muß mich auf deutsch mit ihm verständigen, während Ischa im Hintergrund lauthals mault, das sei doch abartig, ein Anruf um drei Uhr nachts, ob ich denn nun völlig übergeschnappt sei, wir hätten schließlich Urlaub, und ob das denn nicht warten könne. Er sabotiert ein Gespräch, das für mich wichtig ist, und das macht mich traurig und wütend.

»Einen Moment bitte«, sage ich entschuldigend zu Keel. Ich lege die Hand auf die Muschel und blaffe Ischa an, er solle sofort den Mund halten, auf der Stelle. Es ist das erste Mal, daß ich laut gegen ihn werde. Ich kenne ihn noch nicht gut genug, um zu wissen, wie er darauf reagiert, aber er schweigt. Unter der Last des Bewußtseins, daß er zuhört, wie ich von meinem Buch erzähle und Keel beteuere, daß es keine Eintagsfliege sei und ganz sicher weitere Bücher folgen würden, setze ich das Gespräch fort. Nachdem ich den Hörer aufgelegt habe, will Ischa mich erneut anfahren, doch ich stelle mich taub, schlüpfe unter die Decke und drehe ihm den Rücken zu. Ich tröste mich, indem ich sein Verhalten in für mich schmeichelhafter Weise auslege, nämlich, daß ihm die Aussicht darauf, daß unsere Reise zu Ende geht und wir übermorgen in die Niederlande zurückfliegen, auch die Stimmung verhagelt hat.

Er fängt selbst davon an, beim Frühstück. Ich weiß nicht, für was ich mich entscheiden soll, weil ich an diesem Tag alles als Abschied betrachte. Soll ich zum letztenmal *pan-*

cakes nehmen und mit *maple syrup* unsere Initialen darauftr äufeln oder zwei *sunny sides up* oder doch lieber wieder die *scrambled eggs* mit Toast?

»Du mußt mit meiner Eifersucht rechnen, Liebling«, sagt er verschämt.

»Eifersucht? Worauf bist du denn eifersüchtig?«

»Auf dein Buch, auf den Erfolg deines Buches, darauf, daß du übersetzt wirst, daß du Marilyn Monroe nachahmen kannst, daß du eine Frau bist – du könntest mich eher fragen, worauf ich nicht eifersüchtig bin.«

»Langsam, immer schön der Reihe nach«, sage ich. Eifersucht auf den Erfolg des Buches kann ich noch verstehen, aber wieso es ihn eifersüchtig macht, daß ich eine Frau bin, da komme ich nicht mehr mit.

Er sagt, er habe immer gedacht, eine schöne Frau könne niemals unglücklich sein, sie kenne keinerlei Schwierigkeiten, ihr falle das Leben jeden Tag in den Schoß und sie brauche keinerlei Verantwortung dafür zu übernehmen, wie dieses Leben verlaufe.

Ich schaue ihn erstaunt an. Und dann sage ich ihm etwas, was ich schon ein paarmal gedacht habe, nämlich, daß es mir so vorkomme, als habe er noch keine Frau je richtig gekannt.

»Da könntest du vielleicht recht haben«, sagt er verlegen.

Nachdem wir den ganzen Sunset Boulevard abgefahren sind, sagt er, das würde ich jetzt niemals mehr vergessen, von nun an würde ich, wenn ich in einem Buch läse, daß jemand den Sunset Boulevard entlangfahre, genau wissen, was das beinhalte, wie lang diese Straße sei und wie sie in vielen Windungen ansteige. Ich entgegne, daß er wahrhaftig der Sohn eines Historikers sei. Diese Bemerkung rührt ihn und macht ihn verlegen.

»Ich bin eine Waise mit Eltern«, sagt er.

Eine große Schüssel Austern zwischen uns, machen wir Pläne für die kommenden Tage, wenn wir zurück in Amsterdam sein werden. Schon in zwei Wochen fliegen wir wieder in die USA, für eine Woche nach New York, und er prophezeit mir, daß er mir jeden Winkel dieser Stadt zeigen wird. Diese Pläne und Aussichten geben mir große Sicherheit, und es macht mir daher nicht ganz soviel aus, daß wir Amerika jetzt verlassen und unser Jede-Minute-Beisammensein ein Ende hat. Außerdem bin ich müde vor Glück.

»In Amerika überkommt mich jedesmal der Wunsch, mich einfach davonzumachen«, sagt Ischa arglos, aber über diese Bemerkung rege ich mich unheimlich auf. Ohne daß ich ihm verdeutlichen könnte, wie unerträglich ich es allein schon finde, daß er in meiner Gegenwart überhaupt auf ein Wort wie »davonmachen« kommt, daß er diesen Gedanken auf unserer Reise auch nur eine Sekunde lang gehegt hat, hacke ich wutentbrannt auf ihn ein, von wegen Fluchtphantasien als Ausdruck von mangelndem Verantwortungsbewußtsein, von wegen Last der Geheimnisse, die er mit sich herumschleppt, und daß er sich durch seine Heimlichtuerei eigenhändig in eine Situation hineinmanövriert, die ihn zwingt, alles mögliche zu tun, wofür er sich hassen wird, diese ganze Lügerei und Betrügerei und so, und aufgrund der er sich, anstatt sich darüber bewußt zu werden, daß er sich selber hinter Stacheldraht verschanzt hat, von einem anderen eingeengt fühlt, so daß als einziger Ausweg zwangsläufig dieses idiotische Sichdavonmachen bleibt, von dem er da redet. Ich wolle nicht, daß es so zwischen uns laufe, schäume ich, wolle nicht, daß er es jemals soweit kommen lasse, sich zu wünschen, er könne sich davonmachen.

Er schaut mich ganz verdattert an und stammelt, so habe er es gar nicht gemeint, doch diese Bemerkung verstehe ich nicht, und ich wettere weiter, bis er seinerseits böse wird und mir vorwirft, ich hätte eine Bemerkung, die überhaupt nichts mit mir zu tun gehabt habe, auf mich bezogen, und dabei habe er extra ein schönes Restaurant ausgewählt, damit wir so richtig in Ruhe essen könnten, und nun müsse ich mit aller Gewalt unseren letzten Abend verderben. Da geht mir plötzlich auf, daß er recht hat, und ich beginne mich zu schämen.

»Sorry«, sage ich.

»Du hast zuviel getrunken, Con«, stellt er ruhig fest, und dann schenkt er mir das Glas noch einmal voll, nimmt das seine und hebt es.

»*Never a dull moment*«, prostet er mir lächelnd zu, aber ich sehe seinem Gesicht an, daß ich ihm weh getan habe, und mein Bedauern darüber läßt sich nicht so schnell wegstecken.

Auf dem Weg zum Flughafen starrt er stumm vor sich hin. Ich fühle mich schuldig wegen des vergangenen Abends und will ihm noch einmal sagen, daß es mir leid tut wegen gestern abend, aber gerade in dem Moment wendet er sich mir zu, legt mir die Hand in den Nacken und fragt, ob wir nachher, wenn wir über dem Atlantik schwebten, noch einmal auf das zurückkommen könnten, was ich gestern abend zu ihm gesagt hätte, von wegen Geheimnisse und daß er sich dadurch einsperre, ob ich das noch einmal für ihn wiederholen könne.

»Ich hab's gestern nicht so ganz verstanden, und du warst zu blau, um es richtig zu erklären, aber ich habe das Gefühl, daß es irgendwie zutrifft.«

Die Antwort lasse ich durch meinen Zeigefinger besorgen. Der kann das noch am besten.

Ich bin fünfunddreißig und habe, was das Mundhalten betrifft, eine langjährige Schulung hinter mir. Ich kann mich gut dumm stellen. Der Preis, den ich dafür bezahle, ist die Einsamkeit des Verstandes. Erst wenn ich schreibe, kann ich mich überlisten und erzählen, was ich gesehen habe, sonst kann ich es nicht, traue ich mich nicht. Außer jetzt, bei ihm. Und nicht nur das. Zum erstenmal werde ich für genau das Verhalten geliebt, das mir früher die Mißbilligung der Menschen eintrug, die ich liebte.

»*Protective clowning*«, nennt Ischa es. Darin klingt nichts mehr an, was abscheulich, tadelnswert, großkotzig, verklemmt, treulos oder nuttig wäre. Es sind andere Worte für dasselbe Verhalten, für dieses laute Getöne und Geschreie, dieses Gelache und Herumgealbere, in das wir beide verfallen, sobald wir uns in einer Gesellschaft befinden, die unserer Meinung nach unterhalten werden muß.

Kennen heißt lieben. Er sieht mich tun, was er selbst tut, und er schreibt mir dieselben Beweggründe dafür zu.

»Connie, der Schatz, ist so fröhlich verzweifelt«, höre ich ihn einmal zu einem meiner Brüder sagen. Oder er verkündet, er werde eine Videokamera kaufen und mich den ganzen Tag lang filmen, weil ich eine Entertainerin sei und ihn das rühre.

Weil er mich liebt und ich ihn, ist das Szenario für mein Liebesleben plötzlich durcheinandergeraten. Bis jetzt habe ich mir meine Männer und Freunde nicht unter theatralischen Typen wie mir gesucht, sondern unter den Schweigern, den Gewissenhaften, den Zuverlässigen, den guten Menschen, die die Wahrheit sagten und alles konnten außer lügen, übertreiben, schauspielern, vortäuschen, heucheln, verdrehen und schnurren und knurren. Deren Antitheatralik steht für Einfühlsamkeit und Güte und mein Gelärme und meine Theatralik für Egozentrik und Unzuverlässigkeit.

Durch meine Liebe zu Ischa ist das alles auf den Kopf gestellt. Es gibt durchaus Schafe im Wolfspelz, ehrliche Lügner, schreihalsige Schweiger, hyperintelligente Narren. Sobald Ischa einen Raum betritt, geht die Show ab. Er macht Menschen fröhlich, glücklich und ein wenig weiser. Er bewirkt, daß sich etwas in ihnen löst, und ihn dabei beobachtend, sehe ich plötzlich, welche Güte, Freigebigkeit und Intelligenz dazu gehören, andere zu unterhalten. Es steckt viel Liebe in der Unterhaltung und im Geschichtenerzählen.

Er sieht, was in mir vorgeht. Er sieht, daß ich dank ihm aufhöre, meine Schauspielerei insgeheim zu verurteilen. Er findet mich geistreich. Er sagt, ich müsse auf die Bühne, wir müßten zusammen auf die Bühne, und wir machen erste Pläne für ein gemeinsames Stück.

»Du mußt es schreiben. Es handelt von Faust. Eine Inszenierung für zwei Menschen«, sagt er.

Wir unterhalten uns darüber, was das Freiwerden bestimmter Dinge, das ja Zielsetzung der Analyse ist und durch das sie sich definiert, mit Unterhaltung zu tun hat und daß ich so langsam die Bemerkung zu kapieren beginne, die er in Amerika in bezug auf den Unterschied zwischen einer wissenschaftlichen Untersuchung und einer Biographie gemacht hat.

»Libido, Con.«

Um ihn zum Lachen zu bringen, ahme ich Marilyn Monroe für ihn nach. Ich bin so verschossen in die verlegene, unkontrollierte Art, wie er dann losprustet, daß ich meine gesamte *acts*-Kiste für ihn auspacke. Abends stöckele ich hinternwackelnd durchs Schlafzimmer wie Bette Midler durch die 42nd Street, keife wie Sophie Trucker oder bekenne ihm als Miss Piggy meine Liebe, bis er aufstöhnt und mich anfleht, damit aufzuhören, er könne nicht mehr, und sich mit schiefem Gesicht vor lauter Lachen und Verlegenheit unter die Bettdecke verkriecht. Sobald er wieder darunter hervorkommt, mache ich es noch einmal.

Es ist mehr als Unterhaltung. Wenn ich Geilheit, Verlangen und Begierde spiele, ist das für ihn erträglicher, dann braucht er nicht zu glauben, daß diese Gefühle echt sind, von ihm geweckt worden sind und ihm gelten, dann braucht er sie nicht anzunehmen.

»Deshalb bist du dick, weil du nichts annehmen kannst« sage ich zu ihm. »Geben ist für dich kein Problem, aber annehmen schon. Dicke Menschen können nicht annehmen, die nehmen nur.«

Daß er zu Huren geht, daß er zwanghaft fremdgehen muß und daß er, sobald er eine Bühne betreten und ein Mikrophon vor der Nase hat, nicht mehr lügen kann, das kann ich ja eigentlich so gut verstehen.

»Ich möchte dich gern mit ein paar Leuten bekannt machen«, sagt er. »Eine davon ist Margaretha Halbertsma. Wir besuchen sie Donnerstag.«

Margaretha kommt aus Groningen, und sie ist schön und alt. Niemand weiß, wie alt. Sie wohnt mit ihrem wesentlich jüngeren Mann Justus in einem Hotelzimmer von drei mal fünf Meter. Das Zimmer ist voll, als Ischa und ich auf den beiden Sesseln gegenüber von Margaretha, die auf dem Bett sitzt, Platz nehmen. Sie freut sich, Ischa wiederzusehen, und macht in wunderbar gepflegtem Niederländisch mit leicht nördlichem Akzent stichelnde Bemerkungen über ihn, aus denen deutlich wird, daß sie ihn schon lange und gut kennt.

»Erzähl Connie mal die Geschichte von der HEMA, die wird ihr gefallen«, fordert Ischa sie auf.

»Ach, die hab ich doch schon so oft erzählt«, wimmelt sie ab, um dann aber lang und breit von diesem einen Mal zu berichten, als Justus und sie sich in besagtem Kaufhaus am Nieuwendijk aus den Augen verloren hatten. Ischa, der Justus und Margaretha damals noch nicht kannte, war zufällig zur gleichen Zeit dort. Justus war nur ein Mittel eingefallen, wie er Margaretha wiederfinden konnte: Er hatte wie ein Wolf geheult. Ischa war daraufhin auf das Paar zugeschossen und hatte, ohne sich vorzustellen, eine Frage auf sie abgefeuert.

»Was hat euch zusammengebracht?«

An diesem Tag hatte eine jahrelange Freundschaft begonnen. Margaretha kann Karten lesen, und Ischa hat regelmäßig von dieser Fähigkeit Gebrauch gemacht. Amüsiert und lebendig erzählt Margaretha, wie er jedesmal wieder mit einer neuen Freundin aufkreuzte und sie nur selten begriff, was er denn nun wieder an dieser Frau fand.

»Und jetzt hast du sie becirct«, sagt sie mit der Direktheit, die all ihren Sätzen eigen ist, »und sie ist ganz verrückt nach dir. Logisch. Das bin ich auch.«

Derweil hat sie einen Stapel Karten zur Hand genommen, die sie mischt, ohne hinzusehen. Sie hört abrupt damit auf, teilt die Karten in zwei Stapel und schaut sich an, was sie aufgedeckt hat.

»Was siehst du?« fragt Ischa.

»Dauer, Ewigkeit«, sagt sie ernst.

»Ach, du lieber Himmel!« schreit Ischa.

»Ich hab dich noch nie eine Frau anschauen sehen, aber sie schaust du wirklich an«, fügt sie hinzu. Danach wendet sie sich mir zu und sagt: »Toi, toi, toi!«

Er arbeitet auch für die *Nieuwe Revu*. Jede Woche macht er ein Interview für diese Zeitschrift, und jetzt haben sie ihn gefragt, ob er Lust zu einer Reportage über Hotels in New York hätte. Unter der Bedingung, daß ich mitkommen darf, ist er dazu bereit, und seit sie ihm das zugesagt haben, reden wir jeden Tag von unserer Reise in seine Lieblingsstadt.

»Mit *mir* wird es dir dort gefallen«, verspricht er.

An New York habe ich unangenehme Erinnerungen. Nach meinem Examen in Philosophie bin ich, meinem ephemeren Geliebten Pieter Holstein nach, ganz allein zum erstenmal über den Atlantik geflogen. Das Geld für die Reise hatte ich mir mit Putzen und Kellnern verdient, doch nachdem ich das Ticket bezahlt hatte, blieben mir kaum mehr als hundert Dollar, die ich in New York ausgeben konnte. Pieter hatte ein Apartment in Brooklyn – und eine Impasse. Er rang mit der Kunst.

Natürlich werde ich niemals die Ankunft auf dem Kennedy Airport vergessen, als ich zum erstenmal die Laute Amerikas hörte, nie diese filmreifen Autos und dann diesen überwältigenden Blick des Wiedererkennens auf die Skyline von Manhattan. Natürlich nicht.

Pieter holte mich ab und bedachte mich mit sanften, verliebten Blicken, aber das sollte auch schon das letzte Mal gewesen sein. Irgend etwas ging schief. Sobald wir in seiner Wohnung waren, gingen wir zwar miteinander ins Bett, aber dann am nächsten Tag, beim Aufwachen, merkte ich es. In den acht Monaten unseres Zusammenseins hatten wir uns oft geliebt, zu jeder Tageszeit, doch an diesem Morgen nicht. Er war schon auf und stand mit unergründlicher Miene an seinem Zeichentisch, einen Pinsel in der Hand. Er sagte mir nicht guten Morgen. Ich schaute zu ihm hinüber, er schaute zurück, und da sah ich an diesem entsetzlich leeren Blick, daß ich einen Irrtum begangen hatte. Es war vorbei. Seine Seele, die ich in den vergangenen Monaten so mühsam weich gehalten hatte, hatte sich verhärtet. Ich hätte niemals nach New York kommen dürfen. In einer Ecke des Zimmers hing ein Foto von der Frau, mit der er schon zehn Jahre zusammengewesen war, als er mich kennenlernte. Das war grausam und deutlich.

Danach habe ich vierzehn Tage vorwiegend in der New Yorker U-Bahn zugebracht. Pieter wollte tagsüber arbeiten. Es war November und eisig kalt. Ich war traurig, ängstlich, arm und allein. Sobald ich die Treppe einer U-Bahn-Station hinauf den Geräuschen der Stadt und einer ihrer Straßen entgegenging, duckte ich mich vor Angst und kehrte unter die Erde zurück, wo es warm war und ich auf einer Bank ein Buch lesen konnte, bis die Abendessenszeit näher rückte und ich wieder die U-Bahn nach Brooklyn nahm, zu ihm und der Beklemmung des Schweigens zurück. Er bereitete die Mahlzeiten zu. Einmal nahm er mich mit in ein japanisches Restaurant. Wir teilten uns die Kosten. Danach war ein antiquarisch erworbenes Exemplar von Lawrence Durrells *Alexandria Quartet* alles, was ich noch besaß.

Den möchte ich sehen, der mich heute noch in eine U-Bahn-Station kriegt!

Ischa findet die Geschichte herzzerreißend. »Armer Schatz«, sagt er. »Warst du nicht wütend?«

Aber ich war nicht wütend, damals nicht. Da hielt ich mich für eine blöde Kuh. Ich werde es erst jetzt, da ich es Ischa erzähle, da ich ihn kenne und aufdecken kann, welchen Pakt meine Liebe und meine Sehnsucht mit der Abwertung und der Angst geschlossen hatten.

»Du bist wie ich«, sagt Ischa. »Du bist allein, und du

hast auch noch nie eine enge Beziehung zu jemandem gehabt.«

Zum zweitenmal binnen vierzehn Tagen sitzen wir im Flugzeug über dem Atlantik. Wir haben uns auf die Reise gefreut. Beide lieben wir es, stundenlang nebeneinander an unsere Sitze gefesselt zu sein, und brennen immer vor Erwartung auf das Essen, bei dem wir dann unter Garantie ausrufen werden, daß es wieder mal so richtig schön eklig ist und es uns fabelhaft schmeckt. Geld zu haben ist für mich noch ungewohnt, und Ischa muß mich drängen, mir etwas dafür zu kaufen. Meine erste Anschaffung ist ein Sony-Walkman für den Flug. Ischa hat das *Requiem* von Verdi für mich gekauft, und das dringt nun in fast schon unerträglicher Isoliertheit an mein Ohr.

Musik ist mir oft zu schön. Dann ertrage ich deren Schönheit nicht, und sie tut mir weh, genauso wie Liebe und Glück mir weh tun können. Als das *Agnus Dei* naht, stöpsele ich mich schnell bei Ischa ein, der mit weit weniger gequältem Gemüt der heiseren Stimme Adamos lauscht und dabei vergnügt an seinem kleinen Finger nuckelt.

Das New York, in dem ich an einem Montagmorgen im April mit ihm umherlaufe, hat nichts mehr mit dem New York aus meiner Vergangenheit zu tun. Ich erkenne es nicht einmal mehr wieder. Die Traurigkeit, die mich zu überkommen droht, als ich die Skyline wiedersehe, wird sofort durch Ischas Gegenwart vertrieben, der mir seine warme, feste Hand in den Nacken legt und jeden der Häusergipfel mit einem Namen versieht. Er erklärt mir, wie die Stadt gebaut ist, wo *East* aufhört und *West* beginnt, was eine *avenue* ist und was eine *street* und wie sogar ich, die ja keinerlei Orientierungsvermögen besitzt, mich dort mit der größten Leichtigkeit zurechtfinden könne. Weil es eine Sache des Nachdenkens sei.

Sieben Hotels in New York sind auf den Namen von Mr. und Mrs. Meijer gebucht. Das heißt, daß wir während neun Tagen von einem Viertel ins nächste ziehen, daß wir siebenmal unsere Koffer aus- und einpacken und siebenmal ein- und auschecken werden. Den Anfang macht das ›Algonquin‹ in der 44th Street.

»Ach«, sagt Ischa, als das Taxi vor dem Eingang des Algonquin hält. Das Hotel liegt praktisch direkt neben dem Hotel, in dem Ischa in New York zum erstenmal übernachtet hat, damals, als seine Mutter ihn nach dem Krieg dorthin mitnahm. Sie waren vom ältesten ihrer drei Brüder eingeladen worden, sich in Amerika vom KZ zu erholen. Ischa war zwei. Er aß hier sein erstes Wassereis, bekam Kinderlähmung und eine Enzephalitis davon und wurde daraufhin mitsamt seiner Mutter von dem Onkel auf die Straße gesetzt.

»Bis jetzt habe ich das auch immer in New York gesucht«, sagt er, »etwas von dieser Vergangenheit mit meiner Mutter. Damit sollte ich jetzt auch endlich aufhören.«

In den Stunden, da ich bei mir zu Hause war und mir der per Zeitung, Radio, Telefon, Fernsehen und Zeitschriften hereinflutende Wortstrom Ischas noch nicht genug war, sondern ich immer noch mehr wollte, nichts anderes wollte, als nur ihn hören, lesen, über ihn nachdenken, habe ich mich noch einmal in sein *Huren* und *Brief an meine Mutter* vertieft. Und darin hätte ich lesen können, daß er mit seiner Mutter in New York war und hier seine erste Sprache lernte, aber das ist wieder mal so eine Information, die ich nur halb behalten habe.

Es sind andere Passagen, die ich endlos wiederlese und auch behalte, Passagen über Huren, Freundinnen, eine Ehe, die binnen einem Monat geschlossen und wieder aufgelöst wird, und über eine Szene in einem Hotelzimmer in New York, wo er eine Freundin beschimpft, als sie nackt und nichtsahnend aus dem Badezimmer kommt und er von ihren Brüsten angeekelt ist. »Verdammt noch mal, führ dich nicht so schweinisch auf.« Oder darüber, daß er nach einem Monat abrupt aufhört, mit der jeweiligen Frau ins Bett zu gehen, und eine dieser Frauen ihn anschreit: »Warum gehst du nicht mit mir ins Bett? Was hab ich? Was hab ich nicht?«

Zwei Passagen lese ich so oft, daß ich sie auswendig kenne.

Ich habe bei weitem weniger Freundinnen gehabt als Prostituierte; die Erfahrungen mit käuflichen Frauen haben sich meinem Gedächtnis eine wie die andere deutlicher eingeprägt als die mit ehrbaren Mädchen, die ihre Liebe augenscheinlich uneigennützig gewährten. Möglich, daß hierin ungewollt eine gewisse Verbitterung durchklingt; nur ist es bei mir in der Regel so gewesen, daß ich die Frau, die ich selbst erobert hatte, im Verlauf der Zeit zu hassen begann – ihr ganzer Charme, der mich anfangs so angezogen hatte, beruhte offenbar auf einem mit eintöniger Regelmäßigkeit wiederkehrenden Mißverständnis.

Sie brachte mich zum Kennedy Airport. Eine anständige, liebenswürdige Frau, hübsch anzusehen – so eine Frau steht mir nicht zu, dachte ich.

Eines Abends zitiere ich ihm diese Passagen in einem der Hotelbetten in New York – wörtlich, auswendig und mit größter Verlegenheit. Daß es ihn genauso verlegen macht, finde ich nur gerecht. Nachdem ich gesagt habe, was ich sagen wollte, bin ich nicht mehr verlegen und er auch nicht. Ich weine leise, und er streichelt mich.

Die Lektüre seiner Bücher versetzt mich in eine Mischung aus Aufregung und Bekümmertheit. Die Aufregung empfinde ich, weil ich mich auf das Leben mit diesem schwierigen Charakter, der mir fremd und vertraut ist, freue und mich selbst die scheußlichsten Beschreibungen von Trennungen, Abkehr und Haß nicht von der Überzeugung abbringen können, daß er mich unvermindert lieben und niemals verlassen wird. Bekümmert bin ich, weil mir mit ebensolcher Überzeugtheit klar ist, daß es Dinge gibt, die ich nicht verändern kann, die schmerzlich und unüberwindbar sind. Zum erstenmal im Leben wird mir bewußt, daß es hier nicht nur um etwas geht, wo es bei ihm hakt, nicht um irgendwelche Löcher, aus denen er nicht herausklettern könnte oder wollte, sondern daß es um etwas geht, bei dem ich ihm nicht helfen kann.

Mit dem Mann, für den du dich entscheidest, entscheidest du dich auch für den Kummer, der dir am liebsten ist.

Ich stehe nicht am Rand des Lochs, um ihm die Hand zu reichen. Ich sitze selber drin.

Was ich ihm die ganze Zeit nicht zu sagen wagte, habe ich ihm jetzt gesagt, allerdings längst nicht in den Worten, die ich im Geiste dafür parat habe, sondern wesentlich vorsichtiger, weil ich mich selbst dafür schäme und weil seine Verlegenheit manchmal so unerträglich groß ist, daß ich mich zwingen muß, sie auszuhalten.

»Du wirst mir ganz fremd, wenn du mit mir schläfst«, habe ich ihm gesagt, und daß das Bett die einzige Bühne sei, auf der er wirklich Theater spiele, auf der er nicht mehr einfach Is sei, sondern ein anderer, unecht, eine Bündelung von Klischees, ein gespielter Mann, jemand, der seine Scham, Angst, Verklemmtheit und vielleicht sogar seine Aversion gegen Sex überschreie. Und daß ich ihn sehr begehre, sage ich ihm, daß ich wie eine Wahnsinnige nach ihm verlange, ihm im Bett aber noch nie begegnet bin, und daß ich nicht das Zeug dazu habe, ihm da herauszuhelfen, daß ich auch gar nicht wüßte, wie ich das so eins, zwei, drei machen sollte.

Stundenlang laufen wir Arm in Arm durch die Straßen von New York. Allmorgendlich packen wir unsere Koffer und ziehen in ein anderes Hotel um, The Waldorf Tower, Malibu Studio in der Nähe von Harlem, Chelsea Hotel, The Royalton, Carlton Arms und schließlich und endlich The Paramount.

Abends führt er mich in seine Lieblingsrestaurants aus, in Pete's Place und Pete's Tavern, ins Les Halles, Palm, Sparks und Gallagher's, und wenn wir morgens zur unpassenden Zeit wach werden, schlüpfen wir ungewaschen in unsere Kleider und streunen so lange durch die Straßen, bis wir ein Fleckchen finden, wo wir frühstücken können.

Mit *two coffees to go* kehren wir dann ins Hotel zurück und kriechen noch ein Weilchen in die Federn oder beginnen mit dem »Standalisieren«, denn das muß auch gemacht werden.

Restaurants, die er noch nicht kennt, schlägt er im *Zagat* nach. Überall in Amerika werden wir am Tag unserer Ankunft eine Buchhandlung ansteuern, um den Zagat zu kaufen. Es wird zu einem festen Bestandteil unserer Gespräche, die geistreichsten Restaurantbeschreibungen zu zitieren oder uns in der Terminologie des Punktesystems auszudrücken, dessen sich der *Zagat* bei der Bewertung der Restaurants bedient.

»Ein typisches 24« oder »das hier bewegt sich Palmen und Meijer zufolge auf eine dicke 28 zu«.

Ein Fotograf von der *Nieuwe Revu* kommt jeden Morgen in das jeweilige Hotel, in dem wir uns gerade befinden. Mindestens drei Vormittage sitzt Ischa an seiner kleinen roten Schreibmaschine und arbeitet am *Dicken Mann*, was es ihm möglich macht, den Fotografen nicht einmal zu begrüßen, sondern weiterzutippen, ohne auch nur aufzuschauen. Ein einziges Mal müssen wir wegen des Fotografen länger im Hotel bleiben, und da empfängt Ischa ihn, als er wie immer geflissentlich zum vereinbarten Zeitpunkt an die Tür klopft, ziemlich mürrisch und läßt deutlich durchblicken, daß er nicht die geringste Lust zu diesen Fotos hat.

»Warum bist du so unfreundlich zu dem armen Jungen?« frage ich.

»Ich weiß es nicht«, antwortet er.

Er weiß so viel über diese Stadt, über Amerika. Sind wir in der Nähe des Chrysler oder Flatiron Building unterwegs, wirft er unweigerlich verliebte Blicke in die Höhe und bringt seine Bewunderung für die Schönheit dieser Gebäude zum Ausdruck. Mühelos findet er den Weg in die älteste Kneipe in New York, McScorley's. »*We were here before you were born*«, steht auf der Scheibe. Drinnen erzählt er von Jo Mitchell, der diesem Lokal ein ganzes Buch gewidmet habe, und zitiert das Motto von Simon Carmiggelts *Kroeglopen*, das Mitchells Buch entnommen ist: »*The people in a number of the stories are of the kind that many writers have got in the habit of referring to as ›little people‹. I regard this phrase as patronizing and repulsive. There are no little people in this book. They are as big as you are, whoever you are.*«

Zum x-ten Mal sage ich ihm, wie sehr ich ihn für dieses Wissen und dieses sagenhafte Gedächtnis bewundere.

»Orthodox-jüdische Erziehung und jede Menge Backpfeifen«, erwidert er so trocken wie möglich, aber nicht ohne meine Bewunderung zu genießen.

»Chester Himes. Je gehört?«

Nie gehört.

Er schon. Chester Himes habe irgendwo geschrieben, es

sei unwichtig, ob man aufrichtig sei oder nicht, Hauptsache, man sei fair.

»Da ist mir plötzlich aufgegangen, daß das ein Unterschied ist.«

Auch wenn ich nichts sage, weiß er, daß ich, wenn ich ihn so anlächle, wie ich es jetzt tue, weiß, warum er mir das erzählt.

»Es ist aber für dich selbst besser, wenn du nicht lügst«, sage ich, »das macht dich glücklicher, vor allem mit mir.«

»Ich werde dir jetzt ein Kompliment machen. Du bist die begabteste Frau, die ich kenne. Multi.«

Ich bin ja so versessen auf seine Komplimente, sie machen mich ganz übermütig.

Am Mittwoch vormittag kehren wir unserem Hotel gleich nach dem Einchecken wieder den Rücken zu und gehen zum Rockefeller Center. Ischa will sehen, ob wir noch Eintrittskarten für die Talkshow von Phil Donahue bekommen können. Es gelingt. Nachmittags um halb vier sitzen wir in einem dunklen kleinen Saal, und nachdem wir zunächst Instruktionen erhalten haben, wie wir uns als Zuschauer zu verhalten haben, kommt der Mann herein, für den Ischa eine solche Bewunderung hegt, daß er am längsten von allen Beifall klatscht, ohne es überhaupt zu merken. Der Mann ist eine tadellose Erscheinung, in Anzug, mit Brille und dichtem weißen Haar. Er ist weder zynisch noch ironisch und versucht das Publikum auch nicht mit dummen Witzen zum Lachen zu bringen, sondern wirkt stets seriös und verständnisvoll. Es geht um Transvestiten. Zu Gast sind Betroffene und deren Mütter.

»They are drugfree, they are working, they don't harm anyone with their lives«, sagt Donahue, und als kurz darauf eine Mutter ihren Sohn umarmt und ihm sagt, daß sie ihn liebe, drückt Ischa meine Hand. Er muß irgend etwas hinunterschlucken.

Es gibt nur eine Frau, die ich in den nächsten Jahren werde fürchten müssen, und das ist diese beherrschte Frau aus seinen Büchern, diese kühle, berechnende, unnahbare und so abwesende Mutter.

Ich werde sie nie zu sehen bekommen.

Ich werde sie jeden Tag spüren.

Am Morgen des vierten Mai werden wir im Royalton Hotel in der 44th Street wach. Die Einrichtung wurde von Philippe Starck entworfen, und es ist nur gut, daß ich Ischa bei mir habe, denn sonst würde ich gleich davonlaufen. Alles in diesem Hotel zwingt mich dazu, etwas zu denken, zu lesen und zu interpretieren, und all diese sich aufdrängenden und mich befremdenden Zeichen machen mich klaustrophobisch. Ischa ist mit dem Kopf bei dem Artikel, den er für die *Nieuwe Revu* über diese Hotels schreiben soll, und während er mir alles über Dorothy Parker und Robert Benchley und ihre Tafelrunde im Algonquin sowie über die berühmten Gäste des Chelsea Hotels erzählen konnte, weiß ich mehr über die Postmoderne und nehme die Einrichtung dieses Hotels zum Anlaß, um ihm einiges dazu zu erläutern. Er hört mir mit einer Mischung aus Scheu und Abwehr zu. Die gehören zusammen, wenn es um diese Art von Wissen geht.

»Du hast einen gedemütigten Verstand«, habe ich zu ihm gesagt.

Ich habe noch nie einen Mann gekannt, der so intelligent ist und selbst so wenig darauf vertraut, daß er es ist.

»Tas sagt auch gelegentlich, daß ich für ihn das typische Beispiel für einen empfindsamen Intellektuellen bin. ›Nett, daß du das sagst‹, habe ich zu ihm gesagt, ›aber ich glaube es nicht.‹«

»Es stimmt«, habe ich ihm versichert, und ich sage es ihm all die Jahre immer wieder, wie intelligent er sei, wie brillant, genial, wie eigenständig in seinem Denken.

»Du bist der Rebbe der Reestraat«, sage ich zu ihm.

Ich habe viele kluge Männer gekannt, aber keiner war so klug wie er. Zweimal im Leben habe ich dieses Aufatmen erfahren, das ich jetzt mit ihm erlebe. Das erste Mal war, als ich das Ergebnis eines Intelligenztests erhielt und in einer Spalte ablesen konnte, daß ich mit dieser Ziffer zu einem Prozent der Weltbevölkerung gehöre. Ich war achtzehn und verstellte mich. Auf hunderterlei Art wußte ich mein Wissen zu verbergen, und mir war zugleich klar, daß ich mir dadurch, daß ich mein Wissen und meine Erkenntnisse verbarg, eine Einsamkeit einhandelte, die ich zutiefst verabscheute. Als ich nun diese bewußte Spalte vor Augen hatte, brach ich in Tränen aus. Dieses eine Prozent beziffert meine Einsamkeit. Es sagt mir, daß es nicht mein zur Verstellung neigender Charakter ist, der mich hindert, mich an jemanden zu binden, sondern daß es mein Verstand, mein Schicksal ist, was mich zu einem Leben mit wenigen verurteilt.

Und nun, diesmal, nun, da ich zum erstenmal im Leben den Mann gefunden habe, mit dem ich leben möchte und kann, geht mir auf, was ich so lange gesucht habe und nie finden konnte, was für eine Art von Verstand ich so tierisch liebe. Es sind seine Intelligenz, seine Sprache, seine Art zu analysieren und zu deuten, die mich sowohl von meiner Einsamkeit als auch von meiner Betrügerei und meiner Scham befreien. Ich stelle mich nicht mehr dümmer, als ich es bin, weil es nicht mehr nötig ist. Er versteht, was ich sage. Und er mag es, wenn ich durchschaue, daß er lügt, und das dann auch sage. Er weiß ja, daß ich ihn niemals verlassen werde.

»Sieh mich an, wenn du mich anlügst«, sage ich dann lachend.

Wir haben an diesem Morgen einen Heißhunger auf *cinnamonbagels*. Ich werfe mir schnell irgend etwas über, womit ich auf die Straße hinauskann. Vor unserer Zimmertür liegt eine aufgeschlagene *New York Times*. Ischa liegt noch im Bett, und ich gehe kurz zu ihm zurück, um ihm die Zeitung zu bringen.

»Ach, wie schrecklich«, höre ich ihn bestürzt ausrufen, als ich schon draußen auf dem Gang stehe. Ich gehe ins Zimmer zurück, um zu hören, was passiert ist.

»Jerzy Kosinski hat Selbstmord begangen.«

Ich weiß nicht, wieso, aber das finde ich auch ganz schrecklich.

Wir laufen an diesem Tag anders durch New York. An diesem Tag ist es die Stadt, in der Kosinski in der Nacht vom 2. auf den 3. Mai Selbstmord beging, während wir im Chelsea schliefen, wo uns aus allen Ritzen Ruhm, Sehnsucht und vergangene Pracht ansprangen, wir jedoch nichts davon ahnten, welches Drama sich in der 57th Street bei diesem Autor abspielte.

Nachts werde ich wach, weil mir übel ist, und ich muß mich übergeben. Ischa kommt hinter mir her und legt mir eine Hand in den verschwitzten Nacken, als ich über der Kloschüssel hänge.

»Was ist?«

»Kosinski«, sage ich. »Es ist, als hätte sein Tod etwas mit dir zu tun, obwohl ich weiß, daß du niemals Selbstmord begehen würdest.«

Kaum haben wir die kleine Eingangshalle des Carlton Arms betreten, da möchte ich auf dem Absatz kehrt- und mich aus dem Staub machen, weil mir das Hotel sofort unangenehm ist. Es mieft nach den sechziger Jahren, und so sieht es auch aus. Ein fader Geruch von Patchouli, Weihrauch und Hasch hängt in der Luft, die Wände sind bemalt, und überall hängen Batiken.

Inmitten von psychedelischen Wandmalereien und lächerlichem Flower-power-Firlefanz sind wir uns in unserer Abneigung gegen die sechziger Jahre herzlich einig, versuchen aber noch dahinterzukommen, was uns denn daran nun eigentlich so mißfällt. Ich weise Ischa darauf hin, wie man die Risse in der Tapete verspielt zu wuseligen Blumenkränzen, halbnackten, tanzenden Gestalten und kindlichen Ringeln und Ranken ausgemalt hat, und sage, darin liege für mich die Essenz der Kultur der sechziger Jahre, darin, einen Riß mit einer Blume zu verhüllen, in der Verblümung der Wahrheit.

Es sei die Kultur der Lüge, wettere ich, die Kultur der Verzierung, der Verhüllung, der Verblümung, die Kultur von Wörtern, die man nie wieder ohne Ironie gebrauchen könne, des furchtbar Verspielten, des ewigen »weißt-du«-Nachsatzes, des *Love and Peace*, des Sich-auf-nichts-Einlassens. Es sei die Lüge der Gleichheit, getarnt durch den blödsinnigen Imperativ, daß man alle und jeden lieben müsse, daß jeder ein Künstler sei und womöglich gar noch bisexuell.

Wir stehen mitten im Zimmer und schauen uns beklommen um. Unsere Koffer haben wir noch in der Hand, und ich hoffe, daß er mitkommt, raus hier, weg von diesen Farben und Gerüchen, doch er sagt, das Gesetz des Journalismus zwinge ihn zu bleiben. Als er anschließend meint: »Ich habe das Ich-Zeitalter nicht mitgemacht, da war ich viel zu sehr mit mir selbst beschäftigt«, kann ich mich nicht mehr halten vor Lachen und plumpse aufs Bett, auf eine muffig riechende Tagesdecke in blendendem Orange, unter der wir uns in dieser Nacht dann doch irgendwann schlafen legen.

»Sombrerolein de Vries«, murmelt er kurz vor dem Einschlafen, »Sombrerolein de Vries, das ist vielleicht ein schöner Name. So heiße ich von nun an, Sombrerolein de Vries.«

Wir machen einen langen Spaziergang in den südlichsten Teil Manhattans. Durch einen Wald aus Hochhäusern gelangen wir an den Kai und besteigen die Fähre nach Ellis Island.

»Connie, ich möchte nie wieder so verlassen werden, wie ich von meinem Vater und meiner Mutter verlassen worden bin«, sagt er.

»Ich werde dich nie verlassen«, verspreche ich.

Hier in New York sehe ich es deutlicher. Es ist für mich nicht mehr unvorstellbar – und auch wenn der Gedanke unerträglich ist, daß er es wirklich getan hätte und ich ihm dann wahrscheinlich nie begegnet wäre, und wenn ich ihn mit diesem seltsamen Anachronismus der Einbildung zudem schrecklich vermisse, sobald er davon anfängt –, es ist nicht mehr unvorstellbar, daß er tatsächlich in Amerika, in New York hätte leben können. Wenn er den Mut gehabt hätte hierherzuziehen. Und den hatte er nicht. An Eltern, die einen im Stich lassen, ehe man sich selbst von ihnen lösen und weggehen kann, bleibt man für den Rest seines Lebens gebunden.

Mit demselben Blick, der in *Der Dicke Mann* Amsterdam zu seiner größten Liebe macht, läuft er durch New York wie ein unersättlicher Liebhaber, wie ein ewig Verliebter, der mit anhaltender Intensität von der Schönheit seiner Frau bezaubert ist.

Heute weiß ich es besser, doch bis zu dem Zeitpunkt, da er das folgende sagt, habe ich mich in demselben Glauben gewiegt wie die, die er beschreibt:

»Die meisten Menschen glauben von sich, daß sie diese Sprache gut beherrschen«, sagt er, »aber ich weiß, daß ich es nicht tue. Das allein ist schon Grund genug, nicht nach Amerika zu ziehen.«

Um mir zu demonstrieren, wie recht er damit hat, greift er zur *New York Times* und liest drei Sätze laut vor.

»Weißt du, was *investiture* heißt und wie man sich an einem *jingle-jangle morning* fühlt? Weißt du, was ein Amerikaner mit dem Begriff *mall* assoziiert? Daß man als Zwölfjähriger dorthin ging, um sich mit seinen Freunden zu treffen, und als Vierzehnjähriger, um heimlich mit den Mädchen aus seiner Klasse zu flirten. Das fehlt uns, verstehst du? Für uns hat das Wort keine Geschichte.«

Das sei das zweite Mal, erwidere ich, daß er mir etwas im Zusammenhang mit Sprache und Lesen verdeutliche, das für mich mit einem Gefühl von Beschämung über mich selbst und Bewunderung für ihn gepaart sei.

»Du zwingst mich zur Bescheidenheit«, sage ich und auch, daß ich das auf eine mir bisher unbekannte Weise sehr angenehm fände.

Ich will es nicht wahrhaben.

»Wenn du wüßtest, wie viele Männer man kennenlernen muß, um sieben von ihnen beschreiben zu können«, versuche ich einzuwenden, aber das läßt er nicht gelten.

Wir haben schon öfter darüber geredet und fangen am Tag unserer Abreise, während des Mittagessens im ›Sparks‹ in der 46th Street an einem kleinen, picobello gedeckten Tisch, erneut davon an. Der Ober hat mir ein Lätzchen umgebunden, damit ich den Kampf mit dem Hummer ungeschoren überstehe, doch Ischa ziert sich und wehrt ab, als der Ober sich anschickt, ihm ebenfalls so ein Ding umzubinden.

»*I can do without.*«

»*That's what all men think*«, sage ich trocken zum Ober. Er sieht mich erstaunt an, wendet den Blick dann Ischas vor Lachen schiefgezogenem Gesicht zu und mutmaßt lächelnd, wir kämen sicher aus Europa.

So ein ganzer Hummer ist eigentlich nichts für Ischa, dafür hat er keine Geduld. Schon nach dem Knacken von nur einer Schere ist er völlig erledigt.

»Wozu lebe ich überhaupt?« stöhnt er.

Da ich ja nun schon mal diese Montur anhabe, knacke ich ihm den Rest, stochere das Fleisch heraus und lege ihm die Hummerstückchen auf den Teller. Es ist wie Zigaretten für ihn drehen, das mache ich auch so gern.

Ich bin mir sicher, daß es keine Neugierde hinsichtlich der Männer aus meiner Vergangenheit ist, was ihn immer wieder auf das Thema zurückkommen läßt, denn so, wie ich nicht neugierig auf seine Frauen bin, ist er es auch nicht auf meine Männer. Irgend etwas sagt uns, daß wir beide noch nie jemanden gehabt haben, daß dies für Stromer und Schwerenöter wie uns eine jungfräuliche Beziehung ist. Was ihn dazu veranlaßt, mir die Frage erneut zu stellen, ist die Sorge um ein Genre, das er liebt, und insgeheim ist es auch die Frage nach dem Unterschied zwischen ihm und mir, dem Unterschied im Schreiben.

»Trotzdem verstehe ich es nicht«, sagt er ernst. »Warum streiten Menschen auf Teufel komm raus ab, daß ihr Werk autobiographisch ist? Warum nicht einfach zugeben, daß *Die Gesetze* autobiographisch ist?«

»Weil es nicht nur das ist, weil damit nicht abgedeckt ist, was in diesem Buch sonst noch alles mitschwingt. Wenn es doch nur so simpel wäre.«

»Ach, hör doch auf, red doch nicht so geschwollen daher, Con! Mach das Ganze doch nicht bedeutsamer, als es ist. Was ist denn schon Fiktion? Das wird immer so schrecklich aufgebauscht.«

Wie schon bei den vorherigen Malen begebe ich mich für meine Verhältnisse äußerst vorsichtig auf dieses Terrain. Es handelt sich um eine Auseinandersetzung, in der ich mich nicht kampflos geschlagen geben will, obwohl er, das vermute ich schon, durchaus recht haben könnte, nur weiß ich noch nicht, in welcher Hinsicht, und ich will ihm in diesem Punkt auch einfach nicht recht geben. Meine Vorsicht hat mit etwas zu tun, wovor er mich bei sich eigens gewarnt hat und wofür ich bisher nahezu blind gewesen bin, nämlich Eifersucht. Und es kommt noch etwas hinzu, eine Geschichte über seine Kindheit, über seinen Vater, den Historiker, der sich mit seiner Frau zusammen den ganzen Tag in seinem Zimmer einschloß und ihr dort ein Buch diktierte. Er schrieb eine Biographie über Jacob Israël de Haan, und sie sollte sein Opus magnum werden. Am Ende drehten sich die Gespräche und Streitereien in Ischas Elternhaus um nichts anderes mehr als um diesen Schriftsteller, Jacob Israël de Haan.

»Ich habe keinen Namen mehr gehaßt als diesen«, hat er schon mal gesagt. »Dieser Jacob Israël de Haan hat mir die ganze Kindheit vergällt.«

Zumindest dürfte das ein Grund dafür sein, daß er sich an der Fiktion stößt, daß er sogar behauptet, eigentlich gar keine Fiktion zu mögen. Ich weiß, daß das nicht stimmt. Ich weiß, daß er das sagt, weil er fürchtet, der Bereich der Fiktion könne für ihn verschlossen und verboten sein.

»Und *Der Dicke Mann*?«

»Das ist etwas anderes. Das ist Beschreibung von Wirklichkeit mit den Mitteln der Fiktion. So etwas wie *New Journalism*.«

Jetzt weiß ich nicht mehr so recht, was ich denn nun verteidigen will, mein Buch oder meine Wirklichkeit, und ich weiß zudem nicht, wie, aber ich mag es, von ihm dazu herausgefordert zu werden, der Wahrheit möglichst nahezukommen, klar und gut auszudrücken, wie es sich mit dem Autobiographischen und der Fiktion verhält.

In Interviews ziehe ich mich immer damit aus der Affäre, daß ich sage, das Autobiographische sei ein Stilmittel, ein literarischer Kunstgriff, der dem Romanesken diene, aber damit brauche ich Ischa nicht zu kommen.

»Es paßt nicht zu dir, so schwammig zu sein«, sagt er dann. »Sobald du mit solchen Formulierungen daherkommst, weiß ich, daß du vor allem etwas *nicht* sagen willst.«

Trotzdem ist es nicht ganz unwahr, sondern höchstens noch nicht wahr genug.

Mit *Die Gesetze* habe ich mich durchaus in den bestehenden Literaturkanon einreihen wollen. Man lebt sein Leben und liest viele Bücher. Weil man so viel liest, erkennt man immer besser, daß sich die Literatur aus Varianten uralter Geschichten zusammensetzt. Bis man dann fünfunddreißig ist, hat man hunderte Male Variationen zu den Urstrukturen wiedererkannt, dann taucht in immer neuen Formen stets wieder ein Don Quijote auf oder ein Hamlet, Faust, Werther, ein Odysseus, ein Ödipus, ein Jekyll und Hyde oder ein Wandernder Jude, und die Frauen ziehen in allen erdenklichen Ablegern von der Mutter, der Jungfrau, der Hure oder der Heiligen vorüber. Dann sieht man, daß immer wieder von neuem von Schuld und Sühne, von Familien, von Initiationen, von der einen großen Liebe, von Eifersucht, von Verlangen, vom Verstreichen der Zeit und so weiter erzählt werden muß.

Wie viele verschiedene Geschichten gibt es zu erzählen?

Wie viele mögliche Leben gibt es zu leben?

Das eigene Leben ist – vorausgesetzt, man ist auch bereit, das zu sehen – mit Themen, abstrakten Ideen und Geschichten, von denen schon früher erzählt wurde, angereichert. Ich benutze nicht mein Leben für die Literatur. Es funktioniert andersherum. Die Literatur besteht aus Leben wie dem meinen, und ich sehe, welche Fiktion sich auf mein Leben auswirkt, weil ich sie darin sehen kann und möchte. Je abstrakter ich mein Leben betrachten kann, desto besser bin ich imstande, die Urgeschichte oder Elemente existierender Geschichten und Themen darin wiederzuerkennen.

»Und ich weiß, was ich denke«, sage ich zu Ischa. Ich kenne niemandes Leben besser als das meine. Ich bin dabei, und ich schaue es mir an. Ich schaue es mir mit einem Blick an, der durch die Philosophie und die Literatur geschärft ist. Dann sieht man andere Dinge als jemand, der Mathematik oder Biologie studiert hat, und man sieht auch andere Dinge, weil man Frau, katholisch und die Schwester von drei Brüdern ist und weil man aus dem Süden und vom platten Land kommt.

Abstrahiert man von der Wirklichkeit, dann behält man etwas anderes zurück als die Wirklichkeit. Ein Drama, eine Komödie, eine Variante auf *Faust*, ein philosophisches Traktat, Ideen.

»Was ich zurückbehalten habe, war nicht meine Autobiographie, sondern *Die Gesetze*«, sage ich so entschieden wie möglich und blicke ihn unverwandt an, um zu sehen, ob es mir gelingt, ihn zu überzeugen.

»Wie würde denn der Roman über uns aussehen, wenn

du mal eben von der Wirklichkeit abstrahierst?« fragt er halb neckend und halb im Ernst.

»Das kann ich dir ganz genau sagen«, erwidere ich, und dann führe ich aus, daß es sich natürlich um eine Liebesgeschichte handelt, eine furchtbare Liebesgeschichte, weil eine große Liebe mit diesem Mann und dieser Frau nun einmal genau das macht, was eine große Liebe immer und ewig macht, sie führt sie nämlich zu dem zurück, was ihrer Liebe anhaftet, zum Schmerz, zur Verzweiflung, zu den Ängsten und Unzulänglichkeiten. Und daß die Ängste und Unzulänglichkeiten in diesem Fall der Misthaufen sind, auf dem das Talent des Mannes und der Frau gedeihen: Sie schreiben, sind Entertainer, bewegen sich im Licht der Öffentlichkeit. Er ist Reporter und sie Schriftstellerin, und das ist ein Unterschied.

»Das Bemerkenswerteste an unserem Roman ist natürlich, daß wir beide schreiben und daß einer der Liebenden, sie, so gut wie täglich in der Zeitung lesen kann, wie ihr Leben mit ihrem Mann verläuft. Zwischen uns ist ziemlich viel beschriebenes Papier.«

»Ob ich nun Hummer eß
oder Salmen,
am liebsten eß ich
mit Connie Palmen«,
dichtete er.

»Danke, Is.«
»Wofür?«
»Daß du mir New York wiedergegeben hast.«

»Ich freue mich auf den Jetlag«, sage ich, als wir, ein bißchen benommen aneinanderlehnend, am frühen Morgen mit dem Taxi in die Reestraat zurückfahren. In den kommenden Nächten werden wir nämlich unter Garantie zu den unmöglichsten Zeiten hellwach sein und aufstehen. Während Amsterdam noch im Tiefschlaf liegt, laufen wir dann lebhaft quasselnd durch eine Wohnung, die nach Spiegeleiern mit Speck duftet.

So ist es auch mitten in der Nacht, als er sich an seine IBM setzt und schon mal mit dem Artikel für die *Nieuwe Revu* anfängt. Nachdem er ein paar Sätze getippt hat, ruft er mich.

»Komm, setz dich doch zu mir.«

Das tue ich.

Er hat seinen Bericht in Dialogform aufgesetzt.

Montag, 29. April.
   The Algonquin Hotel – 59 W. 44th Street. $ 140.
   Ischa Meijer: »*Einwandfreies Zimmer.*«
   Connie Palmen: »*Ja.*«
   »*Grenzt schon ans Spießige.*«
   »*Ein bißchen beengt.*«
   »*Was?*«
   »*Na, besonders großzügig ist es nicht.*«
   »*Was erwartest du denn um Himmels willen?*«
   »*Platz.*«
   »*Und die Tradition? Dies ist das Hotel eines Robert Benchley und einer Dorothy Parker. Und schau mal hier:* The New Yorker *– eine kleine Aufmerksamkeit von der Direktion. Gratis! Nett, nicht?*«

»Ja, ungeheuer nett.«
»Laue Reaktion.«

Ischa rollt mit seinem Schreibtischstuhl beiseite und sagt:
»So, jetzt mußt du einen Satz tippen.«
»Meinst du, wir sollten das machen?«
»Das ist doch lustig. Los, sei kein Schisser, Schatz.«

»Stimmt, Dorothy Parker hätte bestimmt eine giftigere, galligere und passendere Antwort parat gehabt«, tippe ich. *»›What kind of fresh hell is this‹ oder etwas in der Art.«*
»Gefällt mir, die Antwort«, schreibt er daraufhin.
»Das ist der Titel ihrer Biographie.«
»Hotelzimmer haben generell etwas von einer fresh hell.*«*
»Bestenfalls.«
»Es bleibt ein Ersatz.«
»Wofür eigentlich?«
»Für die Vorstellung, die man davon hat.«
»Das hier ist ein passables Zimmer – einigen wir uns darauf.«

»Komm, wir gehen wieder ins Bett«, schlägt er vor, »dann fetzen wir morgen früh kurz das Waldorf Tower runter.«

Tagsüber arbeite ich an einem Vortrag über Ironie, bis er anruft und sich erkundigt, ob ich auch so müde sei. Das kann um zwei Uhr mittags sein oder früher oder später, aber ich höre mitten im Satz auf, raffe schnell ein paar

Sachen zusammen und radele oder eile im Laufschritt in die Reestraat. Beängstigend, dieses Bewußtsein, aber mit ihm bin ich glücklicher als ohne ihn. Immer noch kommt es vor, daß ich krank vor Sehnsucht vor seiner Tür stehe und mich vor lauter Erleichterung übergeben oder weinen muß, sobald ich ihn wiedersehe und er seine wundervollen Arme um mich schlägt.

»Was ist das nur?« fragt er hin und wieder besorgt.

»*You're too much*«, sage ich dann, oder daß ich davon immer geträumt hätte, so zu jemandem zu gehören, so unzertrennlich mit jemandem zusammenzusein, und daß es vielleicht unheimlicher sei, wenn so ein Traum in Erfüllung gehe, als wenn er seine vertraute Form behalte und bleibe, was er ist, nämlich ein Traum, an den man sich gewöhnt habe und mit dem man leben könne.

Platos kugelförmiges Wesen, Mann und Frau, die eins sind und dann getrennt werden, das kann ich erst jetzt richtig verstehen. Das Grausame dieser Trennung – genauso fühlt es sich an.

»Ohne dich bin ich weniger wert«, sage ich, und daß so etwas nicht nur ein schöner Gedanke sei.

Er hat sie bis jetzt für sich behalten. Er hat sie selbst erst vor zwei Jahren kennengelernt, als sie vier war und es ihm endlich gelang, mit der Mutter übereinzukommen, daß er sie sehen darf. Vier Jahre Terror, nennt er es, aber ich entgegne, daß ich mich wahrscheinlich genauso verhalten hätte, wenn ich während der Schwangerschaft von dem Mann im Stich gelassen worden wäre. Jeden Mittwoch holt er sie mittags um zwölf von ihrer Schule im Jordaan-Viertel ab.

Er fürchtet immer, daß er zu spät kommen könnte. Manchmal sitzt er schon um elf Uhr im nächstgelegenen Café bei einem Cappuccino. Gegen Viertel vor zwölf hält er es dann nicht mehr aus und schlägt die letzte Viertelstunde im Eingangsbereich der Schule tot, inmitten von anderen Eltern, die ihre Kinder abholen wollen. Vor einigen Wochen hat er mich ihr gezeigt, im Schaufenster einer Buchhandlung, an der sie auf dem Nachhauseweg vorbeikommen.

»Siehst du das gelbe Buch da? Das ist von Connie Palmen. Die wirst du kennenlernen.«

Danach ist er mit ihr in die Buchhandlung hineingegangen und hat ihr das Foto auf der Rückseite gezeigt.

»Das ist sie.«

So ganz nebenbei hat er ihr natürlich auch sein eigenes Buch gezeigt.

Sie ist jetzt sechs und daran gewöhnt, Ischa für sich allein zu haben. Außer Rie, der Putzfrau, hat sie in der Reestraat nie eine andere Frau gesehen.

Ich versuche Ähnlichkeiten zwischen ihr und Ischa auszumachen, aber es wird eine Weile dauern, bis ich die sehe. Sobald die Tür hinter ihnen zufällt, will sie nicht mehr nach draußen. Am liebsten sitzt sie auf dem Sofa und sieht fern. Ischa sagt, er habe oft genug versucht, sie zu irgend etwas zu animieren, von dem er wisse, daß Väter das mit ihren Kindern machen, in den Zoo gehen oder ins Kino, doch seiner Meinung nach tue sie das immer nur widerstrebend.

Das Ledersofa ist ihr angestammter Platz, dort ißt sie die Suppe, die Ischa für sie zubereitet, und dort sitzt sie auch, als ich sie zum erstenmal sehe.

Vorerst muß sie mich noch testen und es einfach ertragen, daß Ischa mich immer wieder küßt und mir mit der Hand durchs Haar fährt.

»Die beiden liebsten Frauen auf der Welt«, sagt Ischa, uns ansehend. Und dann beschwört er Jessica in höchsten Tönen: »Sieh mich an! Hab mich lieb! Bete mich an! Ich bin dein Vater!«

Ungerührt hebt sie den Kopf und wirft ihm einen kurzen Blick zu. Dann dreht sie sich zu mir um und guckt, wie ich reagiere. Ich lache. Da lächelt sie.

»Zieh ihm Windeln an, steck ihm einen Schnuller in den Mund, und er ist Wachs in deinen Händen«, sagt meine Mutter in seinem Beisein.

Ischa hängt an meinem Nacken und verbirgt das Gesicht an meinem Hals. Ihm kullern vor Lachen die Tränen über die Wangen. Zwischen ihm und meiner Mutter geschieht etwas, was mich sowohl ihn als auch meine Mutter so sehen läßt, wie sie waren, als ich sie noch nicht kannte. Meine Mutter bekommt in seiner Gegenwart etwas Kokettes und Mädchenhaftes. Sie möchte ihn zurechtweisen und korrigieren, ihm zeigen, wo es langgeht, und ihm zu verstehen geben, daß sie sich nicht so ohne weiteres von ihm becircen läßt, daß er vielleicht alle anderen um den Finger wickeln kann, aber nicht sie. Er ist das ungezogene Kind, das sie nie hatte. Manchmal sehe ich, wie sehr sie sich bemühen muß, nicht total hingerissen zu sein von diesem Mann, nicht über ihn zu lachen oder sich von ihm anrühren zu lassen. Sie möchte widerborstig sein, denn sie will ihre Tochter nicht so ohne weiteres weggeben an diesen berüchtigten

Mann, einen Filou, einen Hurenbock, einen Schreihals, einen Wichtigtuer und ein derartiges Schandmaul.

Und mich will sie *so* nicht haben. Es schockiert sie zu sehen, wie ich mit diesem Mann bin, wie verliebt ich bin, wie ich an ihm klebe, wie ich die Augen nicht von ihm lassen kann, wie anhänglich, sehnsüchtig, weich und ohnmächtig er mich macht. Sie will die Tochter, die sie hatte, die vor dreizehn Jahren nach Amsterdam zog, die eigensinnige, unzugängliche, nicht zu erobernde, selbständige Tochter, die klug ist und stark, die nie Männer mit nach Hause brachte, die Männern den Kopf verdrehte, sich aber selbst nie von einem einfangen ließ.

Er hängt ihr an den Fersen und hört nicht auf zu quengeln. Er geht ihr in die Küche nach und hebt die Deckel von den Töpfen.

»Was essen wir, Mia?«

Er will mit dem Finger aus den Töpfen lecken, er will schon mal eine Garnele von der Schale stibitzen, er will, daß sie ihm genau erzählt, wie sie das Fleischgericht zubereitet, was alles drin ist, er läßt sie nicht eine Sekunde in Ruhe.

In einer Ecke des Wohnzimmers sitzt mein Vater und schaut sich das Ganze mit gutmütigem Schmunzeln an. Ich glaube, er sieht meine Mutter wieder so, wie sie war, als er sie kennenlernte und sich in sie verliebte, ein quirliges Ding mit einer alten Traurigkeit.

Wir sind soviel Trubel im Haus gar nicht gewöhnt. Die einzige in der Familie, die viel Wind macht, bin ich, aber so bunt wie Ischa es treibt, kann ich es nicht.

Ich sehe plötzlich, wie er als Kind gewesen sein muß und

daß er lieber eine Mutter gehabt hätte, die an der Anrichte steht und erreichbar ist, als eine, die hinter verschlossenen Türen unsichtbar an einer Schreibmaschine saß, allein mit seinem Vater.

»Du hast eine jiddische Mamme, ich nicht«, sagt er. »Meine konnte nicht mal ein Spiegelei braten. Wenn die eine halbe Stunde in der Küche zugange gewesen war und man ging da rein, kam einem Auschwitz dagegen wie das Paradies vor.«

Zu Hause in Amsterdam kann er gar nicht mehr aufhören, von Mia und Hub und den Jungs zu reden. Freunden gegenüber spielt er nach, was er während der Tage bei uns im Dorf, im Haus meiner Eltern gesehen und gehört hat. Den limburgischen Akzent hat er schnell drauf.

»Und da sitz ich dann irgendwo im tiefsten Süden mit Connie und ihren Brüdern, und da wird dann halt über Kant und Nietzsche geredet, und ihr Bruder Jos erläutert dir zwischen Krabbencocktail und Spargel mal eben die Relativitätstheorie, und von ihrem jüngsten Bruder Eric kriegst du zu hören, wie es im achtzehnten Jahrhundert in Rotterdam zuging, und ihr ältester Bruder Pierre hat mal so eben alle Bücher gelesen, die im letzten halben Jahr erschienen sind. Und das Ganze dann auf limburgisch.« Was Ischa daraufhin nachmacht.

Durch ihn beginne ich meine Familie mit anderen Augen zu sehen, diesen Vater und diese Mutter, diese Brüder und woher ich komme.

»Weißt du, was ihr seid? Ihr seid von edler Gesinnung«, sagt Ischa, und er tut es mit dieser leichten Erschütterung, so daß auch der Satz durchklingt, der sich darunter verbirgt und den er nicht sagt, dieser eine Satz über seine eigenen Eltern, der das Entgegengesetzte besagt.

Abends im Bett legt er deutsche Schlager für mich auf. Ich liege in seinen Armen, den Kopf an seiner Schulter. Ich spüre, daß er genauso glücklich ist wie ich, daß diese Haut vor Glück vibriert.

»Endlich daheim«, seufzt er. »Ein Jude unter einer nach Weichspüler riechenden Bettdecke mit roten Tupfen, der lauthals *Junge, komm bald wieder* von Freddy Quinn singt und ein katholisches Mädchen im Arm hält.«

Ironie ist ein schwieriges Thema. Ich frage Ischa, ob er mich ironisch finde, ob er *Die Gesetze* für ein ironisches Buch halte.

»Du? Nein«, sagt er resolut, »du bist lakonisch. Du vereinst einen relativierenden Geist mit einem Hang zum Absoluten.«

Nachdem ich mich zwei Wochen mit einem Thema herumgeplagt habe, das ich nicht so recht in den Griff bekomme, habe ich einen fragmentarischen Artikel über die Ironie beisammen, ohne beim Schreiben auch nur eine Sekunde daran gedacht zu haben, daß es ein Vortrag werden soll. Ich weiß noch nicht, wie das geht, einen Vortrag halten, denn ich mache es zum erstenmal. Ich werde auch zum erstenmal Leuten begegnen, die ich nur dem Namen nach kenne, aus den Medien.

»Ist doch alles Pipifax«, sagt Ischa, als wir die Grachten entlang zum ›De Balie‹ laufen und er bemerkt, daß ich nervös bin.

»Alle wollen immer soviel Tiefe von dir, und dabei finde ich dich gerade so bodenständig. Du bist wie so ein guter alter Steinguttopf, in dem viele Gedanken eingemacht sind. *Die Gesetze* ist doch eine Art Sachbuch im Smoking, oder etwa nicht?«

Seiner Stimme höre ich an, daß er eine gewisse Irritation zu unterdrücken versucht. Ich habe keine Ahnung, woher die rührt, was Anlaß dafür ist, doch ich bedaure plötzlich, daß er mich begleitet, daß er im Publikum sitzen wird, um mir zuzuhören. Und ich finde es schade, daß ich dieses Bedauern empfinde, jammerschade.

Zum erstenmal sitze ich oben auf der Bühne und Ischa in der hintersten Reihe, neben Henk Spaan und Theodor Holman, mit denen er mich gerade noch bekannt gemacht hat. Während ich dem Vortrag von Carel Peeters lausche, habe ich die ganze Zeit das unangenehme Gefühl, im verkehrten Lager zu sein, hier oben, auf diesem Podium, neben ein paar von Ischa geschmähten Intellektuellen, neben jeder Menge Verstand, für den er nur Verachtung hat.

In der Pause kommt er auf mich zugeprescht und flucht und zetert von wegen schlappes Gewäsch, furztrockenes Pseudowissen, Arroganz von ein paar total uninteressanten Schlaffsäcken, die von der Realität, vom wirklichen Leben keinen Schimmer haben, die bei aller Gebildetheit nichts anderes als Hohlköpfe sind und sich hier groß und wichtig tun über nichts und wieder nichts.

Ich bin viel zu verdattert, um ihn zu unterbrechen, und lasse ihn toben. Nach der Pause werde ich mich zum erstenmal im Leben an ein Rednerpult stellen müssen, um einen Vortrag zu halten, und da steht der Mann, den ich liebe, wutschnaubend vor mir und schimpft.

»Bist du jetzt völlig übergeschnappt?« frage ich.

Ich bin entsetzt. Ohne daß ich es noch so recht wahrhaben will, daß er mir das hier tatsächlich antut, kommt mir das Wort Sabotage in den Sinn, und ich erinnere mich blitzartig an ein nächtliches Telefongespräch in einem Hotelzimmer in Los Angeles und auch daran, was er am darauffolgenden Morgen zu mir sagte, um sein Verhalten zu rechtfertigen. Diese Erinnerung verleiht mir eisige Ruhe.

»Ich geh nach Hause«, sagt er, »ich will mit diesen Leuten nichts zu tun haben.«

»Ich bin eine von diesen Leuten, Is, und du bist gerade dabei, mir das hier gründlich zu vermiesen«, entgegne ich.

Dann drehe ich mich um, gehe in den Saal zurück und lese kurz darauf mit lebloser Stimme vor, was ich geschrieben habe. Ich schaue nicht vom Blatt auf. Ich will seinen Augen in der letzten Reihe nicht begegnen.

Es ist dunkel, als wir durch die Prinsengracht nach Hause gehen und ich ihm sage, daß er mich an diesem Abend überrascht hat, daß ich Eifersucht zwar allmählich zu verstehen lerne, jedoch nicht, wenn sie mir gilt, nicht, wenn sie jemand so Nervösem und Ängstlichem gilt, wie ich es heute abend gewesen bin.

»Ich erwarte viel von dir«, sagt Ischa sanft.

»Was denn?«

»Erziehung«, sagt er. »Ich nehme mir alles, was du sagst, sehr zu Herzen, und es prägt sich mir ein. Auch, wie du etwas zu mir sagst, so beiläufig, so echt.«

Er legt den Arm um mich.

»*Home?*« fleht er.

»*Home*«, sage ich und hake mich mit dem Finger bei ihm ein.

»Wirst du mich nie verlassen?« fragt er.

»Nein«, sage ich, »nie.«

»Morgen kauf ich dir ein schönes Kleid oder was du sonst haben möchtest, und danach buche ich eine Reise nach Amerika für uns. Wir fahren ganz lange weg, zwei Monate. Vorhin wußte ich plötzlich, was wir füreinander tun werden. Weißt du, was wir zusammen werden? Glücklich. Das wußte ich plötzlich. Oder vielleicht ist Glück zuviel verlangt. Dann eben *happy*. Du und ich, wir werden zusammen *happy*.«

Im Bett sagt er, ich solle mal ganz nah zu ihm heranrutschen, denn er habe ein kleines Gedicht für mich gemacht.

»Manchmal seh ich sie an und denk:
ganz dein Fall, Mann,
und damit gemeint
ist Connie Palmen«,
dichtete er.

Mit einer Zwischenlandung in New York fliegen wir nach Houston, Texas. Vor anderthalb Monaten haben wir in New York endlich die Notizbücher gefunden, die wir immer haben wollten, die braunen Boorum Memo Books, 6 1/8 In. x 3 3/4 In., und uns mit einem Vorrat davon eingedeckt.

»Was sind wir doch für ein verrücktes Paar«, sagt Ischa, als wir nebeneinander im Chevy sitzen und ins Hotel fahren, wo wir uns erst einmal von der Anreise ausruhen können. Er hat uns plötzlich so dasitzen sehen, wie andere uns wohl sehen dürften – einen schon etwas älteren Mann und eine junge Frau nebeneinander im Flugzeug, die sich stundenlang ausschließlich miteinander beschäftigen, endlose Gespräche führen und die Finger nicht voneinander lassen können, sich dann aber plötzlich voneinander losreißen, um in ihre Innentasche zu greifen und identische Notizbüchlein hervorzuziehen, in die sie, jeder für sich, eifrig etwas hineinschreiben.

»Und da habe ich über unsere Beziehung nachgedacht«, fügt er hinzu. »Wir haben eine ganz besondere Beziehung. Ich bin neurotisch, du bist neurotisch, aber wir haben keine neurotische Beziehung.«

»Neurotisch? *Moi?*«

Houston sei der Wohnort von Jan de Hartog, erzählt Ischa. Er bewundert diesen Schriftsteller. Er sagt, er habe von Jan de Hartog etwas darüber gelernt, wie man mit Sprache umzugehen habe.

»Wenn du in einem Satzgefüge ein Partizip Perfekt verwendet hast, brauchst du es in der Folge nicht mehr zu wiederholen, das habe ich von Jan de Hartog gelernt.«

»Du kannst so erstaunlich gut bewundern«, sage ich.

»Bewunderung ist Tas zufolge verkappter Neid. Wenn du jemanden bewunderst, umgehst du eine wesentlich unschönere Empfindung wie Neid.«

»Von wem hast du am meisten gelernt?«

»Abgesehen von Tas? Von Hans van Manen. Ich habe ihm von meinen Schwierigkeiten mit der Mutter meiner

Tochter erzählt, daß ich angefangen hatte, sie zu hassen, und sie verlassen hatte und wie ich mich dabei fühlte. ›Oh, aber das wird noch viel länger anhalten, als du denkst‹, hat Hans damals zu mir gesagt. Schau, das ist ein echter Freund, der so was zu dir sagt. Und als ich danach zum erstenmal eine eigene Wohnung hatte und allein lebte, hat er gesagt: ›So, und jetzt solltest du erst mal 'ne Weile allein bleiben und ein bißchen homosexueller leben.‹«

Zwei Tage lang fahren wir durch die weite Landschaft von Texas Richtung New Mexico, wo wir von Stadt zu Stadt reisen: Tucumcari, Albuquerque, Santa Fe, Dulce, bis wir dann irgendwo in Colorado von der Straße abfahren und in Durango landen.

Wir sind beide auf der Stelle verliebt in diese Kleinstadt und beschließen, ein Apartment zu mieten und eine ganze Woche zu bleiben. Es ist der 1. Juli 1991. Im Fernsehen wird der Tod von Michael Landon bekanntgegeben.

Ischa kennt Little Joe nicht. Mit Tränen in den Augen schmettere ich ihm die Erkennungsmelodie von *Bonanza* vor und galoppiere auf meinem Pferd durch die brennende Landkarte von Virginia, Nebraska.

»Beruhig dich doch, Liebling«, sagt er, »beruhige dich.«

Ein wenig gefaßter erzähle ich ihm von den Abenden bei uns zu Hause, damals, in den sechziger Jahren, wie ich mit meinen Brüdern vor dem Fernseher gehockt habe und wir auch nicht eine Sekunde von dieser Serie über die drei jungen Männer und ihren Vater Ben Cartwright verpassen wollten und daß Little Joe der jüngste von den dreien gewesen war und jedermanns Liebling. Adam war ein glutäugiger junger Mann gewesen, genau wie unser Pierre, und genau wie er unverkennbar der älteste Sohn, der ein Auge auf den dicken dummen Hoss und den ungestümen jüngsten Bruder gehabt hatte, bei dem es nicht nur vom Namen her, sondern auch äußerlich Übereinstimmungen mit unserem jüngeren Bruder Jos gab. Frauen waren in *Bonanza* selten vorgekommen. Der Koch war ein kleiner Chinese gewesen, der natürlich aus allen Rs Ls machte, das war damals noch nicht verpönt. Adam, Hoss und Little Joe waren alle drei Söhne einer jeweils anderen Frau gewesen. Der einzige, der noch gelegentlich an seine Mutter gedacht hatte und sich über ihren Tod hatte hinwegtrösten müssen, war Little Joe gewesen.

»Und wovon handelte das Ganze denn nun eigentlich?« fragt Ischa.

Darüber muß ich nachdenken.

»Von Familie, glaube ich«, antworte ich nach einer Weile. »Oder nein, von Brüdern.«

Unter der Überschrift »Hunger« mache ich die ersten Notizen für mein nächstes Buch. Ischa leidet darunter, daß er zu dick ist.

»Ich hasse mich, wenn ich esse und zu dick bin«, sagt er.

»Deswegen machst du es ja«, entgegne ich, »um diesen Haß zu untermauern und aufrechtzuerhalten.«

Das beschäftigt ihn den ganzen Tag, und er hält es für eine gute Idee, daß ich diesem Thema, dem Suchtverhalten und dieser leidigen, komplexen Beziehung zwischen Körper und Geist einen Roman widmen will. Wir können uns stundenlang darüber unterhalten.

Er hat eine kurze Khakihose in seinen Koffer gestopft, die ihm zwei Nummern zu klein ist. Zu Hause in der Reestraat steht er mitunter zehnmal am Tag auf der Waage. Hier soll diese zu kleine Hose die Waage ersetzen. Er will abnehmen. Jeden Morgen zieht er die zu kleine Hose an und versucht anhand des Abstands zwischen Knopf und Knopfloch im Bund zu messen, ob er dünner geworden ist.

»Meiner Meinung nach habe ich abgenommen. Siehst du es mir schon an?«

Am *Independence Day*, nach anderthalb Wochen, habe ich diese Frage dann so oft gehört, daß ich genug davon habe und, ohne von der Biographie über Jane Bowles aufzuschauen, in der ich gerade lese, zwei Worte murmele, die ich dort stehen sehe: »*Pathetic fallacy.*«

»Was sagst du?«

»Ach, nichts«, sage ich, denn er hat mich garantiert verstanden.

»Du fieses, falsches Luder«, schimpft Ischa daraufhin, und darüber muß ich derartig lachen, daß an Lesen sowieso nicht mehr zu denken ist.

»Essen und Hungern laufen bei dir aufs gleiche hinaus«, sage ich zu ihm. Und daß er immer noch jede einzelne Minute des Tages mit dem Essen beschäftigt sei, vielleicht sogar noch mehr als je zuvor. Seine Art abzunehmen habe nicht weniger von einer Obsession oder Sucht als seine Art zu essen. Er sei jetzt auch den ganzen Tag mit nichts anderem beschäftigt als mit Nahrung und mit seinem Körper, und das mache er natürlich aus demselben Grund, aus dem er auch zuviel gegessen habe.

»Um etwas anderes nicht fühlen zu müssen und etwas

anderes nicht denken zu müssen«, sagt er gelassen. »Und was ist mit deiner Trinkerei?« wirft er dann etwas heftiger ein.

»Genau das gleiche, Liebling«, antworte ich, »genau das gleiche.«

Durango ist vom San-Juan-Gebirge eingerahmt, das Teil der Rocky Mountains ist. Im äußersten Westen des Städtchens nimmt die Durango & Silverton Narrow Gauge Railroad ihren Ausgang. Tagsüber hören wir das archaische Schnaufen, Pfeifen, Quietschen und Knirschen des Silverton Train, eines schmucken, filmreifen Gefährts, das ich, als ich es zum erstenmal sehe, so entzückt begrüße wie einen alten Bekannten, denn ich habe diesen Zug bestimmt schon hundertmal gesehen, von Indianern bestürmt oder vom Rücken eines Rosses aus mit halsbrecherischem Wagemut von einem Cowboy geentert.

Die Fahrt, die wir mit dieser Bahn machen, führt durchs Gebirge, durch das Animas River Valley. Aus den offenen kleinen Fenstern blicken wir in ein tiefes Tal, durch das der Rio de las Animas Perdidas strömt. Ich bin hingerissen von diesem Namen: der Fluß der Verlorenen Seelen, und flüstere ihn in diesen zwei Monaten in Amerika regelmäßig vor mich hin oder sage zu jeder passenden und unpassenden Gelegenheit zu Ischa: »Laß uns im Fluß der Verlorenen Seelen baden« oder, wenn er von seinen Eltern spricht: »Wie schön du wieder in den Fluß der Verlorenen Seelen getaucht bist.«

Während dieser ächzenden Fahrt durch die Rocky Mountains hauche ich den Fluß der Verlorenen Seelen

Wort für Wort in ein rußgeschwärztes Ohr, nur um zu sehen, wie kicherig und verlegen ihn das macht und wie er sich dieser Wonne zu entwinden versucht.

»Ich möchte, daß du ewig lebst«, sage ich ihm.

Tas hat irgendwann einmal zu ihm gesagt, es habe den Anschein, als könne er Hunger und Liebe nicht auseinanderhalten.

»Und Schmerz, hab ich daraufhin ergänzt. Ich muß auch sehr gelitten haben im KZ. Und danach. Ich bin ein mißhandeltes Kind. Der Meinung ist Tas auch. Mein Vater war ein elender Schuft, ein dreckiger Sadist.«

Er verstummt für eine Weile und starrt, die Stirn schmerzlich gerunzelt, vor sich hin. Dann sieht er mich an.

»Ich habe das noch nie so gesagt, aber mein Vater war wirklich ein schlechter Mensch.«

Was muß das für eine furchtbare Erkenntnis sein, denke ich. Und so etwas in der Art sage ich auch.

»Ach«, entgegnet er da plötzlich schroff, »du weißt ja gar nicht, was schlechte Menschen sind, denn die kennst du gar nicht, denen bist du nie begegnet, und sollten sie dir doch einmal begegnen, dann würdest du es gar nicht sehen.«

»Tu das bitte nicht«, sage ich.

»Was?« blafft er.

»Laß mich nicht erst ganz nah an dich heran, um mir dann einen Tritt zu verpassen«, antworte ich.

»Entschuldige, Liebling«, sagt er und legt seine Hand in meinen Nacken. »Ich schäme mich. Ich schäme mich für die Schlechtigkeit meiner Eltern.«

»Man hat dir wenig Gutes mit auf den Weg gegeben«, sage ich. »Ein Wunder, daß du von allein ein so guter Mensch geworden bist.«

»Ich – gut? Ach, hör doch auf. Da bist du aber nun wirklich die einzige im gesamten Universum, die das denkt.«

In Durango haben wir ein Haus, einen Nachbarn und eine Stammkneipe. Der Nachbar, ein wettergebräunter Mann von um die Siebzig, leistet uns jeden Tag kurz Gesellschaft, wenn wir vor dem Haus sitzen, zu den San-Juan-Bergen hinüberschauen und unsere *turkey sandwiches* mampfen. Mit Truthähnen kennt er sich bestens aus, und er weiß auch, was wahre Liebe ist. Seine Frau ist vor zwei Jahren gestorben, und er kann nicht über sie sprechen, ohne daß ihm die Tränen kommen.

Zur Feier des *Independence Day* rät er uns, abends nach D-Bark-Chuckwaggon zu fahren.

»*Music and food*«, sagt er, »*that's a great combination.*«

Wir laden ihn ein, uns zu begleiten, aber nein, das möchte er nicht.

»*The two of you only want the other and nobody than the other*«, sagt er mit melancholischem Lächeln. »*I know what I'm talking about.*«

Er winkt uns nach wie ein Vater, als wir uns abends mit dem Chevy zu besagtem Freigelände in den Wäldern aufmachen. Wir brauchen nur dem Duft von brennendem Holz und gegrilltem Fleisch nachzufahren, um zu wissen, wo wir richtig sind. Mitten im Wald ist eine Bühne errichtet, auf der an diesem Abend zwei Countrybands bekannte und weniger bekannte Melodien spielen. Vor der Bühne sind etwa fünfundzwanzig ellenlange Tische mit Holzbänken aufgestellt, wo jetzt schon gut hundert Leute sitzen. Die meisten Männer haben Cowboyhüte auf, und die Frauen tragen lange Röcke. Sie haben große Krüge mit schaumlosem Bier vor sich, Körbe mit Brot und Plastikteller, auf denen *spareribs*, *coleslaw* und *potatosalad* liegen. Im Abstand von jeweils zwei Meter ragen die stolzen Ikonen der amerikanischen Eßkultur auf: turmhohe Ketchup- und Senfspender.

Ischa und ich reihen uns in die Schlange derer ein, die noch mit Essen eingedeckt werden müssen. Daß es uns hierher verschlagen hat, auf ein Freigelände inmitten der Wälder von Durango, Colorado, wo wir an einem lauen, noch dämmrigen Abend im Midwest von Cowboys und Truthahnzüchtern umgeben sind, wo gestiefelte Männer mit Bärten auf der Geige fiedeln und die Leute um uns herum die Musiker mit fröhlichen Zurufen anspornen, versetzt uns in eine ausgelassene Stimmung.

Wir sehen uns in einem fort lachend an. Unser Glück amüsiert uns.

»Ich fühle mich dir schon so sehr verbunden«, sagt Ischa und schreit hinterdrein: »Und dabei will ich mich doch gar nicht binden!«

»Na, dann laß es doch einfach, Liebling«, sage ich und hak mich genüßlich bei ihm ein.

Gegen Mitternacht ist der Wald von einer hopsenden Menschenmenge bevölkert. Wir tanzen uns unseren Weg hinaus.

»Es ist grandios, von dir geliebt zu werden, ein richtiges Erlebnis«, sagt er auf dem Rückweg zu unserem Haus.

»Und ich brauche gar nichts dafür zu tun, nicht, Liebling?«

Nach einer Woche Durango verabschieden wir uns von unserem Nachbarn und dem Wirt unserer Stammkneipe und setzen unsere Reise fort. Wir bleiben noch zwei Tage in Colorado, in und um die Rocky Mountains, und fahren dann von Glenwood Springs nach Utah.

Ich bin noch nie vom Anblick der Natur überwältigt gewesen, aber hier in Utah erwischt es mich. Ich, die keine Gelegenheit ausläßt, die Schönheit der Natur als uninteressant, langweilig und viel zu eindeutig abzutun, als etwas, was keines Kommentars bedarf, weil die Natur in die Kategorie Schicksal gehört und demnach nichts anderes ist, als was sie ist, und, wie Gott selbst, auch nicht mehr sein kann, als was sie ist, ich kann hier, auf der 128 Richtung Moab, nachdem ich ein paarmal um Kurven gebogen bin, hinter denen immer bizarrere rostrote Berge auftauchen, einfach nicht mehr weiterfahren. Ich parke den Wagen am Straßenrand.

»Es ist, als wolle man mich verscheißern«, sage ich zu Ischa, um mein Schwindelgefühl zu erklären. »Das ist keine Natur, das ist ein Jux Gottes, das ist sein persönlicher Sandkasten, in dem er noch Tag für Tag spielt.«

Dieses ganze Utah macht mich fertig. Nachdem wir zwei Tage lang staunend in Gottes Sandkasten umhergefahren sind, quartieren wir uns in Salt Lake City in einem Luxushotel ein. Ich habe Ischa zufolge Fieber. Er nimmt immer sein Fieberthermometer mit auf Reisen. An manchen Tagen mißt er drei-, viermal seine Temperatur.

»Ich habe Fieber«, brüllt er dann. »Vierzig bis fünfundvierzig Fieber.«

»Du bist wirklich in jeder Hinsicht extrem«, sagt er, als er das Thermometer abliest.
Aber er ist es, der das Fieber bei mir entdeckt. Ich habe keine sonderlich feinen Antennen für meinen Körper, weit weniger feine als er, finde ich.
»Das kommt durch Tas«, sagt Ischa, »das macht die Analyse.«
Er wisse sehr wohl, warum ich in Utah krank würde, behauptet er. Das komme daher, daß Utah von einer Religion durchdrungen sei, die nichts mit dem zu tun habe, was ich unter Religion verstünde, und daß mich das verwirre.
»Der Gott der Mormonen ist nicht der Gott, der in deinem Sandkasten spielt«, sagt er. Und das bringe mich in Konflikt mit dem, was ich über Religion dächte, wie ich darin aufgewachsen sei. Für mich sei es etwas Sicheres und Gutes, und hier sei es etwas Bedrohliches und Unheimliches.
»Hab ich recht?«
Er hat recht.
»Na, als was würdest du mich jetzt bezeichnen? Ich dachte so an: ›brillant‹.«

Wir stromern zwei Tage durch Salt Lake City und Umgebung. Ischa kommt in Null Komma nichts mit jedem ins Gespräch.
»*Are you a mormon?*«

Er erfährt alles von ihnen, wie viele Frauen sie haben und ob die Frauen auch mehrere Männer haben dürfen, was sie überhaupt dürfen und was nicht, was sie wollen, erwarten, für was sie beten und was sie sich erflehen.

Offenbar hat er auch noch etwas anderes gefragt. Nach Besichtigung eines Tempels, in dem alle Namen der Welt verzeichnet sind und in dem mir ganz beklommen zumute wird, nimmt er mich an der Hand und steuert, nachdem er hier und da einen Passanten etwas gefragt hat, ein Lokal an, legt den Arm um mich und führt mich hinein. Ohne den Gästen an den Tischen die geringste Beachtung zu schenken, geht er an der Theke vorüber, zieht einen schweren Vorhang beiseite und schiebt mich in den Raum hinter dem offiziellen Teil des Lokals.

Stolzgeschwellt sieht er mich an.

»Daß ganz Utah auf dem trockenen sitzt, muß ja noch lange nicht heißen, daß es meiner Frau genauso ergeht«, sagt er.

Ich bin froh, daß er mittrinkt, daß er sich auch eine Bloody Mary bestellt. Er wolle das um keinen Preis missen, sagt er, diesen seligen Ausdruck in meinem Gesicht, wenn ich meinen ersten Schluck trinke.

»Es ist mein liebster Feind«, erwidere ich.

Wir haben schon viele Gespräche darüber geführt und uns auch darüber gestritten. Obwohl es mir schwerfällt, habe ich es mir angewöhnt, beim Essen nicht mehr als zwei Gläser Rotwein zu trinken, nicht, weil ich keine drei, vier oder auch zehn Gläser Zinfandel wollte, sondern weil ich Ischa nicht enttäuschen möchte.

»Du trinkst zuviel. Nach mir wird dir das nie mehr jemand sagen, Con«, hat er gesagt, und diese Bemerkung hat mich so bewegt, daß sie mir jedesmal durch den Sinn fährt, wenn ich drauf und dran bin, den Ober zu rufen und noch ein Glas zu bestellen. Ich kann mich nicht daran erinnern, daß ich es, seit ich erwachsen bin, je irgend jemandem gestattet hätte, sich in meine Angelegenheiten einzumischen, daß mir irgend jemand etwas hätte verbieten oder empfehlen können oder daß es überhaupt jemanden gegeben hätte, der mein Verhalten in irgendeiner Weise hätte korrigieren wollen.

Er dagegen ging in der Woche vor meinem ersten Bücherball mit mir zu Agnès B., lief zwei Minuten lang an den Kleiderständern entlang, nahm ein paar Kleider heraus und schickte mich damit in die Umkleidekabine. Am Abend zuvor hatte er nach einem Gespräch über Verlegenheit, Scham und das, was ich das körperliche Los nenne, gesagt: »Jetzt verstehe ich, wieso du in solchen verhüllenden Männerklamotten rumläufst, obwohl ich noch nicht erklären kann, wie es genau zusammenhängt.« Nach dem Kauf eines Kleides – und zur Kompensation dann doch wieder einer Lederjacke – sagte ich ihm, wie schön ich es fände, daß jemand sich um mich kümmere.

»Jetzt durchschaue ich, wie das alles zusammenhängt«, sagte Ischa hinterher, »du bist viel zu streng zu dir. Du hüllst dich in zu weite Mäntel, um deine Reize zu verbergen. Du gestehst dir nicht zu, eine schöne Frau zu sein, und das ist auch einer der Gründe dafür, daß du trinkst.«

»Einen schönen Körper zu haben ist kein Verdienst,

einen schönen Körper zu haben ist Massel«, hatte ich darauf entgegnet.

Er will und kann mir das Trinken nicht verbieten. Zu Hause in der Reestraat sorgt er dafür, daß immer ein paar Fläschchen Gulden-Draakjes-Bier im Kühlschrank stehen, und jetzt, hier in Utah, grast er ganz Salt Lake City ab, um für mich den geheimen Ort ausfindig zu machen, an dem ich meinen liebsten Feind treffen kann.

Bei unseren verbotenen Bloody Maries unterhalten wir uns darüber. Wir reden über diesen Zusammenhang zwischen Verbot und Heimlichkeit, über Alkohol und Sex und die Sucht, über Privatsphäre und Öffentlichkeit, persönlich und publik, Intimität und Publizität.

»Ich verstehe diesen hysterischen Hang zur Privathaltung nicht«, sagt Ischa. »Kann mir doch egal sein, daß ein Unbekannter erfährt, wieviel ich verdiene oder daß ich zu Huren gehe. Meiner Meinung nach ist dieser ganze Privatheitskult erst in den sechziger Jahren entstanden, wahrscheinlich weil man damals begann, Gefühle überzubewerten und als heilig zu erklären.«

»Und für ein Gefühl darf man nicht bezahlen.«

»Man darf keine geschäftliche Vereinbarung darüber abschließen, denn dann entweiht man das persönliche Empfinden.«

»Sex ist für dich kein Mittel, dich persönlich auszudrücken.«

»Nein«, sagt er, plötzlich verlegen. »Aber wie kommt das?«

»Da ist nichts mehr dazwischen«, antworte ich, »und

das behagt dir nicht, damit kannst du nichts sagen, was du sagenswert findest. Für dich ist das Wort Vehikel für die Liebe, nicht das Fleisch, das findest du im Grunde deines Herzens abscheuerregend und unappetitlich. Und obendrein kannst du persönliche Aufmerksamkeit kaum ertragen.«

Errötend erzähle ich ihm, daß ich in Amsterdam letzthin einmal durchs Amüsierviertel geradelt sei und mich nur schwer hätte beherrschen können, nicht allen Huren da in den Schaufenstern zuzuwinken.

»Wieso denn das nun wieder?« fragt er beinahe verzweifelt.

»Weil ich ihnen dankbar war, daß sie dir so viel Gutes getan haben.«

»Mein Gott, Connie!« jault er auf.

Aber ich weiß auch nicht mehr, wo ich hingucken soll.

Was für ein wundersamer Erdteil dieses Amerika doch ist. An den Staat der Verbote grenzt der Staat der Sinnenfreuden, der Sucht und der Maßlosigkeit. Auf der Landkarte liegt Nevada da wie ein weites, verlassenes, noch unerschlossenes Land, in dem sich nur drei Städte gebildet haben, und die am äußersten Rand. Direkt an der Grenze zu Utah, im Norden, liegt Elco; an der Grenze zu Kalifornien liegt Reno, und im äußersten Südzipfel, am Rande der Wüste und an der Grenze zu Arizona, liegt Las Vegas.

»Man könnte meinen, diese Städte hätten sich in den hintersten Winkel des Landes verkrochen, um sich zu verstecken«, sage ich zu Ischa, als ich mich über ihn beuge, um mit auf die Landkarte zu schauen.

»Sucht hat natürlich auch immer etwas mit Scham zu tun«, meint er und kann sich den bissigen, wenn auch nicht wirklich ernstgemeinten Zusatz nicht verkneifen, daß ich das *wohl* in meinem neuen Buch verwenden dürfe. Gestern hat er mich nämlich gefragt, ob er dieses »liebster Feind« für den *Dicken Mann* haben dürfe, und da habe ich erschrocken ausgerufen, daß er das natürlich nicht haben dürfe, komme gar nicht in die Tüte!

»So«, sagt er, als wir nach Nevada hineinfahren, »jetzt kannst du nach Herzenslust Feldforschung betreiben.«

Reno ist die erste Stadt, in der ich so etwas wie eine Gemeinschaft vermute. *The biggest little city in the world* steht auf einem Bogen über der Hauptstraße. Die Straße ist abgesperrt, da dort abends ein Konzert des Reno Symphonic Orchestra gegeben wird.

Am späten Nachmittag verlassen wir das Hotel und durchstreifen die Spiellokale. Den Lärm erkenne ich von Las Vegas wieder, aber den Rostgeruch von Münzgeld nehme ich zum erstenmal wahr. Die Spieler haben schwarze Fingerkuppen von den Münzen, und die Frauen, die hier arbeiten, tragen Handschuhe. Von einem Tisch an einer Bar aus beobachten wir die Spieler, und ich erzähle Ischa eine Geschichte von einem Mann aus Deutschland, einem Verlagsvertreter, der regelmäßig seine gesamte Habe beim Spiel verlor und es trotzdem nicht lassen konnte. Dieser Mann habe mir auch irgendwann einmal gesagt, daß es ihm nicht ums Gewinnen gehe.

»Man will eigentlich nur verlieren«, hatte er gesagt.

»Der Satz ist mir haftengeblieben«, sage ich zu Ischa,

»und das nicht nur, weil ich ihn unendlich traurig finde, sondern vor allem, weil ich weiß – ohne daß ich schon genau sagen könnte, inwiefern –, daß in diesem Satz etwas sehr Wahres in puncto Suchtverhalten steckt.«

»Selbstzerstörung«, sagt Ischa.

»Oder Selbstvergessenheit«, sage ich.

»Es hat mit Kontakt, mit Intimität zu tun.«

»Oder mit der Unfähigkeit dazu.«

Dann solle ich mir die Leute an den einarmigen Banditen mal genau anschauen, sagt Ischa, die würden allmählich mit dem Apparat identisch und begännen selbst einem einarmigen Banditen zu ähneln. Seine Bemerkung trifft mich wie ein Schlag, und ich fange vor lauter Aufregung an zu stottern, als ich entgegne, daß ich mir das noch nie bewußt gemacht hätte, jetzt aber plötzlich diesen Verlagsvertreter vor mir sähe oder eher spürte, wie der sich angewöhnt habe, seinem Gegenüber nur ja schnell die linke Hand hinzustrecken, wenn man sich miteinander bekannt mache, damit keiner in Verlegenheit gerate, wenn er nach seiner Rechten fassen wolle und feststellen müsse, daß die rechte Hand und der gesamte rechte Arm fehlten, daß dieser Mann aus Deutschland nur einen Arm habe.

Bis jetzt habe ich die Notizen für mein nächstes Buch unter dem Nenner »Hunger« gemacht, obwohl ich mir so gut wie sicher war, daß dies nicht der Titel des Buches sein würde.

»Ich hab den Titel für mein neues Buch«, sage ich aufgeregt zu Ischa. »Es wird *Die Freundschaft* heißen.«

»Hast du das auch ein bißchen mir zu verdanken?«

Ich erwürge ihn beinahe, so stürmisch falle ich ihm um

den Hals, als ich ihm sage, daß ich alles, was mir in meinem weiteren Leben noch widerfahren wird, auch stets ihm zu verdanken haben werde.

Nachdem wir drei Wochen durch Amerika gegondelt sind, sehne ich mich allmählich wieder nach ein paar unergründlichen Texten und metaphysischer Gewichtigkeit, nach etwas Europäischem, und es hat den Anschein, als könne dieses Reno es mir bieten. Männer, Frauen und Kinder kommen aus den Häusern geströmt und suchen sich einen Platz vor der Bühne in der Hauptstraße. Manche haben sich ihre eigenen Stühle mitgebracht und einen Picknickkorb mit Getränken und Sandwiches. Die Leute kennen und begrüßen einander, und ich stelle Ischa gegenüber fest, daß mir erst jetzt bewußt werde, wie selten wir das in den vergangenen Wochen gesehen hätten.

»Hyperindividualismus ist abstoßend«, erwidert er. »So etwas hier, das mag ich. Ich mag eigentlich keine progressiven Menschen. Ich mag Bürger, die die Gesetze respektieren. Progressive wollen die Gesetze verändern, Abtreibung womöglich noch nach der Geburt und so. Es ist wie bei der Mode. Überhaupt nicht mit der Mode zu gehen hat was total Verächtliches.«

Mit einem Applaus wird das Symphonieorchester begrüßt, das auf der Bühne Platz genommen hat, und der Applaus schwillt an, als der Dirigent nach vorn tritt und sich vor dem Publikum verbeugt.

»Das ist schön«, sagt Ischa grinsend, »Beethoven in Reno, Nevada.«

»Ja, das ist schön.«

»Connie? Ich fürchte, daß ich glücklich bin.«
»Auweia!«

Ich merke es gleich beim Aufwachen. Ich brauche nur den Arm um diesen schönen, kompakten Rumpf zu schlagen und spüre schon, wie der Körper mich abweist, wie verschlossen er ist.

»Bist du wieder mal zu glücklich gewesen, Is?«
»Wieso?« knurrt er.

Weil das jedesmal so ablaufe, erkläre ich ihm. Weil so viel Glück für ihn unerträglich sei, weil er sich anschließend bestrafe, indem er sich von mir entferne, denn ich sei schuld an seinem Glück, und an seinem Glück schuld zu sein bedeute, schuld zu sein an einem Moment, da er die Verzweiflung über die Abwesenheit seiner Eltern vergessen habe.

»Ich wurde heute morgen wach und dachte: Wenn ich Connie weiterhin so liebe, wie ich es jetzt tue, heißt das auch, daß ich zum erstenmal im Leben meine Mutter im Stich lasse, nein, schlimmer, verrate.«

Er sagt es so lieb, so ängstlich.

»Es bricht mir das Herz, wenn du so bist, Is«, sage ich.
»Ich habe Angst«, sagt er.
»Das solltest du dann am besten auch zeigen.«
»Aber davor hab ich ja gerade solche Angst.«

Wir planen eine gute Woche für Lake Tahoe ein. Die ersten drei Tage dieser Woche verbringen wir am Nordufer des Sees, in einer Holzhütte im Wald, ohne jeden Luxus. Nicht einmal einen Fernseher gibt es.

»Glaubst du, du hältst es ohne *soap* aus?« frage ich.

»Na klar«, sagt er, »ich brauch doch nur uns beide anzusehen, wir sind die reinste Soap, ›Adam und Eva im Paradies‹, vor dem Sündenfall wohlgemerkt.«

Von der Hütte aus sind es zehn Meter zum Seeufer. Dort steht ein klobiger Holztisch mit einer Bank. Ischa sitzt dort und liest, und ich liege dicht daneben auf dem Bauch in der Sonne, ebenfalls mit einem Buch.

»Für eine plötzlich auftretende Blindheit kann es zwei Auslöser geben«, sagt er, während er einen Blick auf meinen phosphoreszierend pinkfarbenen Bikini wirft, »das Licht am North Lake Tahoe und deinen Bikini.«

Es geht auf ein Uhr mittags zu, und ich bekomme Hunger. Im selben Moment, als ich von meinem Buch aufschaue, hebt auch Ischa den Kopf.

»Hüttenkäse«, sagen wir beide gleichzeitig und erschrecken. Dann verfallen wir in nervöses Gelächter.

»Das bedeutet, daß wir füreinander bestimmt sind«, sagt Ischa allen seinen Vorbehalten zum Trotz.

Drei Tage ohne Fernsehen sind für Ischa das höchste der Gefühle, und als wir weiterfahren, um die letzten vier Tage der Woche am South Lake Tahoe zu verbringen, wünscht er sich ein Superluxushotel mit möglichst gleich drei Fernsehgeräten.

»Das spendiere ich«, sagt er.

Wir finden, was wir suchen, ein Hotelzimmer im Parterre mit Terrasse und Blick auf den See und eine Landungsbrücke. Als ich meinen Koffer auspacke, stelle ich fest, daß ich das Oberteil meines Bikinis in der Hütte habe liegenlassen.

Die Umgebung von South Lake Tahoe kommt mir irgendwie bekannt vor, aber ich weiß nicht, woher. Es ist Ischa, der es herausfindet. Strahlend kommt er mit einem Prospekt hereinspaziert, den er in der Hotellobby aus einem Ständer genommen hat.

»Ich weiß es! *You're home, baby.*«

Die Vorderseite des Prospekts läßt mein Herz schneller schlagen. Da stehen sie, im Technicolor jener ersten Serien in Farbe, alle nebeneinander, in trauter Zusammengehörigkeit, lachend, glücklich, stolz und selbstbewußt, meine tollen *Bonanza-Boys*. Virginia City ist gar nicht weit von hier, und in Virginia City steht die Ponderosa-Ranch, und die Ponderosa-Ranch kann man besichtigen.

»Laß uns sofort hinfahren«, sage ich.

»*This is going to be a sentimental journey*«, stöhnt Ischa, und ich schmiege mich an ihn, schlage ein Bein um seine Hüfte, stecke den Daumen in den Mund und lege den Kopf an seine Brust. Darüber muß er auf diese süchtig machend verlegene Art und Weise lachen, und da weiß ich, daß ich diese Form der Umarmung für den Rest unseres Lebens beibehalten werde.

Allein schon der auf hölzerne Hinweisschilder gemalte Name der Ranch löst bei mir eine nahezu unerträgliche Mischung aus großer Aufregung und Wehmut aus. Ich bin ganz wild vor Nostalgie.

»Das kann ja noch heiter werden«, murmelt Ischa, als

wir den Wagen auf dem Parkplatz abstellen und den Hügel zur Ponderosa-Ranch hinaufsteigen. Es kann mir gar nicht schnell genug gehen, und ich bin versucht, mich dem Arm, den er um mich gelegt hat, zu entwinden und nach oben zu rennen.

»Beruhige dich, Connie.«

Und das tue ich dann auch.

Als ich schließlich direkt vor der Ranch stehe, bin ich enttäuscht, weil ich das Gebäude kaum wiedererkenne.

»Ich glaub, ich hab die falsche Kameraposition«, sage ich leicht panisch.

»Vielleicht hättest du es dir lieber nicht anschauen sollen«, entgegnet Ischa lieb. »Es ist zu wirklich. Du vermißt den Fernsehschirm und die Musik und die Untertitel und euer Wohnzimmer zu Hause und die sechziger Jahre und deine Brüder. Hier fehlt mehr als vorhanden ist.«

Ich finde es so nett von ihm, so etwas zu sagen, daß ich mich zum zweitenmal an diesem Tag einbeinig an ihn klammere und den Daumen in den Mund stecke, ohne mich um die Touristen zu scheren, die leicht verdutzte Mienen machen angesichts eines vor Lachen hicksenden Mannes, der eine am Daumen lutschende Frau im Arm hält. Noch bevor ich mich wieder von ihm losgeeist habe, höre ich plötzlich die Erkennungsmelodie von *Bonanza*, und da packe ich sofort seine Hand und ziehe ihn in die Richtung, aus der die Musik kommt. In einer Ecke der Scheune hängt ein Fernsehgerät, auf dem die Karte von Virginia City und Umgebung erscheint. Die Mitte der Karte beginnt zu sengen, und während die Flammen zum Bildschirmrand hinlecken, kommen meine Boys auf ihren

Pferden Flanke an Flanke herangaloppiert: Ben, Adam, Hoss und Little Joe. Derweil presse ich Ischas Hand viel zu fest.

»Ich könnte heulen, Is«, sage ich.

»Fällt dir nichts auf?« fragt er, nachdem wir einige Stunden auf dem Gelände umhergeschlendert sind und nun an einem Saloontisch ein Bier trinken. Mir fällt nie etwas auf, mich muß man auf alles erst mit der Nase stoßen.

»Wann ist dieser Michael Landon gestorben, vor zwei Wochen oder so? Hier wird sein Tod mit keinem Wort erwähnt.«

Das stimmt. Sogar die Fahnen flattern so jubelnd an der Spitze ihrer Stangen, daß es ein Skandal ist.

»Das ist das gnadenlose Gesetz der Fiktion«, glaube ich sagen zu müssen, »und zwar in der feigen, aber sehr amerikanischen Auslegung. *Little Joe lives forever.*«

Ein Star ist hier schon zu Lebzeiten heilig und daher unsterblich. Ruhm fasziniert mich, weil er meiner Meinung nach etwas mit den Gesetzen der Fiktion zu tun hat. Ruhm macht eine Person zu einer Figur im Leben anderer. Erst nachdem ich Ischa meine Examensarbeit in Philosophie habe lesen lassen, hat er aufgehört, bestimmte Themen ausschließlich für sich zu beanspruchen. Ich habe das gemacht, um ihm die Angst zu nehmen, ich könnte mich auf sein Terrain vorwagen, ich könnte Themen an mich reißen, die er als die seinen betrachtete, Themen, mit denen er sich schon jahrelang befaßt hatte: Gott, Religion, Ruhm, das Persönliche und das Öffentliche.

»Es ist noch viel schlimmer, als ich dachte«, sagte er, nachdem er die Arbeit gelesen hatte, »du bist mir nicht nur ähnlich, du befaßt dich auch noch mit denselben Themen. Wenn das nur gutgeht.«

Das abscheuliche Schicksal des alten Philosophen Sokrates bestürzte ihn.

»Es ist, als hättest du dein eigenes Schicksal vorhergesagt«, meinte er dazu, und daß es etwas Beklemmendes habe. Doch ich widersprach ihm und sagte, daß das Schreiben nicht Schicksal sei, sondern die persönliche Entscheidung für eine bestimmte Art zu leben. Er entgegnete, er finde es merkwürdig, aber irgendwie auch wieder typisch für mich, zuerst die Auswirkungen und Konsequenzen des Bekanntwerdens zu analysieren, bevor ich es dann selbst geworden sei. Ja, räumte ich ein, so etwas sei tatsächlich typisch für mich.

»Aber Ruhm ist doch keine Sache der persönlichen Entscheidung!« nimmt er an diesem Abend das Thema wieder auf. Wir sitzen auf unserer Terrasse und blicken über den Lake Tahoe. »Es ist dasselbe Prinzip wie beim Sündenbock: Du wirst zum Sündenbock gemacht, um in irgendeiner Weise für andere herzuhalten.«

Die Analyse seiner eigenen Rolle als Sündenbock der Familie, in der er aufwuchs, gehört auch zu den Passagen, die ich in *Brief an meine Mutter* immer wieder aufgeschlagen habe. Sie ist gut geschrieben und tut weh. Als ich, um zwei Studiengänge finanzieren zu können, in meiner Studienzeit Lektoratsarbeiten gemacht habe, habe ich auch einmal ein Buch redigiert, das vom Sündenbock handelte, doch was Ischa zu diesem Thema geschrieben hat, ist besser und schärfer formuliert.

Ich frage ihn, ob er sich noch daran erinnere, was er damals geschrieben habe, über sich als Sündenbock. Er wisse es nicht mehr so genau, sagt er, er habe das Buch wie im Rausch geschrieben, und manche Passagen seien für ihn immer noch unklar, wahr, aber unklar.

Ich versuche zu paraphrasieren, an was ich mich erinnere, daß er meiner Meinung nach in der Tat geschrieben hat, es sei keine Rolle gewesen, für die er sich aus freien Stücken entschieden habe, sondern sie sei ihm aufgedrängt worden, man habe ihm das wahrscheinlich angetan, damit die Ehe seiner Eltern intakt gehalten wurde und sein Bruder und seine Schwester vor dem Jähzorn und der Aggressivität seiner Eltern verschont blieben. Doch woran ich mich am besten erinnere, ist, daß er aufgrund dessen auch außergewöhnlicher gewesen sei als die beiden anderen und die meiste Aufmerksamkeit bekommen habe. Dazu falle mir jetzt plötzlich die Ansichtskarte ein, sage ich, die er mir letzthin zugesteckt habe. Vorne drauf sei eine Zeichnung gewesen und darunter der Text: »Dich gibt's nur einmal«, und er habe auf die Rückseite geschrieben: »Zum Glück!«

Ischa muß selbst wieder darüber lachen.

»Hat doch was Geistreiches, nicht?«

Nun habe ich den Faden verloren und weiß überhaupt nicht mehr, warum ich plötzlich diese Ansichtskarte erwähnt habe, aber Ischa hilft mir auf die Sprünge, indem er sagt, daß der einzige Trost für den Sündenbock natürlich seine Sonderstellung sei. Und da weiß ich es dann wieder.

»Man kann sich sehr wohl für Ruhm entscheiden«, sage

ich. »Man kann sich für eine Randexistenz, für eine Außenseiterposition entscheiden, und wenn man Ruhm anpeilt, peilt man die Sonderstellung an. Bekanntheit marginalisiert.«

»Aber das beruht doch nicht auf deiner persönlichen Entscheidung! Es ist doch wohl eher so, daß du eine Position verwirklichst, für die du längst prädisponiert warst.«

Möglich. So wie Körper und Geist kein voneinander unabhängiges Dasein führen, ist das auch bei Schicksal und persönlicher Entscheidung nicht der Fall. Man hat nicht die freie Wahl. Jede Entscheidung wird innerhalb einer Kette von Begebenheiten getroffen, die mit dem Beginn des nicht selbst gewählten Daseins eines Menschen in Gang gesetzt werden.

»Das beschäftigt mich nun Tag für Tag«, sage ich erschöpft, denn das Gespräch wühlt mich auf und bringt mir noch nicht die rechte Ruhe der Einsicht, die ich gern hätte.

»Was möchtest du denn genau wissen?« fragt Ischa.

»Warum ich zu der geworden bin, die ich bin.«

»Das ist eine gute Frage, Liebling«, sagt er freimütig und sanft.

Vor dem Einschlafen fragt er: »Connie? Wenn ich ›eins‹ sage, was sagst du dann?«

Ich sage nichts.

»›Korinther 13‹.«

So ganz allmählich betrachte ich die Welt auch schon mit einem Dicken-Mann-Blick. Jeden Tag veranlaßt mich irgend etwas zu dem Ausruf: »Dicker Mann!« So auch am

Abend des neunzehnten Juli, als Julio Iglesias im Circus Maximus, ›Caesars Palace‹, in Tahoe auftritt. Wir haben eine halbe Stunde angestanden, um Karten für den Auftritt dieses spanischen Widerlings zu ergattern, aber es ist das Vorprogramm, dessentwegen ich Ischa anstoße und ihm zuflüstere, daß das hier ja wohl ein *Dicker Mann* werden dürfte.

»Denke schon«, sagt Ischa.

Auf der Bühne steht ein Mann wie eine kleine Tonne, eine untersetzte und außerordentlich korpulente Ausgabe von Groucho Marx. Seine Aufgabe ist es, ein zweitausend Zuschauer umfassendes Publikum für Julio Iglesias anzuheizen.

»Sie haben jetzt lange genug auf die Attraktion dieses Abends gewartet, den Latin Lover mit den feuchten Lippen und dem schwülstigen Repertoire. *Well, here I am!*«

Darüber muß ich sehr lachen.

Aber damit hat es sich dann auch schon.

Der von Ischa später Der Beleibte Mann Auf Der Bühne getaufte Komiker steht dort im Scheinwerferkegel und reißt in drögem Ton die unsäglichsten Witzchen, über die das Publikum aber laut lachen muß. Und dennoch hat er, wie er so dasteht, für mich auch etwas Rührendes, und als Ischa mir seine geöffnete Hand auf den Oberschenkel legt, reagiere ich sofort und schmiege die meine hinein. Ich weiß nicht, ob er dasselbe sieht wie ich, ob auch er findet, daß dieser Mann ihm ähnelt. Manche Gefühle können nur durch andere geweckt werden, und ich glaube, daß Rührung eines davon ist. Ich glaube nicht, daß man sich selbst rühren kann. Der Mann auf der Bühne ist in einer Art und

Weise ergreifend, die mich an Ischa erinnert, wenn er im Eik en Linde am Mikrophon steht und sein Lied singt. Ausgelöst wird diese Rührung durch das Ergreifende an einem Körper, einer Haltung, einer Bewegung, jedenfalls durch etwas, das derjenige selbst nicht sehen kann, weil er in diesem Körperkorsett drinsteckt und es nicht von außen her betrachten kann. Daher ist es auch so sonderbar, was Film und Fernsehen mit einem machen. Sie heben einen aus dem Körpergefängnis heraus und statten einen mit dem Blick der anderen aus. Man sieht sich, wie man gesehen wird, und von da an macht man auch eine Figur aus sich. Man verinnerlicht den Blick anderer.

Muß ich nachher Ischa erzählen, denke ich, während ich das denke, und ich freue mich schon im voraus auf das, was er dazu sagen wird.

Neben mir bricht Ischa in Lachen aus. In knochentrockenem Ton hat der Komiker dem Publikum das Rezept seiner Abmagerungskur verraten: »Morgens vierzig Valiumtabletten schlucken, dann kommt einem das Essen von ganz allein wieder raus.« Damit ist sein Auftritt beendet, und wenige Minuten darauf wird Julio Iglesias mit stürmischem Beifall begrüßt.

»Der ist aber reichlich gestriegelt«, flüstert Ischa mir ins Ohr, »ein Mann wie aus der Tube.«

Nach dem Auftritt werden wir übereinstimmend feststellen, daß wir noch nie einen so konsequent falsch gepolten Menschen wie Julio Iglesias gesehen haben.

»I'm happy to be masculin«, zitiere ich ihn nachts am Lenkrad des Chevy, auf dem Rückweg ins Hotel, und versuche ihn dabei so gut wie möglich zu imitieren. *»I'm so*

happy to be masculin. You know why? I don't want to be sewed. The first words I learned in America were: I sew you.« Danach stecke ich einen Finger in den Mund.

»*Puke, puke. I was early. I was like a rabbit. Puke, puke.«*

»Er beschwört ein Bild von den Mittelmeerländern und Europa, das nichts mit Europa zu tun hat«, sagt Ischa.

»*Puke, puke«*, sage ich.

Mehrmals täglich reibt Ischa eine schmerzende Stelle auf meinem Rücken mit einer Fettcreme ein.

»Es sind lauter kleine Bläschen, und sie breiten sich immer weiter aus«, sagt er besorgt.

Die Schmerzen sind manchmal kaum noch auszuhalten, wie von einer Brandwunde, die tief unter der Haut weiterschwärt. Aber es ist nicht meine Art, über Schmerzen zu klagen, und daher tue ich es auch nicht.

Vor zweieinhalb Monaten haben wir San Francisco über dieselbe Brücke verlassen, über die wir nun wieder in die Stadt hineinfahren. Ischa lotst mich ohne Zögern in die 7th Street, wo wir uns in demselben Hotel einquartieren, in dem wir auch damals schon übernachtet haben. Wir freuen uns auf ein Wiedersehen mit Laszlo. Während der Fahrt kann ich mich gar nicht mit dem Rücken ins Polster zurücklehnen, weil die Stelle dort so sehr weh tut. Ischa sagt, er beginne sich ernstliche Sorgen zu machen, weil es einfach nicht weggehe. Wir rätseln, was es wohl sein könnte, und als er mir abends gegen elf den Rücken einreibt und sieht, daß sich die Stelle erneut stark ausgebreitet hat, befindet er plötzlich: »Wir gehen jetzt sofort zum Arzt.«

Da ich gesagt habe, daß es sich anfühle, als sei der Schmerz in mir drin und bahne sich dort seinen Weg, hat sich bei Ischa der Gedanke festgesetzt, ich hätte ein Ungeziefer unter der Haut, denn er kennt so eine Krankheit aus der Zeit, als er noch mit seiner Familie in Surinam lebte. Ich sträube mich. Wir könnten doch genausogut noch bis zum nächsten Morgen warten, ich hätte es doch nun schon so lange. Aber Ischa ist alarmiert und auch ein wenig verärgert, weil ich nicht über den Rücken geklagt habe und er erst auf der Fahrt nach San Francisco gesehen hat, welche Schmerzen ich haben muß.

Durch das schon dunkle Motel gehen wir zum Nachtportier. Er empfiehlt uns die Notaufnahme des St. Francis Memorial Hospital und ruft uns ein Taxi. Es ist bereits gegen Mitternacht, als wir im Krankenhaus ankommen. Hinter einer Glaswand sitzt eine Frau, die völlig ungerührt bleibt, als Ischa sagt, er wolle auf der Stelle einen Arzt sehen, und seelenruhig verlangt, erst einmal seine Kreditkarte zu sehen.

»But my wife is in pain.«

Ich werde nicht behandelt, ehe nicht eine Kopie seiner Kreditkarte gemacht worden ist und er einige Formulare ausgefüllt und verschiedenes unterschrieben hat. Danach gibt es noch Wirbel, weil ich will, daß er mit ins Behandlungszimmer kommt.

»I want my man to be with me.«

Schließlich und endlich darf er mit in den immer so angenehm schummrigen Behandlungsraum, wo zwei Ärzte nach kurzem Blick auf meinen Rücken konstatieren, daß ich *shingles* hätte, und dann fällt auch noch das Wort *chicken pox*. Sie fragen Ischa, ob er mit meiner Haut in Berührung gekommen sei, und er antwortet, daß er, *of course*, täglich Hautkontakt mit mir gehabt habe. Ob er als Kind gegen *chicken pox* geimpft worden sei?

»Nein«, sagt Ischa grimmig, »dieser Service wurde im Konzentrationslager nicht geboten.«

Ob er denn irgendwo am Körper die gleichen Symptome festgestellt habe wie auf dem Rücken seiner Frau? Wenn nicht, sei alles in Ordnung, dann habe er sich nicht angesteckt, denn sonst hätte er längst selbst die *shingles*.

Ich weiß immer noch nicht genau, was ich habe. Pocken?

»Wir schlagen es zu Hause nach«, versichern wir einander. In einer Nachtapotheke bekomme ich ein schweres Schmerzmittel, das sei das einzige, was sie für mich tun könnten, haben sie gesagt. Als wir wieder im Motel sind, schlägt Ischa als erstes das Wort *shingles* im *Oxford American Dictionary* nach.

»*A painful disease caused by the chicken pox virus, with blisters forming along the path of a nerve or nerves*«, liest er vor. An der Art und Weise, wie er vorliest und das Wörterbuch festhält, kann ich ersehen, daß das Wort *painful* ihn wieder in Harnisch bringt, wenn er es auch nicht nett von sich findet, daß er mir böse ist, wo ich doch Schmerzen habe. Verbissen blättert er zurück, sucht *chicken pox* und liest gemessen vor, daß das eine Krankheit sei, die vor allem bei Kindern vorkomme und bei der rote Flecken auf der Haut aufträten.

»Verdammt, da kriegst du doch ...«, sagt er.

»Die Pocken«, ergänze ich.

»Machst du das bitte nie wieder? Sagst du mir bitte von jetzt an sofort, wenn dir irgend etwas weh tut?«

Ich verspreche es.

Weil ich Schmerzmittel nehme, kann ich nicht Auto fahren, und so bleiben wir einen Tag länger in San Francisco als beabsichtigt. Wir statten Laszlo unsere Besuche ab, essen noch einmal in Sam's Grill und leisten uns am Mittag unseres letzten Tages in San Francisco dank einer verlokkenden Beschreibung im *Zagat* einen kulinarischen Fehltritt im ›House of Nanking‹.

Das House of Nanking ist eine Art Imbiß mit fünf oder sechs Resopaltischen und offener Küche, in der große Woks auf dem Feuer stehen und in einem fort zischende Geräusche und das Scharren von Pfannenwendern auf Gußeisen zu hören sind. Wir nehmen leicht verdattert an einem der Tische Platz. Außer uns sind nur Chinesen in dem Lokal.

»Bringen Sie uns einfach mal irgend etwas«, sagt Ischa zu dem jungen Chinesen, der uns bedient. Kurz darauf steht der Tisch voller kleiner Schüsselchen mit verschiedenen Fleisch- und Gemüsegerichten. In deren Mitte prangt ein Teller mit ganzen Eissalatblättern, die wie grüne Schalen ineinandergestapelt sind. Das einzige vorhandene Besteck sind die Schöpflöffel, die bei den Schüsseln liegen. Völlig ahnungslos schöpfen wir uns von jedem Gericht ein Häuflein auf den Teller und benutzen die Schöpflöffel dann zum Essen. Da erscheint plötzlich ein laut zeternder dürrer alter Chinese an unserem Tisch.

»*No, no, no! Wrong, wrong!*« Er postiert sich neben Ischa, reißt ihm fast den Löffel aus der Hand und nimmt, während er auf chinesisch Verwünschungen murmelt, demonstrativ ein Blatt Eissalat von dem Teller, schöpft ein Gemisch von Gerichten darauf und reicht das gefüllte Salatblatt dann Ischa. So macht man es also. Ischa sieht aus wie ein kleiner Junge, beschämt und schafsköpfig grinsend. Wir sind eigentlich schon satt, trauen uns aber auch nicht, unsere schulkindhafte Nervosität einfach wegzulachen. Ich sitze mit dem Rücken zu der offenen Küche und kann nur hören, was sich dort abspielt. Während wir in unser gefülltes Salatblatt beißen, beschreibt Ischa, wie der alte Mann den jungen Kellner mit chinesischem Wortschwall andonnert. Erst drei Wochen später bekomme ich dann in einem *Dicken Mann* zu lesen, was dort gesagt wurde.

»*Was bist du nur für ein elender Nichtsnutz*«, schrie *Der Alte Chinese in dem sonst so geistreichen städtischen Jargon, den man in Peking-Mitte spricht.* »*Daß dieses fette Bleichgesicht da nicht weiß, wie man anständig ißt, mag ja noch angehen. Aber daß du nicht eingreifst, wenn er unsere Speisen verhunzt! Was bist du doch für ein mißratenes, ganz und gar unnützes Subjekt!*«

Zu seiner Bestürzung verstand Der Dicke Mann jede einzelne Silbe, die Der Alte Chinese ausstieß, und er sandte dem Zutiefst Unglücklichen Jungen Mann Aus Shanghai-Süd ein hilfloses Lächeln.

Kurz vor unserer Abreise nach Amerika hat Ischa einen alten Traum wahr gemacht: Er hat mit dem Chefredakteur von *Het Parool* einen Vertrag über eine tägliche *Dicker-Mann*-Kolumne in der Zeitung abgeschlossen. Von Montag, dem 5. August, an wird Ischa sechs Tage die Woche jeden Morgen einen *Dicken Mann* an *Het Parool* faxen. Damit Ischa auch in Amerika arbeiten kann, denn wir werden erst am zehnten August wieder in Amsterdam sein, haben wir beschlossen, die letzten zwölf Tage in Los Angeles zu verbringen. Über Big Sur und Santa Barbara treffen wir dort an einem Sonntagnachmittag ein und finden nahe am Strand von Marina del Rey ein Hotel, das uns gefällt und wo wir ein Zimmer bekommen, in dem Ischa schreiben kann. Er wird zwar erst in gut einer Woche täglich schreiben müssen, aber schon jetzt ist er gelegentlich auf eine Art in sich versunken und zugleich nervös, die ich noch nicht an ihm kenne. Als ich ihn frage, ob ihn die Aussicht auf eine tägliche Kolumne nervös mache, tut er so, als wenn nichts wäre. Dabei brauche ich mich nur mal im Bett auf die andere Seite zu drehen, und er fragt schon, was los ist.

»Wenn du nicht nervös bist, warum bist du dann auf einmal so unsicher im Hinblick auf mein Verhalten?« frage ich, nachdem er zum x-ten Mal in den letzten Tagen nachgefragt hat, was ich denn hätte.

»Unsicher, unsicher. Ich? Hast du die Felsen da draußen an der Küste gesehen? Verglichen mit mir sind *die* unsicher. Die werden eines Tages noch zu mir kommen und fragen, was sie tun sollen. Unsicher, daß ich nicht lache.«

»*Go fuck yourself, Ischa Meijer!*« sage ich.

»Wieso?« tut er nun ganz erstaunt.

›Reuben's‹ ist unsere Lieblingskaufhauskette, und eines ist ganz in der Nähe unseres Hotels. Ischa paßt inzwischen mühelos in seine kurze Hose, und er möchte endlich wissen, wieviel er denn nun abgenommen hat. Bei Reuben's steht im Eingangsbereich eine Waage, und seit Ischa die entdeckt hat, schauen wir täglich kurz dort rein. Es dauert eine Weile, bevor wir den Schlüssel gefunden haben, nach dem wir die Pounds in Kilo umrechnen können. Wir tun das, indem wir zunächst mich wiegen und dann davon ausgehen, daß die 110 Pounds etwas weniger als 50 Kilo sind. Ischa hat mehr als sieben Kilo abgenommen.

»Weil ich glücklich bin«, sagt er.

»Weil du dir keine Gewalt antust«, sage ich.

Er fragt, was ich damit meinte, und ich erwidere, daß er in Amerika, wo wir vierundzwanzig Stunden am Tag zusammen seien, keine Geheimnisse habe, wegen nichts zu lügen brauche und für eine Weile vom Blick anderer befreit sei. Da könne er tausendmal behaupten, es falle ihm in Amsterdam nie auf, daß sich die Leute auf der Straße anstießen, seinen Namen flüsterten, ihn wiedererkannten, ich würde ihm tausendmal nicht glauben. Nicht, weil es eine Lüge sei, sondern weil er nicht mehr wisse, daß er es wisse.

Für mich ist dieses Phänomen neu, und ich weiß, daß die Möglichkeit, erkannt zu werden, etwas mit einem macht. Ich erzähle ihm, was ich während des Auftritts von Julio Iglesias gedacht habe, über den Blick anderer, den man verinnerlicht, obwohl er nach außen gehört.

»Das ist die Struktur der Scham«, sagt Ischa. »Sich selbst mit den Augen anderer zu sehen.«

»Das ist es gar nicht mal so sehr«, entgegne ich. »Ich sehe mich nicht mit den Augen anderer, aber ich weiß, was andere sehen.«

»Bekannt werden wollen heißt erkannt werden wollen«, sagt er aphoristisch.

»Oder anerkannt«, entgegne ich und ergänze, der größte Vorteil der Offenlegung der eigenen Träume beziehungsweise Talente liege darin, daß man aufhöre, ein nur eingebildetes Wesen zu sein, daß man Schluß mache mit seinen Hirngespinsten, seinen Kees-de-jongen-Phantasien. Man verwirkliche sich.

»*Kees de jongen* ist das schönste Buch, das ich kenne.«

»Ich hab es nie gelesen.«

»Aber woher willst du dann wissen, was Kees-de-jongen-Phantasien sind?«

»Fiktion ist allgegenwärtig«, sage ich. »*Romeo und Julia* habe ich auch nie gelesen, deswegen ist mir die Geschichte aber dennoch nicht unbekannt.«

Wir versuchen LA zu mögen, aber es gelingt uns nicht. Am Strand ist es angenehm, doch die Stadt gefällt weder Ischa noch mir.

»Ach, wären wir doch am Fluß der Verlorenen Seelen«, habe ich schon ein paarmal geseufzt.

Zweimal machen wir einen Abstecher nach Hollywood, nehmen bei Columbia Pictures an einer Führung teil, wohnen einer Aufnahme von *Perfect Strangers* bei, bummeln über die Avenue of the Stars, besuchen Beverly Hills und gehen auf dem Rodeo Drive einkaufen, machen lange Spaziergänge nach Venice, fahren täglich kurz zum Farmers' Market und verstehen nach einer Woche immer noch nichts von dieser Stadt.

Am Montag, dem 5. August, feiern wir, daß Ischa nun täglich einen *Dicken Mann* hat und wir einander schon ein halbes Jahr täglich haben.

»Es ist, als hätte es dich schon immer gegeben«, sagt Ischa.

Wir können beide nicht begreifen, wie uns das unterlaufen konnte. Sogar Ischa, der immer und überall eine Stunde früher dran ist als vereinbart und mit dem ich jetzt schon zweimal zwei Stunden in Schiphol habe totschlagen müssen, weil er immer fürchtet, das Flugzeug zu verpassen, hat sich in der Abflugzeit vertan. Wir sitzen um acht Uhr morgens noch in aller Gemütsruhe im Innenhof des Hotels und essen *muffins*, als uns schlagartig bewußt wird, daß wir viel zuwenig Zeit eingeplant haben, um in der morgendlichen Rush-hour zum LA Airport zu fahren, den Wagen bei Alamo abzuliefern und das Flugzeug nach Amsterdam zu bekommen. Es geht um halb zehn.

Von da an rennen wir nur noch. Wir raffen in aller Eile die noch nicht gepackten Sachen zusammen, stopfen sie in unsere Koffer, werfen unsere Büchertaschen mit einer Rücksichtslosigkeit in den Kofferraum des Chevy, die keinem von uns beiden ähnlich sieht, und dann jage ich den Wagen mit hundert Meilen die Stunde durch die Straßen von Los Angeles. Wir folgen der Wegbeschreibung des Hotelbesitzers und verfahren uns. Ischa ist wütend, aber immer noch vernünftig genug, diese Wut nicht an mir auszulassen. Dafür muß statt dessen der gute Mann herhalten, dieser blöde Heini, der zu beschränkt gewesen sei, uns klar und deutlich zu erklären, wie wir zu fahren hätten, und dessen Schuld es sei, daß wir uns jetzt verfahren hätten und das Flugzeug verpassen würden.

»Halt an!« schreit Ischa.

Ich bin auch wütend und nervös und bremse mit quietschenden Reifen.

»Kamikazetucke!« blafft Ischa, reißt die Beifahrertür auf und rast in die nächstgelegene Kneipe.

Wir müssen genau in die entgegengesetzte Richtung. Auf der gegenüberliegenden Straßenhälfte herrscht wesentlich dichterer Verkehr, und nur im Schrittempo gelingt es mir, mich dort einzufädeln. Der LA Airport ist in unmittelbarer Nähe, wie sich dann herausstellt, doch unsere Anspannung löst sich erst, als das Flugzeug mit uns abgehoben hat und wir unsere Zeigefinger ineinanderhaken.

Fürs erste habe er jetzt mal genug von Amerika, hat Ischa gesagt. Ich habe zwar noch lange nicht genug davon, lasse ihn aber. Los Angeles war ihm – genau wie mir – ein Graus, und *Der Dicke Mann* hat ihn zu lange an diese Stadt gefesselt.

Tagsüber streunt er durch Amsterdam. Manchmal ruft er mehrere Stunden lang nicht an. Ich drehe schier durch vor Beunruhigung und Unglück, aber ich rede ihm nicht rein, und abends, wenn er nach Hause kommt, bin ich da und lasse mir nichts anmerken. Seinem Gesichtsausdruck kann ich entnehmen, daß er sich schuldig fühlt, aber was hab ich davon? Nach einer Woche sage ich ihm das, daß ich keine Ahnung hätte, was er tagsüber ausfresse, und es auch nicht unbedingt zu wissen bräuchte, daß ich aber nichts davon hätte, wenn er sich wegen irgendwas auch nur im geringsten schuldig fühle.

»Daß es weh tut, hier«, sage ich und zeige auf mein Herz, »bedeutet nicht, daß du mir mit Absicht dort hineingestochen hast.« Daß ich mich ins Unvermeidliche schickte, füge ich hinzu, Schuldgefühle jedoch ein Schutzschild seien, gegen den ich nicht anlaufen wolle.

Eine Woche lang hat sich *Der Dicke Mann* noch in Amerika abgespielt. Am frühen Morgen genieße ich das Wiedersehen mit dem Nachbarn aus Durango und mit dem Schwarzen im Waschsalon in Los Angeles, esse ich wieder im House of Nanking, ärgere mich über eine unheimlich dicke Frau in einem Coffeeshop in Santa Barbara und bekomme endlich zu hören, welches Gespräch sie mit ihrer ebenfalls sehr dicken Tochter führte, gehe neben Ischa durch einen Minimarket und sehe den Komiker das Publikum für Julio Iglesias anheizen, wohne der Aufnahme von *Perfect Strangers* bei und erinnere mich erst da wieder an diesen eigenartigen Typ, der uns als Zuschauer präparieren mußte, *The Perfect Public* zu sein.

»Ich würde vieles vergessen, wenn ich den *Dicken Mann* nicht hätte«, habe ich zu ihm gesagt.

Bis spät in die Nacht hat er Musik für mich aufgelegt, Charles Trenet und Leo Ferré, und als um halb sieben am nächsten Morgen der Wecker klingelt, sagt er, ich solle ruhig liegenbleiben, ich bräuchte noch Schlaf. Als ich einige Stunden später wach werde, steht er am Bett und sieht mich ganz lieb an.

»Hier, mein Artikel und Kaffee.«

Ich bin es gewohnt, den *Dicken Mann* zu lesen, während er mich beobachtet und von meinem Gesicht abzulesen versucht, was ich davon halte, aber diesmal verläßt er das Schlafzimmer.

Es ist ein Brief, denke ich.

Der Dicke Mann trifft den Leicht Zynischen Freund, der seiner Freundin gebeichtet hat, daß er fremdgegangen ist.

»*Oje*«, *sagte der Der Dicke Mann.*

»*Hast du das schon mal gemacht? So etwas einer Freundin oder Ehefrau erzählt?*« *fragte Der Leicht Zynische Freund.*

»*Ich habe in meinem ganzen Leben noch nie irgendwem auch nur den kleinsten Fehltritt verraten*«, *flüsterte Der Dicke Mann ziemlich mißmutig.*

Schuldgefühl
ist durch die Bank
nichts anderes
als
Schiß,
dichtete er.

Noch bevor ich die Kolumne ganz gelesen habe, steckt er den Kopf zur Schlafzimmertür herein.

»Gefetzt?«

»Du willst ja nur wissen, ob ich weine, aber ich weine nicht, du Schisser«, sage ich, während mir die Tränen über die Wangen kullern, »es ist nur der Wind.«

Er macht einen so ungestümen Hechtsprung zu mir aufs Bett, daß es bedenklich ächzt.

An diesem Tag ruft er wie eh und je wieder alle halbe Stunde an.

»Vorhin, als ich über die Brücke lief, habe ich plötzlich an etwas denken müssen. Nicht lachen, es ist ganz ernst, und ich kann es dir nur durchs Telefon sagen. Ich dachte: Angenommen, es ist wirklich wahr. Nein, ich muß mich richtig ausdrücken. Angenommen, sie meint, was sie schreibt, und ist wirklich auf der Suche nach Glück, dachte ich. Und ich wußte, daß du es bist, und das machte mich sehr glücklich.«

Wir schreiben beide einen Artikel über unseren zweimonatigen USA-Aufenthalt für *Esquire*. Seine Schilderung Amerikas ist die Schilderung eines Übergangs, von der Tour eines Mannes, der allein reiste, zur Tour eines Mannes, der mit einem anderen zusammen reist. Es ist die Tour der Entmystifizierung eines Kindheitstraums, auf der eine Wirklichkeit gesucht und eine Illusion gefunden wird.
Amerika war, ist und wird immer eines sein: eine fixe Idee. Filmstarbildchen zu Maple-Leaf-Kaugummi.
»Ich wußte gar nicht, daß Amerika dich so enttäuscht hat«, sage ich, als ich das gelesen habe.
»Ich traue mich zum erstenmal im Leben, mir diese Enttäuschung zu gestatten«, sagt er. »Das zeugt von einem gewissen Sicherheitsempfinden, hat Tas gesagt.«

Ischa ist auswärts. Heute morgen ist er mit seinem Köfferchen und seinem Kassettenrecorder nach Leiden gefahren, um einen Sinologen über seine Übersetzung chinesischer

Poesie zu interviewen. Ich mache meinen täglichen Gang durch die Rozengracht zur Allard Piersonstraat und in die Unruhe des Ohne-Ischa-Seins.

Auf dem Wohnzimmerfußboden in der Reestraat türmten sich die Bücher schon derartig hoch, daß Ischa einen Tischler beauftragt hat, den drei bereits vorhandenen Bücherregalen heute, während seiner Abwesenheit, ein neues hinzuzufügen. Ohne mich zu fragen, was mit den Schlüsseln ist, habe ich den Tischler morgens hereingelassen und bin gegangen. Nachmittags klingelt dann irgendwann das Telefon. Der Tischler ist in der Reestraat eingesperrt. Er habe nur meinen Vornamen gewußt und meine Nummer daher nicht im Telefonbuch aufsuchen können. Dann sei sein Blick auf *Der Dicke Mann* gefallen, der oben auf dem Stapel vollgetippter Blätter gelegen habe.

Meine Damen
nicht qualmen
werden Sie
einfach
genau
wie
Connie Palmen,
dichtete er inniglich,
las der Tischler, und da wußte er es.

Das Foto ist groß und wie ein Poster aufgerollt. Es ist in Schwarzweiß und zeigt eine zwanzigköpfige Familie. Eine der Frauen muß Ischas Schwester sein. Ich sehe sie mir alle genau an, kann aber keine von ihnen als seine Schwester ausmachen.

Fons gibt mir das Foto und sagt, ich könne es behalten, er habe ohnehin keine Verwendung mehr dafür. Vielleicht liege Ischa ja etwas daran, meint er.

Fons ist einer meiner alten Freunde. Während meines Studiums habe ich nicht nur Bücher redigiert, sondern ich bin auch putzen gegangen, war Sekretärin in einem Reisebüro, habe in Restaurants gekellnert und in Galerien gearbeitet, in einer für Kunstbücher und in einer für moderne Bildhauerei – der von Fons. Für ihn machte ich einmal im Monat einen Atelierbesuch und schrieb die Presseberichte für die jeweils anstehende Ausstellung.

Fons heißt Welters, aber seine Mutter ist eine Chorus. Er wisse, daß einer seiner Cousins mit Ischas Schwester verheiratet sei, sagt er, habe aber keinen Kontakt mehr zu diesem Cousin. Er habe ihn als sympathischen Menschen in Erinnerung, der aber irgendwie nicht so ganz einwandfrei sei. Er habe ihn irgendwann mal in einer Talkshow im Fernsehen ziemlich rechte Ansichten verkünden hören und sich stellvertretend für ihn deswegen geschämt.

»Noch nach dem Krieg die falsche Gesinnung«, sagt Ischa, als ich ihm von der Familie Chorus erzähle. Der Vater des Mannes seiner Schwester habe nach 1945 ein nationalistisches psychologisches Porträt von uns Niederländern veröffentlicht, aber er habe diesen Mann seiner Schwester nie kennengelernt.

Ischa erkennt sie auf dem Foto auch nicht sofort.

»Ich glaube, die müßte es sein«, sagt er schließlich und zeigt auf eine dunkelhaarige dicke kleine Frau. »Sie ähnelt meiner Mutter, nur ist sie wesentlich häßlicher.«

Es sei ganz einfach, über Fons an die Adresse seiner

Schwester zu kommen, sage ich, und daß ich, wenn er es auch möchte, versuchen könne, den Kontakt zwischen ihnen beiden wiederherzustellen.

»Sie ist doch deine kleine Schwester«, sage ich, und daß Familie zu haben so wieder ein wenig realer werde.

»Sie will mich ja doch nicht sehen«, entgegnet er, »sie haßt mich.« Ich könne es von ihm aus ruhig versuchen, gesteht er mir dann zu, aber er wolle mit der Kontaktaufnahme nichts zu tun haben. Der Gedanke, sie womöglich wiederzusehen, freut und schreckt ihn.

Ende August schreibe ich einen Brief an Mevrouw Chorus-Meijer. Sie antwortet zurückhaltend, aber wohlwollend, ohne sich gleich vor Begeisterung zu überschlagen, und nachdem ich mit ihr telefoniert habe, fahre ich Ischa an einem schönen herbstlichen Oktobermorgen nach Mechelen in Belgien zu seiner Schwester, ihrem Mann Rogier und ihren drei Kindern. Wir gehen es behutsam an, werden zunächst mal nur Kaffee bei ihnen trinken. Die kleinen Muskeln an Ischas rechtem Auge zucken schon den ganzen Vormittag.

Die Tür des Hauses in Mechelen wird von einem großen schlanken Mann mit freundlichen Augen und gepflegtem Äußeren geöffnet. Hinter ihm taucht eine kleine Frau mit sehr breiten Hüften auf, die gegen diesen Mann schlampig und vernachlässigt aussieht. Wir sind alle ein bißchen nervös, doch die einzige, die das nicht wahrhaben will, ist Ischas Schwester. Ihr Gesicht bekommt dadurch etwas Grimmiges, Hartes und Abweisendes. Und das verliert sich auch in den folgenden Stunden nicht.

Kaffee, Katholizismus, selbstgebackener Apfelkuchen, Kinder und Ehemann, das steht im Mittelpunkt. Für Mirjam ist das Judentum passé, sie hat sich katholisch taufen lassen. Sie redet in einem fort. Es ist ein Exposé ihres Glücks, ihrer Normalität, ihres katholischen Familienlebens, das geradewegs dem Kirchenblatt der fünfziger Jahre entnommen sein könnte und das sogar ich in dieser Form Gott sei Dank nie mitgemacht habe. Sie spielt eine Bilderbuchfamilie aus einer vergilbten Zeitschrift. Sie spielt Vergebungsbereitschaft, Gesundheit, Sachlichkeit, Barmherzigkeit, Glauben, Hoffnung und Liebe. Ich habe noch nie so viel Unechtheit gesehen und kann sie nur immerzu konsterniert anstarren. Ich bin derartig von ihr fasziniert, daß ich mich nicht einmal frage, ob ich sie sympathisch finde oder nicht.

»Hätte nur noch gefehlt, daß wir Gott für den Apfelkuchen hätten danken müssen«, werde ich später zu Ischa sagen, um zu versuchen, ihn ein wenig aufzumuntern.

Ischa sitzt ganz bedeppert neben mir auf dem Sofa. Kein einziges Mal ergreift er die Gelegenheit, ihren Wortschwall zu unterbrechen. Ich habe ihn noch nie so schweigsam erlebt.

Er hat Angst vor ihr, fährt es mir durch den Sinn.

Mirjam erzählt, wie sie vor Jahren, nach der Geburt ihres ersten Kindes, noch einmal einen Versuch unternommen hat, mit diesem Vater und dieser Mutter in Kontakt zu kommen. Mit ihrem Kind im Arm sei sie zum Elternhaus in Heemstede gegangen. Ihr Vater habe das kleine Fenster in der Haustür geöffnet, sie angesehen, sie gefragt, wer sie sei, und das Fensterchen daraufhin wieder geschlossen.

»Nicht, Rog?« sagt sie nach jedem dritten Satz und sieht ihren Mann dabei mit einem Blick wie aus einem schlechten Film an.

Von ihrem Vater redet sie konsequent als »der Mann, der sich mein Vater nennt«, was ihre Mutter betrifft, ist sie milder. Sie tue ihr leid. Ihre Mutter sei eine bedauernswerte Frau, sie sei durch den schlechten Charakter des Vaters verdorben worden. Kaum hat sie jedoch gesagt, daß ihre Mutter im Grunde ein guter Mensch sei, da läßt sie eine scheußliche Kindheitserinnerung folgen, die Erinnerung an einen Winter und die kalten Füße, die sie damals gehabt habe, weil ihre Mutter die Kinder nicht vernünftig angezogen habe. Mirjam hatte einen Herzenswunsch, gefütterte Stiefel, wie sie sie bei den anderen Kindern in der Schule gesehen hatte. Die Mutter war auch mit ihr einkaufen gegangen, aber sie hatte die Stiefel nicht bekommen. Als Mirjam am nächsten Tag aus der Schule gekommen war, hatte ihre Mutter lachend auf ihre eigenen Füße gezeigt. »Schau mal«, hatte sie gesagt. Und sie hatte genau die gefütterten Stiefel angehabt, die Mirjam sich so sehr gewünscht hatte. Vor allem dieses gemeine Lachen werde sie nie vergessen, erzählt Mirjam emotionslos und fügt hinzu, daß die Mutter ansonsten ein guter Mensch sei, daß sie Mitleid mit ihr habe und ihr verziehen habe.

Gegen Ende unseres Besuchs muß das Haus besichtigt werden. Ischa läßt sich von Rogier herumführen, und ich bin erstmals mit Mirjam allein. Sie sagt, sie gönne es Ischa von Herzen, daß er nun endlich glücklich sei, denn das sehe sie. Es freue sie, daß er nun im Leben bekomme, was sie schon seit Jahren habe, Geborgenheit, Sicherheit, Vertrauen und Wärme. Sie habe ihn noch nie so gesehen, sagt sie, so liebevoll und weich.

Beim Abschied sagt Ischa, er wolle die ganze Familie gern einmal einladen, zu einem Mittag- oder Abendessen, was sie möchten.

»Tschüs, Onkel Ischa«, rufen die Kinder, als wir durch den Vorgarten zum Auto laufen.

Wir fahren zum Marktplatz von Mechelen. Wir brauchen erst mal eine kleine Erholung. In der Kneipe von Raymond Ceulemans setzen wir uns einander gegenüber an einen schmalen Tisch.

»Das war doch das schönste mißglückte Gespräch, das man nur haben kann«, setzt Ischa an und bricht dann mit einem Ausdruck im Gesicht, der auf den ersten Blick wie ein Lachen aussieht, in Tränen aus. Er wollte etwas über Tas sagen, konnte seinen Satz aber nicht mehr zu Ende bringen. Ich stehe auf, gehe zu ihm und nehme ihn in die Arme. Er klammert sich an mich und setzt immer wieder zum Weitersprechen an, um diesen Weinkrampf zu stoppen, aber es gelingt ihm nicht. Es dauert eine ganze Weile, bis er sich beruhigt. Als ich dann sein Gesicht in die Hände nehme und ihn anschaue, sehe ich, daß er Angst hat.

»Wo bin ich?« ulkt er, aber lachen können wir beide nicht darüber.

Ich setze mich wieder ihm gegenüber.

»Was für eine Pleite«, sagt er. Er muß tief durchatmen, um sprechen zu können. »Sie weiß nichts über sich«, sagt er und faßt meine beiden Hände. Er drückt sie fester, als ich es von ihm gewohnt bin, und das, was er jetzt sagen will, bekommt er nur halb weinend heraus.

»Du kannst über den alten Tas sagen, was du willst«, beginnt er, doch wieder bringt er den Satz nicht zu Ende.

»Ich fürchte mich natürlich davor, daß er sterben könnte«, sagt er, »oder abbaut. Davor fürchtet er sich selbst auch. Deshalb sagt er, daß die Methode das Entscheidende sei. Meine Analyse ist doch der Triumph der Methode. Mirjam hat nichts daraus gemacht, nichts aus diesen Eltern und nichts aus ihrem Verstand. Ich dachte immer, ich sei das Dummerchen in der Familie, und hab zu ihr aufgeschaut. Zwei abgeschlossene Studien, eine brillante Karriere in Aussicht, von ihren Professoren bewundert – aber sie ist eine unglaublich dumme Frau. Was für ein Gegacker! Was für ein stockdummes, oberflächliches, unanalytisches Gegacker! Sie hat keinerlei innere Einsicht. Und als ich da so saß, hab ich einen Moment lang gedacht, daß ich es dann doch besser gemacht habe. Dank Tas. Und daß ich, wenn ich Tas nicht gehabt hätte, auch so geworden wäre wie sie.«

Kaum hat er Tas' Namen erwähnt, da muß er wieder schlucken. Ich sehe ihn lächelnd an. Ich finde ihn so rührend und liebe ihn so sehr. Dies ist kein Weinkrampf, der mir das Herz bricht, denn ich sehe, daß er bei allem Schmerz doch auch schön alt ist und schon lange festgesessen hat.

»Wie kann es nur angehen, daß ich die ganzen Jahre so zu ihr aufgeschaut habe und zu ihrem wissenschaftlichen Studium, daß sie sich konzentrieren und studieren konnte und ich nicht? Aber sie hat diese Wissenschaft dazu benutzt, alles unter den Teppich zu kehren, anstatt etwas aufzudecken und über sich selbst zu erfahren. Tas ist meine Universität gewesen. Ich habe mein Leben oder meine Ratio doch dazu benutzt, meine Persönlichkeit zu entfalten, nicht?«

»Ja, das hast du.«

»Sie hat nicht ein einziges Mal nach mir gefragt oder nach meinen Kindern, nicht ein einziges Mal.«

»Du hast Angst vor ihr, und sie hat Angst vor dir.«

»Aber wieso denn?«

»Du, weil sie nicht vertrauenswürdig ist. Sie, weil du schreibst, die Wahrheit sagst und Unechtheit haßt.«

»Sie ist für mich natürlich auch eine sehr anziehende Frau. Dieses Gespielte, diese Unechtheit, dieses Schmeichlerische und Falsche, das ist genau meine Mutter.«

Kurz darauf bedankt er sich bei mir.

»Bist du froh, daß du dich jetzt wieder mit ihr triffst?«

»Ja, trotz allem.«

In den *Dicken Mann* vom nächsten Tag ist die Geschichte von Mirjam, die mit ihrem ersten Kind ihre Eltern aufsucht, eingearbeitet.

»Du setzt gleich wieder alles aufs Spiel«, sage ich Ischa beunruhigt.

»In Mechelen liest doch niemand *Het Parool*.«

»Das ist dermaßen infantil von dir. Nur Kinder glauben, die Sünde solange nicht begangen zu haben, wie keiner sie entdeckt.«

Ischas Wunsch gemäß fliegen wir im Sommer 1992 nicht nach Amerika. Statt dessen nehmen wir uns an den Wochenenden einen Mietwagen und machen Spritztouren nach Antwerpen, Brüssel, Maastricht, zu meinen Eltern in St. Odiliënberg und zu meinem ältesten Bruder in Sittard. In dem Haus auf dem Kirchplatz, wo mein Bruder Pierre mit seiner Freundin Ine wohnt, haben wir ein eigenes Zimmer. Es ist das einzige Haus, in dem Ischa – dem sonst nur wohl dabei ist, wenn er dafür bezahlen darf – auch übernachten mag.

Wir fliegen für ein Wochenende nach Paris und für zehn Tage nach Portugal, die wir teils in einem Hotel an der Küste und teils in einem Hotel in Lissabon verbringen.

Am Tag vor dem *Quatorze Juillet* geht es für einen Monat nach Frankreich. Ich habe in den vorangegangenen Wochen meine alte Gewohnheit wiederaufgenommen, Musik auf Kassette zusammenzustellen. Stundenlang habe ich in seiner und meiner Wohnung alles mögliche durchgespielt und dann die Stücke aufgenommen, die uns besonders gut gefallen.

»Jetzt haben wir den gesammelten Schmalzschmonz auf Band«, verkünde ich am Tag unserer Abreise.

Er hat mich schon mal gefragt, wie ich zu all den ungewöhnlich klingenden Wörtern käme, die ich so gern einstreue, und ich habe ihm geantwortet, daß sie alle aus meiner ersten Sprache stammen oder aus ihr stammen könnten, daß sie für mich alle etwas Limburgisches haben.

»Und ein paar davon würde ich liebend gern ins Niederländische einschleusen.«

Ich sei die einzige Frau, bei der er einen limburgischen Akzent und Jiddisch ertragen könne, sagte er daraufhin.

»Es gibt nichts, was du tust, das für mein Empfinden nicht zu dir passen würde«, fand er.

Wir beginnen unsere Frankreichreise mit einem Besuch bei meinen Eltern in Limburg und bei seiner Schwester und ihrer Familie in Mechelen. Ischa hat sich vorgenommen, in diesem Sommer ein Buch über seinen Vater zu schreiben. Den Titel hat er schon: *Zu meines Vaters Zeit*. Schon auf der A2 Richtung Maastricht beginnen wir uns darüber zu unterhalten, wie das Buch aussehen soll, wovon es handeln wird, was er damit sagen möchte.

»Es wird vor allem von Religion handeln«, sagt er.

Erst als wir unsere Familienbesuche absolviert haben und Richtung Dinant weiterfahren, schiebe ich eine meiner Kassetten in den Recorder. Die unbeschwerte Heiterkeit von Pussycats *Smile* erfüllt den Opel Vectra. Ischa singt aus vollem Halse mit. Am Ende des Stücks spult er das Band zurück und spielt es gleich noch einmal. Er schwenkt dazu die erhobenen Fäuste. Als ich kurz zur Seite schaue, sehe ich, daß ihm die Tränen über die Wangen strömen.

»Du warst aber auch so müde«, sage ich.

»Manchmal fürchte ich, daß mich dieses Buch über meinen Vater noch umbringt«, sagt er mit so einer gepreßten Stimme, als liege ihm die Luft in der Kehle quer.

Erst später am Tag, als wir in Dinant vor dem Geburtshaus von dem Saxophon-Sax stehen und Ischa meint, dann sei das Leben doch die Sache wert gewesen, wenn man so viel hinterlassen habe, daß sich die Leute die Mühe machten, eine Plakette am Haus anzubringen, nachdem man gestorben sei, damit auch jeder wisse, daß man hier geboren sei oder gewohnt habe, erst da sage ich ihm, daß ich glaube, es widerfährt einem Schriftsteller bei jedem seiner Bücher, daß er fürchtet, es könne ihn umbringen, und daß ich es für gar keine so verrückte Angst halte, zu denken, ein Buch könne einen das Leben kosten.

»Ein Stück weit gibst du doch auch dein Leben dafür her«, sage ich.

Auf Nebenstraßen reisen wir durch den Norden Frankreichs. Im Auto hören wir meine Kassetten und sprechen über sein Buch. In jedem Ort, den wir ansteuern, kauft Ischa eine oder mehrere Ansichtskarten, und im Auto oder auf irgendeinem Dorfplatz beschreibt er die Karten mit Kernsätzen. Das ist sein Archiv für das Buch, das er schreiben will.

»Was hast du heute morgen noch gleich über das Betrogenwerdenwollen gesagt?«

»*Mundus vult decipi*«, sage ich.

»Du übersetzt es als: Die Welt will betrogen werden, aber ich mache daraus: Der Mensch muß betrogen werden.«

Das erinnere mich an seine Übersetzung des Einleitungssatzes vom Prediger Salomo, entgegne ich. Ich kenne ihn als: »Alles ist eitel, alles ist eitel«, aber Ischa machte daraus: »Alles ist vergeblich, alles ist vergeblich.« Nun frage ich ihn, warum er sich sogar eine Wendung wie *mundus vult decipi* zurechtbiege, und er liest daraufhin seine erste Ansichtskarte vor und antwortet, daß sich auch das

Nichtfiktionale an die Gesetze der Fiktion halten müsse und darin, in der Notwendigkeit des Betrugs, das Wesen der Tragik liege.

»Nietzsche«, sage ich irrtümlicherweise.

»Nein«, widerspricht er entschieden, »mein eigenes *gegenseitiges Ich*.«

Seit ich Elvis Presley in einer Fernsehdokumentation über Popmusik bei einem seiner letzten Auftritte gesehen habe, kann ich Ischa einen neuen *act* bieten. Elvis steht auf der Bühne und trägt *Are You Lonesome Tonight* vor. Während die Band die Hintergrundmelodie weiterspielt, will er zum Parlando übergehen, hat aber den Text vergessen. In einem Hotelzimmer in Semur-en-Auxois probiere ich den *act* zum erstenmal an Ischa aus, ahme einen murmelnden, grinsenden, hüftenwiegenden Elvis nach und lasse dabei in bramarbassierendem Amerikanisch alles heraus, was ich ihm noch sagen wollte, mich aber nicht zu sagen traue, ohne dabei zu schauspielern.

»*De imitatione*«, sagt er und kritzelt es auf die Rückseite einer Ansichtskarte.

Woher ich das so gut könne, Leute nachahmen, fragt er, und ich antworte, das sei ein Versuch, den Betreffenden zu verstehen, da meiner Meinung nach jede Nachahmung einem Gefühl von Verwandtschaft entspringe und einer gewissen Sympathie für denjenigen, den man nachahme.

»Gibt es eine Philosophie der Nachahmung?« fragt er.

Da fällt mir so auf die Schnelle nichts ein. Das einzige, worauf ich komme, ist die Auslegung Freuds, Nachahmung sei Bestandteil der Identitätsbildung.

»Aber das ist nicht, was du machst, wenn du Marilyn Monroe oder Elvis Presley mimst.«

»Nein«, bestätige ich.

Ich solle ihm doch noch einmal erzählen, was ich letzthin zu Hause in der Reestraat zu ihm gesagt hätte, bittet er, etwas in bezug auf seinen Vater.

Ich weiß sofort, worauf er abzielt. Ich saß auf dem Klo, und er stieß die Tür auf und stellte sich zu mir. Normalerweise hätte er mir in so einer Situation über den Kopf gestrichelt, aber das tat er diesmal nicht.

»Geht's nicht etwas weniger penetrant!« schrie er statt dessen gespielt. Und dann erzählte er, daß sein Vater das oft zu ihm gesagt habe, wenn er am Klo vorbeikam und Ischa gerade drauf war. »Geht's nicht etwas weniger penetrant!«

»Du benutzt mich als Versuchskaninchen«, habe ich daraufhin zu ihm gesagt. »Du ahmst deinen Vater nach, um zu begreifen, wie jemand so etwas sagen kann, wie jemand ein Kind verunsichern kann, weil es vielleicht stinkt, wenn es muß. Du fragst dich, ob sich hinter einer solchen Bemerkung noch Liebe verbirgt, danach forschst du.«

Das erzähle ich ihm jetzt noch einmal, in den Worten, an die ich mich entsinne. Er sagt nichts dazu. Er kritzelt nur etwas auf eine weitere Karte.

»Ich habe sehr viel an dir«, sagt er dann. »Du machst mich ruhig, und ich brauche diese Ruhe, um das Ganze begreifen zu können. Hab ich mich je richtig bei dir bedankt, daß du mich wieder mit meiner Schwester zusammengeführt hast? Jetzt, da sie wieder erreichbar ist, kann ich desto besser Abstand gewinnen, und gerade durch diesen Abstand gewinne ich größeren Einblick in die Zerrissenheit. Darum wird es in dem Buch auch gehen, um Zerrissenheit, um die Synthese der Religion und darum, ob man eine persönliche Geschichte hat oder nicht.«

»Aber was hast du nun mit dieser Nachahmung bezweckt?«

»Genau das, was du gesagt hast. Ich denke, daß es stimmt, ich denke, daß die Nachahmung ein Versuch ist, meinen Vater besser zu begreifen.«

Manchmal hat unser endloses Reden schon etwas Bedrohliches. Bedrohlich im Hinblick darauf, welcher Gedanke denn nun eigentlich von wem ist und ob es ein Eigentumsrecht an Inhalt und Entwicklung von Ideen gibt. Ich denke über mein nächstes Buch nach. Ischa weiß, daß es von Freundschaft und Sucht handeln wird und daß es, wie immer bei mir, konkret um Verbindungen gehen wird, das habe ich ihm geantwortet, als er mich danach fragte. Jetzt verwendet er andauernd das Wort »Verbindungen«. Als wir uns nach einer Woche Rundreise durch Nordfrankreich ein Appartement in einem Erholungsort gemietet haben, bringe ich das zur Sprache, daß es mich manchmal auch nervös macht, dieses ewige Reden und Denkanstöße-Geben.

»Das ist eine Angst, die ich auch beim *Dicken Mann* ab und zu habe«, sage ich. »Ich sehe mich ständig als Sprecherin in deiner Kolumne auftauchen, und dann beginne ich zu fürchten, daß ich nichts Reines mehr für mich zurückbehalte, über das ich noch schreiben kann, sondern schließlich alles benutzt und damit aus zweiter Hand ist, weil es schon bei dir geschrieben steht.«

»So oft kommt das doch nicht vor«, entgegnet er entrüstet.

»Doch«, sage ich.

»*Der Dicke Mann* ist ganz und gar von mir«, betont er noch aufgebrachter.

»Ja«, sage ich, »das bestreite ich auch gar nicht. *Der Dicke Mann* ist ganz und gar von dir, und niemand anders könnte ihn so schreiben, aber du findest ziemlich viele Sätze und Themen innerhalb unserer vier Wände und unserer Umgebung.«

»Das ist bei einer täglichen Kolumne doch auch gar nicht anders möglich«, erwidert er grimmig, doch ich sehe, daß er zugleich beunruhigt ist, und lasse es fürs erste darauf beruhen.

Wir bleiben eine Woche in der Auvergne. Der Ort, in dem wir ein Appartement gemietet haben, heißt Châtelguyon. Es ist ein Kurort, bevölkert von langsam dahinspazierenden alten Leutchen und aus der Mode gekommenen Hunden wie Collies und kunstvoll verschandelten Pudeln. Laut Prospekt ist die Auvergne ein Landstrich, in dem Feuer und Wasser sich miteinander versöhnt haben.

Auf der Straße sieht man die Leute mit Weidenkörbchen herumlaufen, in denen sie ihr Glas mit sich tragen, aus dem sie ihr tägliches Heilwasser aus den Brunnen trinken können.

»Ich habe vier Wochen, um wieder gesund zu werden«, hat Ischa am ersten Tag unserer Reise gesagt.

»Du mußt dich ausruhen, und dafür ist so ein Kurort gar nicht so übel«, habe ich Châtelguyon kommentiert.

Nach drei Tagen haben wir zu unserem Amsterdamer Rhythmus zurückgefunden, allerdings mit dem Unterschied, daß wir hier alles gemeinsam machen. In Amsterdam erledigt Ischa die Einkäufe, und meistens ist er es, der wäscht, bügelt und kocht. Ich kann auch einkaufen, waschen, bügeln und kochen, aber er behauptet, ich würde ihn um etwas Schönes bringen, wenn ich ihm das abnähme. Daher habe ich es dabei belassen. Tagsüber ruft er mich aus den Geschäften an, in denen er gerade einkauft.

»Liebling? Ich hatte dir für heute abend ein goldgelb gegrilltes Perlhühnchen versprochen, aber jetzt stehe ich hier im Laden von Frau Witschge, und die hat ein paar wirklich prachtvolle kleine Entchen. ›Schnell eben meine Frau anrufen‹, hab ich zu Frau Witschge gesagt, ›denn ich hab Connie das Perlhuhn versprochen, und die nimmt es bei so was schon ziemlich genau, das ist so ihre Art‹, also möchte ich kurz mit dir absprechen, ob du es lecker finden würdest, wenn wir uns heute abend zwei nette kleine Entchen reinfetzen. Ich hab gerade ein Pfund Salat für neunhundertneunundneunzig Gulden à fünfzig Gramm beim Teuren Gemüsehändler gekauft und für dich auch ein paar von den jovialen Sieglindes, und wenn wir dazu zwei von diesen fröhlichen kleinen Entchen delektibalisieren würden, wär das doch die Krönung unserer totalen Standalisierung, was meinst du?«

Hier kaufen wir gemeinsam ein. Jeden Morgen gehen wir kurz über den Markt oder in den Delikatessenladen. Wir essen viel Salat, vorgekochte Artischocken, Käse und Pastete, und für ihn findet sich irgendwie auch immer etwas von so widerlichem Zeugs wie Kutteln oder mit Innereien oder Hirn gefüllter Wurst.

»Verrückt, nicht«, sage ich zu Ischa, »ich muß ständig an Amerika denken, an das Essen dort, an die so gar nicht raffinierten, aber köstlichen Steaks und *lobster tails*, an die phantasielosen *salad bars* und das Frühstück mit Kartoffeln, Soße und Eiern mit Speck, und ich frage mich, wieso das Essen hier so anders ist.«

»Das kommt durch *Die Freundschaft*«, sagt er.

Seit mir in einem Spiellokal in Reno aufgegangen ist, daß mein Buch nur einen Titel haben kann, mache ich alle weiteren Notizen unter diesem Nenner. Jedesmal, wenn Ischa den Namen meines Buches in den Mund nimmt und zum Beispiel sagt, daß *Die Freundschaft* doch von diesem oder jenem handele, wird mir schwach wie einer schwangeren Frau, die in größter Vertrautheit mit ihrem Mann nicht von »das Kind« spricht, sondern von Max oder von Sallie. Gleichzeitig geht auch Ischa mit so einem ungeborenen Buch schwanger, dessen Name mehrmals täglich fällt.

»Was für eine seltsame Verbindung«, sage ich zu ihm, »wenn man von seinem Mann weiß, woran er denkt.« Und ich verrate ihm, daß ich sehr neugierig auf mein Buch und auf sein Buch sei und gespannt, ob sie einander mit der Zeit ähnlich geworden seien.

Er hat vor einem Monat mit dem Rauchen aufgehört. Obwohl er nicht eine Sekunde darüber jammert, ist es oft Gesprächsthema zwischen uns.

»Nur keine Bange, das renkt sich schon alles wieder ein«, sagt er oft zu mir, wenn er sieht, daß mich irgend etwas ängstigt oder ich böse auf ihn bin, weil ich auf einen Kilometer wittere, daß er bei einer anderen Frau gewesen ist und mich anlügen will. »Ich hab im Leben bisher noch jede Sucht überwunden.« Er habe von seinem achtzehnten bis zu seinem fünfunddreißigsten Lebensjahr so viel Valium geschluckt, erzählt er, daß er unter einer Glasglocke gelebt, nichts wirklich mitbekommen und alles von sich ferngehalten habe.

»Ich hab auf einen Schlag damit aufgehört. Erst als ich aufgehört hatte, begann ich wieder etwas zu empfinden, und ich kann dir verraten, daß das ganz und gar nicht angenehm war.«

In der Zeit habe er auch exzessiv getrunken, und auch darunter habe er ein Jahr nach der Valiumschluckerei einen Schlußstrich gezogen.

»Das tut man doch alles nur, um nichts fühlen zu müssen«, sagt er.

Ich weiß nicht, warum, aber plötzlich kommen mir die Tränen. Wir sitzen in einem Straßencafé, und ich sehe auf der gegenüberliegenden Seite einen Mann und eine Frau vorübergehen, Hand in Hand, beide mit so einem schlenkernden Glas im Körbchen am anderen Arm – ich glaube, das ist der Auslöser.

»Was ist denn, Liebling?« fragt Ischa, und ich antworte, daß es wohl dieser Mann und diese Frau da drüben sind und das Bewußtsein, daß sie einander brauchen, um glücklich sein zu können, daß sie aber zusätzlich noch ihr Heil in diesem elenden Feuerwasser von Châtelguyon suchen, daß alles Gute immer nur von außen kommen muß und daß ich uns Menschen mit unserer ewigen Abhängigkeit manchmal schon sehr bemitleidenswert finde.

»Der Mensch ist sich selbst nicht genug«, sage ich, und daß kein Tag vergehe, an dem mich das nicht mehrmals ziemlich traurig mache, obwohl ich mir doch darüber bewußt sei, daß unsere Abhängigkeit zugleich die Quelle für unser Glück sei.

»Connie«, sagt er sanft, »du hast *chóchme.*«

Er kritzelt etwas auf eine Ansichtskarte.

»Loyalität und Abhängigkeit: zwei Seiten einer Medaille.«

Da ich Abhängigkeit als emotionales Los betrachte, verstehe ich nicht sofort, was sie mit Loyalität zu tun haben soll, und bitte ihn, es mir zu erklären. Ischa erzählt daraufhin, er wisse jetzt, wie sein Buch anfange. Er habe das Bild ganz scharf auf der Netzhaut. In so einem typischen Wohnzimmer der fünfziger Jahre sitzen ein Vater und sein Sohn zusammen am Tisch, über das eine Buch gebeugt, das einzige Buch, das sie jemals miteinander geteilt haben: die Thora. Sie lernen. Der Vater zeigt die hebräischen Zeilen an, und der kleine Junge muß sie laut vorlesen und dann übersetzen. Bei jedem falsch ausgesprochenen Wort oder bei einer unrichtigen Übersetzung schlägt der Vater das Kind, hart, mit der flachen Hand ins Gesicht.

»Als du vorhin dein Mitleid mit den Menschen geäußert hast, wurde mir bewußt, daß ich nie Mitleid mit mir selbst gehabt habe, daß ich es mir aus Loyalität zu meinem Vater und zu dem Leid meines Vaters nie zugestanden habe, und das nicht nur in bezug auf die Konzentrationslager. Zu den wichtigsten Dingen, die ich mit *Zu meines Vaters Zeit* zum Ausdruck bringen möchte, gehört, daß die persönliche Geschichte, wie ich glaube, schwerer wiegt als etwas so Allgemeingültiges wie der Zweite Weltkrieg.«

»Linke Sache«, entgegne ich.

»Ach, es gibt so vieles, was wir Juden nicht sagen dürfen, Con, daß es doch auch immer wieder jemanden geben muß, der es trotzdem tut.«

»Und wer wäre besser dafür geeignet als du, Is.«

»Keiner, oder?«

Nein, keiner.

Mitten in der Nacht wird er wach, und ich werde wach, als ich ihn nicht mehr neben mir spüre. Schlaftrunken tapst er in unserer fremden Wohnung zur Toilette. Er murmelt etwas vor sich hin, als er wieder zurückkommt und sich neben mich legt. Beim Pinkeln ist ihm ein Wortspiel eingefallen, das er mir noch kurz zum besten geben muß. Dann wünscht er mir gute Nacht, bettet den Kopf ins Kissen und schläft weiter.

Fluchend liege ich auf dem Bauch im Bett und fasse für Ischa von Zeit zu Zeit die Passagen zusammen, die mich so wütend machen. Er muß darüber lachen.

»Es ist wirklich köstlich, dir zuzuschauen«, sagt er, »wie du so daliegst und für dich allein wer weiß was mitmachst und so richtig schön vergrätzt darüber sein kannst.«

Das Buch, das mir so ein merkwürdiges Lesevergnügen besorgt, ist *L'avenir dure longtemps*, die Autobiographie von Louis Althusser.

»Was für ein widerlicher Kerl!« rufe ich mehr als nur einmal aus, »was für ein Schwätzer, was für ein Pathos, was für ein Selbstmitleid!«

Althusser sei in erster Linie als marxistischer Philosoph bekannt, erzähle ich Ischa, doch für mich sei er seit 1980 nur noch ein Mörder. Er lebte mit seiner Frau Hélène in einem hochschuleigenen Appartement der *L'école normale supérieure* in Paris, wo er sie eines Morgens erwürgte. Seit 1980 habe ich nichts mehr von ihm oder über ihn gehört, und als ich vorige Woche in einer Buchhandlung in Tournus seine Autobiographie habe liegen sehen, ist mir auch bewußt geworden, daß ich nur noch selten an ihn gedacht habe.

»Ich hätte gar nichts über ihn wissen wollen, wenn er nicht seine Frau umgebracht hätte«, sage ich zu Ischa.

»Vielleicht hat er es ja deswegen getan«, erwidert er.

Es ist höchst verwirrend, eine Autobiographie von jemandem zu lesen, der einem von Seite zu Seite unsympathischer wird, dessen Gedanken, Schilderungen und Deutungen einen aber nichtsdestoweniger faszinieren. Genauso sei es ihm letztes Jahr mit Jane Fonda gegangen, sagt Ischa, und ich erinnere mich in der Tat, wie wir da in diesem Hotelzimmer in Los Angeles lagen, er halb aufgerichtet, mit zwei Kissen im Rücken, ich neben ihm auf dem Bauch, und er in einem fort ausrief, was für eine dumme Frau diese Jane Fonda doch sei.

»Kannst du die Autobiographie denn dann überhaupt noch lesen?« fragte ich ihn damals.

»Ja«, antwortete er, »ich wurde von der dümmsten Frau der westlichen Hemisphäre geboren und aufgezogen, an

Dummheit vielleicht nur noch von der Mutter meiner Tochter übertroffen, da interessiert es mich schon, wie diese Dummheit denn so beschaffen ist.«

»Wenn du von Dummheit sprichst, habe ich oft den Eindruck, du meinst im Grunde etwas anderes«, sagte ich.

Wieso ich das dächte, fragte er.

»Dumme Menschen können einem anderen nicht so sehr weh tun«, hatte ich daraufhin geantwortet.

Althusser geht mir unter die Haut. Die Lektüre des Buches kostet mich Tage, weil ich die Ränder mit Notizen vollkritzele, die ich für *Die Freundschaft* verwenden zu können glaube, und mit Notizen, von denen ich annehme, daß sie Ischa etwas für *Zu meines Vaters Zeit* bringen könnten.

»Hiermit kannst du bestimmt auch etwas anfangen«, sage ich dann und lese ihm einen Satz aus dem Buch vor. »*La famille est bien de tout temps le lieu même du* sacré, *donc du* pouvoir *et de la* religion.«

»Es heißt nicht *réligion*, sondern *religion*«, fährt er dazwischen, als ich das Wort falsch ausspreche. »Lies es noch mal vor, ich hab nicht richtig aufgepaßt.«

Ich versuche der Mischung aus Faszination für und Widerwillen gegen diesen Mann sowie meinem Mangel an Mitgefühl für ihn auf den Grund zu kommen.

»Wir mögen kein Selbstmitleid«, sagt Ischa.

»Ich halte die Psychoanalyse zwar für eine große Errungenschaft«, erwidere ich, »aber sie hat auch einen Opferkult hervorgerufen.«

Am Seitenrand von *L'avenir dure longtemps* notiere

ich: »Zwanzigstes Jahrhundert – Opferkult. Die Apologie des Mörders. Ausrufezeichen. Kann keine Ausrufezeichen mehr sehen.«

Ischa liest die von Didier Eribon verfaßte Michel-Foucault-Biographie, die ich ihm gekauft habe. Es kommt nicht oft vor, daß ich ihn ein Buch von Anfang bis Ende lesen sehe, aber dieses Buch hat ihn gepackt, und weil ich es damals selbst so sehr genossen habe, beneide ich ihn manchmal um das, was er da gerade liest.

Er könne jetzt besser verstehen, wieso ich Foucaults Philosophie möge, sagt er.

»Diesen etwas gnadenlosen, sezierenden Geist, den hast du auch«, sagt er.

Unterdessen hat sich der Kofferraum unseres Wagens zusehends mit Büchern gefüllt, die er in Semur und Tournus gekauft hat. In der Foucault-Biographie stößt er auf den Namen eines von dessen Lehrmeistern, Jean Hyppolite, und als er irgendwo das zweibändige *Figures de la pensée philosophique*, Hyppolites Standardwerk, entdeckt, muß er auch das kaufen.

»Das ist doch schön«, sagt er, »jetzt können wir zumindest lesen, was so bewundernswert an diesem Lehrer von Foucault war.«

Ich weiß, daß er es wahrscheinlich nie lesen wird. Genausowenig wie Sartres *Réflexions sur la question juive*, wie die *Confessiones* von Augustinus, *Les confessions* von Jean-Jacques Rousseau und die Dutzende anderer Bücher, die er mit Vorliebe kauft. Das Kaufen allein genügt schon. Darin liegt der Genuß.

Bevor wir in südlicher Richtung weiterfahren, machen wir einen letzten Spaziergang durch den Brunnenpark von Châtelguyon. Um einen Baum herum hat sich ein Häuflein Menschen geschart. Sie blicken auf einen Mann, der am Boden sitzt und seine bewußtlose Frau in den Armen hält. Er tätschelt ihr Handgelenk.

»Da ist eine durch ihre Kur gekracht«, sagt Ischa.

Die Auvergne gefällt ihm. Wir fahren nur ein kleines Stück und beschließen nach einem Mittagessen in Le Mont-Dore, hier ein paar Tage in einem schicken Hotel zu bleiben. Ischa numeriert seine Ansichtskarten. Er hat schon acht. Auf die fünfte Karte schreibt er: »Gestern wieder mit dem Rauchen angefangen. Abhängigkeit?« Dem läßt er eine Reihe biblischer Namen folgen: Kain, Noah, Abraham, Josef, Moses, Nod, Jakob und der Engel.

Er bedauert, daß er keine Bibel mitgenommen hat.

»Ich möchte wissen, wie Gott in der Thora spricht«, sagt er. »Wie ist sein Ton? Ist er gebieterisch?«

»Soweit ich mich erinnere, kann er ziemlich aufgebracht sein und sich irren«, sage ich, »aber ich weiß nicht mehr, an welcher Stelle er sich irrt und wem gegenüber er das zugibt.«

»Noah«, sagt Ischa.

»Ich entsinne mich noch, wie enttäuscht ich war, als ich das Buch Hiob las und feststellen mußte, daß sogar Gott sich etwas vom Teufel einreden läßt. Von da an fand ich, daß er eigentlich das Recht, zu sprechen und zu urteilen, verwirkt hatte.«

»Darf ich das in *Zu meines Vaters Zeit* verwenden?«

fragt Ischa mit dieser typischen Aufgekratztheit, die dazugehört, wenn man einen Erkenntnisblitz hatte.

»Ja«, sage ich zögernd, weil mir immer kurz durch den Sinn geht, daß ich selbst etwas damit anfangen könnte, doch ich sehe zugleich ein, daß er viel mehr über die Bibel weiß als ich und daß sein Buch, das Buch über seinen Vater, ganz nah an der Geschichte über Gott geschrieben wird.

»Die Sehnsucht nach Gott deckt sich bei mir vollkommen mit der Sehnsucht nach meinem Vater«, hat er gesagt.

Schwarz auf weiß wird er es mir erst zeigen können, wenn wir zu Hause in der Reestraat sind, wo das Buch im Bücherregal steht, aber jetzt, da er es mir erzählt, in einem Hotelzimmer in Le Mont-Dore, überkommen mich tiefes Mitleid und große Wut. Es passiert öfter, daß mich eine seiner Schilderungen, wie er früher behandelt wurde, derartig aufbringt, daß ich der betreffenden Person am liebsten heute noch, von mir aus dreißig Jahre danach, gnadenlos in sein oder ihr Gesicht schlagen könnte.

»Schön war das nicht, aber ich konnte es verstehen«, sagt Ischa dazu, »ich bin ja auch ein *Bürgerschreck*.«

»Das ist Ausstoßung durch Verschweigen, durch das Totschweigen deines Namens. Das ist eine Fortführung dessen, was dein Vater und deine Mutter dir angetan haben«, entgegne ich entrüstet.

Nicht nur, daß ich sein perfektes Französisch jeden Tag wieder in vollen Zügen genieße, auch für seine Bibelkenntnisse habe ich ihm schon ein paarmal meine Bewunderung ausgedrückt. Scheinbar mühelos zitiert er ganze

Passagen auf hebräisch und übersetzt sie mir dann, indem er sie Wort für Wort analysiert.

»Nimm beispielsweise den Anfang vom Buch Hiob, die erste Zeile, in der Hiob dargestellt wird. Er wird darin beschrieben als *tam wejaschár*. *Tam* kann man als ›einfach, naiv‹ und *wejaschár* als ›ehrlich, anständig‹ übersetzen, dann vermittelt man mit seiner Übersetzung ein vorteilhaftes Bild von Hiob. Man kann dem aber auch einen negativeren Anstrich geben, indem man *tam* als ›ein bißchen einfältig‹ und *wejaschár* als ›geradlinig‹ im Sinne von ›mit Scheuklappen versehen‹ übersetzt. Na, da hat man dann schon ein ganz anderes Bild von Hiob.«

Woher es komme, daß er darin so versiert sei, habe ich ihn gefragt. Er habe das mit seinem Vater jeden Tag gemacht, hat er geantwortet, und als er wenig später hinzufügt, er sei in den sechziger Jahren, als er um die Sechzehn war, jeden Abend zu Jitschak Dasberg gegangen, um ihm bei seiner Übersetzung des Pentateuch und der Haftaroth zu helfen, höre ich ihm an, daß er selbst schon fast nicht mehr glauben kann, daß das wahr ist, daß er tatsächlich Abend für Abend dort bei Jitschak Dasberg saß und ihm bei dessen Suche nach den richtigen Worten und Interpretationen mit Vorschlägen zur Hand war.

1970, als die Übersetzung herauskommt, schlägt Ischa als erstes das Vorwort zum Pentateuch auf. Dasberg führt alle, bei denen er sich bedanken möchte, namentlich auf – nur ihn, Ischa Meijer, nicht.

»Da spricht er dann von einem ›jungen Freund‹ oder was ähnlich Verschwommenem.«

»Daß du selbst nicht an dich glauben kannst, das rührt

von diesem Totschweigen her, von der Leugnung deiner Existenz durch andere«, stelle ich betrübt fest. »Kein Wunder, daß alles, was du machst, deinen Namen tragen muß, daß du es am liebsten hättest, wenn er den ganzen Tag durch den Äther schallte und möglichst jeden Tag und auf jeder Seite in Großbuchstaben in der Zeitung abgedruckt wäre.«

»Ach, so schlimm ist es doch nun auch wieder nicht«, sagt er in halb fragendem Ton.

»O doch«, entgegne ich, »es ist sehr, sehr schlimm, du weißt ja gar nicht, wie schlimm es ist.«

»Ich heiße jetzt Sorario Popcorn. Wenn man dahintersetzen kann: Hat wieder nur ein Ungenügend verdient, dann ist ein Name gut. Saronno de Vries-Lepelaar hat wieder nur ein Ungenügend verdient.«

»Hm, jetzt schlaf aber.«

»Ich werde den Anfang von *Zu meines Vaters Zeit* doch anders aufziehen, Con. Ich werde mit Dasberg anfangen.«

Am nächsten Morgen sitzt er schon am Tisch, die Ansichtskarten vor sich ausgebreitet. Auf einem DIN-A4-Blatt stehen seine handgeschriebenen ersten Sätze.

Mitte der sechziger Jahre dieses Jahrhunderts saßen zu Amsterdam zwei jüdische Männer zusammen über dem Pentateuch. Der eine: jung, nervös; der andere: gesetzt, ehrwürdig. So, wie diese beiden dort Abend für Abend mit bedecktem Haupt die Heilige Schrift einem andächtigen Studium unterzogen, boten sie ein altes, vertrautes

Bild, ganz im Sinne der Tradition des Stammes, dem sie angehörten, einer Überlieferung, derzufolge Lehrer und Schüler sowohl im Stoff als auch ineinander in einem solchen Maße aufgehen, daß mit der Zeit nicht mehr zu erkennen ist, wer hier unterrichtet und wer unterrichtet wird. Und so entsteht, dem Wort Gottes folgend, nahezu eine Atmosphäre verhaltener Ekstase. Die Seele setzt sich wie ein Vogel ins Nest. So haben seit alters her die Väter und ihre Söhne, Rabbaním mit ihren Schülern am Tisch Platz genommen, einander gegenüber, oder besser nebeneinander – als religiöses Rückgrat des Volkes Israel.

»Was meinst du, wird es was?« fragt er, während ich die Passage lese. Ich antworte, meiner Meinung nach werde es ein sehr schönes Buch.

Nach drei Tagen Le Mont-Dore fahren wir weiter in den Süden hinunter, nach Collioure. Ischa ist schon öfter dort gewesen, ich zum erstenmal. Ihm gefällt es dort, mir nicht. Ehrlich gesagt mag ich eigentlich dieses ganze Frankreich nicht mit seinen vielen Käsen, seinen Weinen und seinen duftenden Baguettes, mit seinen malerischen kleinen Plätzen, historischen Gebäuden, eindrucksvollen Kathedralen und seinen Boule-spielenden Männern. Ich sehne mich die ganze Zeit nach dem ungehobelten, nackten Amerika. Ischa mutmaßt, das komme daher, daß wir hier im Gegensatz zu Amerika nicht vom Blick anderer befreit seien. Es kommt mehrmals die Woche vor, daß irgendwer ziemlich laut seinen oder unsere Namen ausruft.

»Da wird man wieder *self-conscious*«, sagt er.

Zweifellos hat es damit zu tun, aber da ist noch mehr, womit ich nicht so ganz zurechtkomme. Es dauert eine Weile, bevor ich herausfinde, was es ist, und ich bin so darüber erschrocken, daß ich bis zu unserem letzten Tag in Collioure damit hinter dem Berg halte. Erst am Abend, bevor wir wieder Richtung Norden abfahren, teile ich es Ischa mit.

»Es klingt vielleicht ein bißchen übertrieben«, beginne ich zögernd, »aber ich habe ständig das Gefühl, als hätte ich das, wofür Frankreich in meinen Augen steht, längst hinter mir gelassen. Schon die ganze Reise über bin ich irgendwie entwurzelt, als wäre ich in ein Haus zurückgekehrt, in dem ich mit Sicherheit nie mehr wohnen wollte.«

Ich erinnere Ischa an das, was er auf unserer ersten Kalifornienreise zu mir sagte, daß nämlich Amerika und er für mich dasselbe bedeuteten, daß sie für eine bestimmte Lebensart stünden, für etwas, das ich mir zum erstenmal gestattet hätte.

»Du hattest recht«, sage ich, »aber das bedeutet dann auch, so bombastisch das jetzt vielleicht klingen mag, daß durch Europa zu reisen für mich mit dem Tod zu tun hat oder zumindest mit etwas, das ich offenbar für eine gewisse Zeit für tot erklären muß.«

»Die Ernsthaftigkeit des Akademikertums«, sagt Ischa.

Er finde das schon faszinierend an mir, meint er, auf welche Weise ich mich für oder gegen etwas entschiede und welche Bedeutung ich dem Schreiben beimäße. Er sei achtzehn gewesen, als seine ersten Artikel in der Zeitung abgedruckt wurden, und er entsinne sich noch gut, wie toll er es gefunden habe, seine Worte und seinen Namen dort stehen zu sehen, doch er habe diesen Moment nicht als Schritt in Richtung auf ein neues Leben in Erinnerung.

»Bei dir hat alles so viel Gewicht«, sagt er, »aber ich wurstele schon so lange herum, ich hab schon so viel geschrieben.«

Ob ich nicht schon früher mit dem Schreiben und Publizieren hätte beginnen wollen, fragt er, und ich antworte, daß es nicht früher gegangen sei, daß ich diese ganzen Jahre des Studierens und der Abkapselung gebraucht hätte, um zu diesem Punkt zu gelangen.

»Ich bin mir erst ganz allmählich ähnlicher geworden«, sage ich. »Zum erstenmal habe ich jetzt das Gesicht, das ich immer hatte, aber nie im Spiegel sah, und mit einem Mal bin ich so alt, wie ich es meinem Alter nach auch bin.«

»Das klingt ja alles, als wenn das sehr schön wäre.«

»Das ist es auch.«

»Und gehöre ich da auch mit hinein?«

»Ja«, sage ich, »auf dich habe ich mich auch mein Leben lang vorbereitet.«

Wir haben für die Rückfahrt fünf Tage eingeplant. Die erste Nacht und den darauffolgenden Tag verbringen wir in Montpellier. Während der Fahrt sagt Ischa, daß ich das Gefühl der Entwurzelung vielleicht noch mal gut brauchen könne.

»Für *Die Freundschaft,* um das Buch so schreiben zu können, wie du es schreiben möchtest.«

Diese Bemerkung läßt mich nicht mehr los. Abends, beim Essen, komme ich darauf zurück. Warum er das gesagt habe, frage ich ihn, und was er damit meine.

»Das kann ich dir genau erklären. Soweit ich es verstanden habe, handelt *Die Freundschaft* von ganz abstrakten Dingen wie Sucht, Körper und Geist, Freiheit, Entscheidungen, Schicksal und was noch so dazugehört, aber es handelt natürlich auch von dieser einen großen Freundschaft, die du in deiner Kindheit hattest. Darüber kannst du nur schreiben, wenn sie nicht mehr das ist, was sie war. Dein Gefühl von Entwurzelung hat viel mehr mit deiner Vergangenheit als mit diesem Land hier zu tun. Du fühlst dich bei Menschen, bei denen du dich immer zu Hause gefühlt hast, nicht mehr zu Hause. Als du *Die Gesetze* geschrieben hast, hast du das alte Haus verlassen.«

»Das ist sehr wahr«, sage ich leise, »die Frage ist nur, warum es mich so todtraurig macht, wenn du das sagst.«

»Das ist die Angst vor dem Verlassensein«, sagt Ischa.

»Aber ich bin doch diejenige, die jemanden verläßt.«

»Das kann einem auch angst machen.«

Sie sei einmal das Liebste gewesen, das ich hatte, sage ich zu ihm.

»Aber jetzt hast du doch mich! Ich bin doch jetzt das Liebste, was du hast, oder?« fragt er, und ich höre seiner Stimme an, daß er sich nicht mal sicher ist, ob ich ja sagen werde.

Doch das tue ich.

»Ich bleibe immer bei dir«, sagt er.

»Ja«, sage ich, »das weiß ich.«

Er vollführt ein paar drollige Tanzschritte vor dem Bett.

»Um dich aufzumuntern, habe ich mir ein Ballett für dich ausgedacht.«

Er schaut mir in die Augen, breitet die Arme aus und streckt die Beine ein wenig nach rechts und nach links. Das macht er öfter, und ich muß immer darüber lachen.

»Na, wie gefällt es dir? Das Ballett heißt: *Bonzo ist nur traurig*.«

Wir wollen noch einmal supernobel essen gehen und lassen uns dabei vom *Gault Millau* leiten. Ob es von Montpellier nach Beaune nicht zu weit für mich sei, erkundigt sich Ischa, aber mir sind keine Stadt und kein Land zu weit, wenn ich mit ihm in so eine Blechkiste eingedost bin. Unterwegs legt er zum erstenmal eine seiner eigenen Kassetten auf: *Yves Montand à L'Olympia*.

»Erinnerst du dich noch, als wir vergangenen Winter in einem Taxi im Radio hörten, daß Yves Montand gestorben war. Du bist furchtbar erschrocken, du konntest es fast nicht glauben«, sage ich.

»Hab ich geweint?«

»Da nicht, aber nachts kamen dir für einen Moment die Tränen, als wir uns *Les feuilles mortes* anhörten.«

»*Oh, oh, je voudrais tant que tu souviennes
des jours heureux où nous étions amis
En ce temps-là la vie était plus belle
et le soleil plus brûlant qu'aujourd'hui*«,
singt er aus voller Kehle zur Kassette mit.

»*C'est une chanson qui nous rassemble.
Toi tu m'aimais et je t'amais.
Et nous vivions tous deux ensemble,
toi qui m'aimait, moi qui t'aimais.
Mais la vie sépare ceux qui s'aiment*

*tout doucement sans faire de bruit
et la mer efface sur le sable
les pas des amants désunis.«*

»Ich bin immer ein bißchen eifersüchtig, wenn ich dich dieses Stück hören oder selbst singen sehe. Erstens kann ich es nicht ausstehen, daß du womöglich irgendwann einmal glücklicher gewesen sein könntest, als du es jetzt mit mir bist, und zweitens gilt deine ganze Sehnsucht bei diesem Lied meiner Meinung nach deiner Mutter.«

»Nein«, sagt er, »nicht, daß dich das weniger eifersüchtig machen wird, aber um ehrlich zu sein, denke ich dabei meistens an meinen Vater.«

Wenn ich an meinen Vater denke, sehe ich seine Bücher; die mit Meisterwerken gepflasterten Wände; Soldaten in Reih und Glied; oder ein Heer aus lauter Generälen – und nur der Rücken gab dem Buch ein Gesicht, denn es war mir strengstens verboten, auch nur einen Finger nach diesen Kostbarkeiten auszustrecken, über die er so leidenschaftlich erzählen konnte. Noch heute überläuft mich ein Schauder – der Ehrfurcht und des Ekels –, wenn ich an diese Bibliothek denke. Und wenn ich an meinen Vater denke, denke ich an seine Bücher.

Dieses Gebot: »Du sollst meine Bücher nicht anfassen«, hat in meinem Gefühlsleben eine tiefe Scharte geschlagen – daß ich das, was ihm das Liebste war, nicht anfassen durfte. Und hinsichtlich des Warum dieser grausamen Direktive bin ich auf bloße Vermutungen angewiesen, denn das durfte niemals zwischen uns zur Sprache kommen.

Mein Vater war der Sohn eines Markthändlers in Winschoten. Von diesem Großvater habe ich mir nie ein rechtes Bild machen können, da mein Vater sich über ihn ausschwieg. Ich weiß allerdings, daß der Zehnjährige seinen Vater verbluten sah; ein Fall von galoppierender Schwindsucht. Und dieses grauenhafte Ereignis war unauflöslich mit der folgenden Anekdote verknüpft:

»Eines Nachts«, pflegte mein Vater mit weit aufgerissenen Augen und erstickter Stimme zu erzählen, »eines Nachts, kurz nach dem Tod meines Vaters, wurde ich plötzlich wach. Und ich hörte jemanden meinen Namen rufen. Leise, aber zwingend schallte dieser Name durchs Haus. ›Jakob, Jakob‹, hörte ich die Stimme meines Vaters. Und ich lief die Treppe hinunter, durch das leere, nächtliche Haus. Und da saß mein Vater in seinem Sessel. Er schaute mich nur an und sagte kein Wort.«

An dieser Stelle brach die Geschichte ab.

Wenn ich an meinen Vater denke, denke ich an Bücher; denke ich an Kummer. Ich sehe dieses flimmernde Bild von meinem Großvater, der seinen kleinen Sohn in dieses dunkle Zimmer ohne Bücher winkt. Denn im Elternhaus meines Vaters gab es keinerlei Anzeichen intellektuellen Lebens. Dort gab es – zweifellos – nur die Bibel, und auch die höchstwahrscheinlich nur in Form des Chumasch, der fünf Bücher Mose. Darin ist auch das geistige Leben meines Vaters verankert. Und ebenso das meine. Denn ein einziges Buch aus seinem unermeßlichen literarischen Schatz durfte ich, nein, mußte ich im konkreten wie im übertragenen Sinne zu mir nehmen: diese fünf Bücher Mose.

Er liest, auf dem Bett in einem Hotelzimmer in Beaune sitzend, über meine Schulter hinweg mit.

»Na, taugt's was? Taugt's was?« fragt er alle naselang.

Ich nicke nur und lese weiter. Er kichert schüchtern, als ich ihm die Blätter zurückgebe und er mir vom Gesicht abliest, daß seine Worte mich bewegt haben.

»Zum Heulen schön?«

»Ja«, sage ich, »zum Heulen schön.«

In dieser Nacht geht mir alles mögliche durch den Sinn. Ich denke an seine Art, Bücher zu kaufen, Besorgungen zu machen, mit Frauen umzuspringen, an seine Sammelleidenschaft, seine Eroberungslust und seine Abneigung, das, was er gesammelt und erobert hat, auch zu konsumieren. Ich denke auch daran, daß das Verbot seines Vaters, seinen liebsten Besitz anzufassen, möglicherweise nicht nur für seine Bücher galt, sondern auch für seine Frau, Ischas Mutter.

Ich habe ihn gefragt, um welche Berühmtheiten außer Yves Montand er noch Tränen vergossen habe.

»Charles Trenet«, sagt er und erzählt von einem Tag in den fünfziger Jahren, als er mit Vater, Mutter, Bruder und Schwester zu Hause am Tisch saß. Das Radio war an, denn sein Vater hörte immer den ANP-Wetterbericht. Und im Radio hörten sie damals, daß Charles Trenet wegen Unzucht mit minderjährigen Jungen verhaftet worden war.

»Ich war sechzehn, und mir kamen die Tränen. ›Was hast du denn?‹ fragte meine Mutter, und hinterher lachte sie mich aus. ›Er weint wegen eines französischen Sängers‹, höhnte sie. Ich haßte sie damals abgrundtief. Gott, hab ich sie damals gehaßt.«

Später fragt er, um wen ich je geweint hätte.

»Um John F. Kennedy und um Elvis Presley«, antworte ich.

»John F. Kennedy? Aber da lagst du doch fast noch in der Wiege.«

»Es passierte ein paar Tage vor meinem achten Geburtstag. Meine Mutter stellte den Fernseher zu den Sieben-Uhr-Nachrichten an und hörte den Nachrichtensprecher sagen, daß Präsident Kennedy in Dallas ermordet worden sei. Sie schlug die Hände vor den Mund, so entsetzt war sie. So etwas wie Entsetzen hatte ich noch nie im Gesicht eines Menschen gesehen. Ich fing an zu weinen, weil meine Mutter weinte. Ich entsinne mich noch gut, daß ich durch diese Bekanntgabe des Todes von John F. Kennedy plötzlich ein Bewußtsein dafür entwickelte, was das Fernsehen machte, daß die Schwarzweißbilder, die aus so einem kleinen Kasten kamen und zeigten, was irgendwo anders, weit weg, passierte, daß die in unserer Familie, in unserem Haus, in unserem Dorf für Kummer und Aufruhr sorgen konnten und daß man jemanden mögen konnte, dem man persönlich noch nie begegnet war.«

Dank einer hypernervösen, ungeschickten Bedienung bekommt das Abendessen im Restaurant ›L'Eccuson‹ slapstickhafte Züge. Es beginnt schon beim Öffnen der Weinflasche. Die schon etwas ältere Frau schnauft und ächzt, daß es wieder très chaud sei heute, und drückt derweil den Korken in den teuren Hals. Sie schreit auf und ruft, sie sei aber auch *si maladroite* und werde natürlich sofort eine neue Flasche holen. Ihre aufrichtige Bestürzung ist so amüsant, daß Ischa und ich in Lachen ausbrechen. Sie lacht dankbar mit, und wir versichern ihr übereinstimmend, es mache uns gar nichts aus, sie könne den Korken ruhig schwimmen lassen. Doch das kommt für sie nicht in Frage. Die etwas jüngere Restaurantbesitzerin vergewissert sich, was denn bei uns los ist, und muß auf eine sehr einnehmende Art über den rot angelaufenen Kopf ihrer tolpatschigen Angestellten schmunzeln.

Auf den eingedrückten Korken folgen noch die umgestoßene Blumenvase, die im letzten Moment gerettete, vom Teller flutschende Wachtel, der Ellbogen in meinem Auge, als sie Ischa nachschenkt, und ihr Stolpern, als sie mit den Tellern für einen anderen Tisch vorüberkommt. Wir brauchen nur die Schwingtür zur Küche zu hören und müssen schon grinsen.

»Das ist der merkwürdigste Restaurantbesuch, den ich je erlebt habe«, keucht Ischa.

Während der ganzen Wochen habe ich nicht daran gedacht und den Gedanken auch kaum durchdringen lassen, doch jetzt realisiere ich, daß wir die Welt auf unserer Frankreichreise nicht mit einem Dicken-Mann-Blick betrachtet haben und Ischa so gut wie keine Notizen für seine Kolumne gemacht hat.

»Ich hab nur über *Zu meines Vaters Zeit* nachgedacht«, sagt Ischa, als ich eine entsprechende Bemerkung mache. »Frankreich ist doch ein durch und durch bürgerliches Land«, fügt er nachdenklich hinzu. Er habe irgendwann mal etwas darüber geschrieben, erzählt er, über die Funktion des Chansons in einer bürgerlichen Kultur wie der französischen. Er habe die These aufgestellt, daß die Blütezeit des Chansons das letzte Aufbäumen der französischen Mittelklasse sei, die Frankreich *coûte que coûte* französisch halten wolle.

»Hör dir diese so freizügig daherkommenden Texte nur mal genau an, dann schimmert dahinter plötzlich eine erschreckend spießige Welt hervor, in der popelige kleine Landstraßen besungen werden und ein Bild von Frivolität gezeichnet wird, mit dem verglichen man sogar John Lanting als pornographisch bezeichnen müßte. Das Chanson ist brave, kleinbürgerliche Unterhaltung fürs Volk, und von seinem Wesen her im Grunde schauderhaft nationalistisch. Es besingt ein Frankreich, das nur in der Erinnerung existiert, und das Chanson hält die Erinnerung an diesen vergangenen Ruhm und Glanz lebendig.«

Ich bin erstaunt. Aber er liebt doch Chansons? Für mein Gefühl führe er manchmal schon einen eigenartigen Liebeshaushalt, sage ich daraufhin zu ihm. Mir fällt der Artikel ein, den er über Amerika geschrieben hat, und ich muß auch an einige *Dicker-Mann*-Kolumnen denken, in denen er nicht davor zurückgeschreckt ist, Freunde und Bekannte, die er wirklich mag, gnadenlos runterzumachen.

»Es ist, als müßtest du deine Liebe ständig aufs Spiel setzen«, sage ich.

Ich schlafe schon beinahe.

»Connie? Angenommen, wir sitzen zusammen auf einem Floß, und das Floß treibt auf einen Fluß hinaus, dann nennen wir diesen Fluß das ...«

»...«

»... Leben, genau. Und wenn wir dann das Ich sind, und wir treiben mit diesem Ich auf dem Fluß des Lebens, dann haben wir also ...«

»...«

»... *ein fliehendes Ich*, ja?«

Ich lache mich hellwach.

»Warum lachst du?« fragt er kichernd.

»Das ist witzig. Schreib das doch mal auf, diesen Unsinn.«

»Aufschreiben? Mein Gott, bloß nicht. Dann muß ich es noch behalten. Nein, erst im Vergessen liegt die Kunst.«

»Weißt du was, Is? Ich sehne mich nach einem Land, durch das ein Fluß der Verlorenen Seelen strömt.«

»Ich auch. Nächstes Jahr fahren wir wieder nach Amerika.«

Am letzten Tag unserer Reise fahren wir von Beaune nach Valenciennes, wo wir noch einmal übernachten. Ischa ist die ganze Fahrt über für seine Verhältnisse ziemlich still.

»Darf ich fragen, worüber du so tief brütest?«

»Über das Buch«, sagt er.

Erst nach dem Einchecken im Hotel, als wir in einem Straßencafé bei einem Pastis sitzen, erzählt er, daß er zwar nicht genau wisse, welche Querverbindungen er im einzelnen hergestellt habe, aber daß ihn meine gestrige Bemerkung über sein Spielen mit der Liebe auf die Idee gebracht habe, seine Interpretation der Funktion des Chansons mit der der Funktion der Religion zu verknüpfen.

»Es hat natürlich ohnehin alles mit meinen Eltern zu

tun«, sagt er. »Sieh mal, daß wir sterben, ist nicht schlimm, aber daß der Kontakt zu den Eltern gekappt wird, das ist schlimm, das verstößt gegen das Gesetz. In Gott sind diese Unverbrüchlichkeit des Kontakts mit den Eltern und die Sehnsucht danach symbolisiert. Die Religion liegt also in gewissem Sinne in den Händen der Eltern und wirkt dadurch repressiv. Die bürgerliche Gesellschaft hat Gott bitter nötig. Das religiöse Bewußtsein ist eine Gefühlsregung, und die Gültigkeit dieser Gefühlsregung ist kulturell bedingt.«

»Aber das gilt doch für jede Gefühlsregung.«

»Neulich habe ich zu Tas gesagt: ›Connie redet so viel von der Liebe. Was ist das nur?‹ – ›Oh, das ist so komplex‹, sagte Tas, ›da liest du am besten *L'amour et l'occident* von Denis de Rougemont.‹ Kennst du das?«

Ich hätte es früher einmal gelesen, antworte ich, zu Beginn meines Literaturwissenschaftstudiums, und verstünde schon, was Tas damit sagen wolle, aber seine Antwort enttäusche mich.

»Wieso?«

»Mir wäre lieber, wenn Tas mehr an die Liebe glaubte, als seiner Antwort zu entnehmen ist«, sage ich. Und dann erläutere ich Ischa, um was für eine Art von Buch es sich handelt und wie begeistert ich war, als ich es damals las. Ich war in einem Alter, in dem ich über nichts so aus dem Häuschen geraten konnte wie über eine bestimmte Art von Entmystifizierung, nämlich die Entmystifizierung, die dadurch zustande kam, daß der blinde Glaube an eine Reihe von Begriffen und Bedeutungen hinterfragt wurde, welche ich für felsenfest, unverrückbar und ewig gehalten hatte, welche das aber offenbar nicht waren. Und am meisten galt das für den Begriff »Liebe«. Denis de Rougemont hinterfragt die Liebe, indem er sie als Beschreibungen von der Liebe, als dem Roman und damit der Überlieferung unterworfen betrachtet. Ich wollte alles, nur keine Romantikerin sein, und weidete mich daher daran, daß mein Bild von der Liebe demontiert wurde. Ganz bestimmt habe ich damals eine Zeitlang mit satanischer Genüßlichkeit verbreitet, so etwas wie Liebe gebe es nicht.

»Von der Last, dem Gewicht und der Pflicht des Glaubens befreit«, murmelt Ischa.

»Ich möchte dem Leben unbedingt einen Sinn verleihen«, sage ich, »ohne Sinn ist für mich nichts dran.«

Irgendwie, ich verstehe selbst nicht ganz, woher diese Regung kommt, aber es passiert mir andauernd, fließe ich plötzlich über vor Dankbarkeit, Glück und Staunen. Und dieser Cocktail verursacht mir beinahe physische Schmerzen, als hätte man mir zuviel davon auf einmal verabreicht.

»Ach, ist Denken schön«, seufze ich, schmiege mich ganz fest an Ischa und drücke ihm meine Begeisterung über den Verlauf so eines Gesprächs aus: Da erwähne er den Titel eines Buches, und ich könne dank dessen vielleicht zum erstenmal einem Gedanken oder einer Erkenntnis Gestalt geben.

»Ich bin Schriftstellerin, weil ich weiß, daß Denis de Rougemont recht hat und die Beschreibungen von Liebe Einfluß haben auf die Art, wie wir lieben. Wir fühlen nun mal, was wir zu fühlen denken, wir lassen uns ziemlich viel Gefühl vorschreiben. Aber ich bin Philosophin, weil ich auch weiterhin an das Wesen der Liebe glaube und auch weiterhin danach suche, aller Relativierung und allem Zynismus zum Trotz. Denn dieses Wesen entzieht sich der Überlieferung, dem Privaten. Es bleibt immer gleich. Einflüsse interessieren mich zwar, aber was ich liebe, ist das, was gleichbleibt.«

»Du bist eigensinnig«, sagt Ischa, »und das ist positiv gemeint: Du hast einen ganz eigenen Sinn und Verstand.«

Am nächsten Morgen packen wir unsere Koffer für die letzte Etappe unserer Heimreise nach Amsterdam. Bevor er die neunzehn beschriebenen Ansichtskarten in seine Tasche steckt, liest er sie sich noch einmal durch. Manche liest er laut vor.

»Der Tod des Vaters meines Vaters wird der Epilog«, sagt er und liest: »So ersichtlich für mich seines Vaters Tod, so unsichtlich der seine. Daß er sterben wird, so wirklich und ungreifbar wie ein Gedanke. Wie starb Mose?«

»Vielleicht fürchtest du weniger, daß dieses Buch dich umbringen könnte«, sage ich, »als vielmehr, daß dein Vater sterben könnte, bevor du das Buch fertig hast.«

»Ich werde von jetzt an jeden Abend daran arbeiten«, sagt er unterwegs. »Dann erledige ich morgens den *Dicken Mann* und arbeite jeden Abend nach dem Essen an *Zu meines Vaters Zeit*. So machst du das doch auch, nicht? Du arbeitest doch auch jeden Tag, oder?«

Ich müsse bestimmt noch gut ein Jahr über *Die Freundschaft* nachdenken, entgegne ich, und das täte ich zwar jeden Tag, doch die eigentliche Arbeit beginne erst, wenn ich mich schließlich an den Schreibtisch setzen und die ersten Sätze zu Papier bringen würde.

»Das habe ich von dir gelernt«, sagt er freimütig, »wie schön das Denken ist und daß es Zeit kostet.«

Wir haben keine Eile und machen zwischen Valenciennes und Amsterdam regelmäßig halt.

»Ich muß mal kurz was aufschreiben«, sagt Ischa, und dann steuern wir irgendeine Ortschaft oder Stadt mit einem Platz oder einem einladenden Straßencafé an.

»Dieser Krieg«, sagt er, nachdem er in Windeseile drei Karten hintereinander beschrieben hat, »dieser Krieg hat bei allen, die davon betroffen waren, die persönliche Geschichte gekappt, und sogar für die nachfolgende Generation ist das Persönliche dadurch weggedrängt oder verallgemeinert worden, was schlimm, aber auch praktisch ist. Sowohl die erste wie die zweite Generation kann daher die Verantwortung für ein persönliches Leben auf ein Abstraktum wie den Zweiten Weltkrieg abladen. Der Kummer verleiht den vom Krieg Betroffenen Unverletzlichkeit wie ein Schild, was sie unantastbar, ja geradezu heilig macht. Aber dieser Kummer kann kein persönlicher Kummer sein, er ist allgemein, er ist institutionalisiert, er wird von allen geteilt und ist daher unauflösbar. Was ich bei Tas lerne, ist, daß es gerade um die persönliche Geschichte geht, daß bei einer Analyse das Persönliche hervorbricht, nicht das Allgemeine.«

»Es wird ein gutes Buch«, sage ich.

»Warum denkst du das?«

»Weil alle guten Bücher nur mit einer gehörigen Portion Mut geschrieben werden konnten«, sage ich.

Es ist Samstagnachmittag, und in Amsterdam herrscht ziemlich viel Betrieb. Der Opel Vectra steht mit blinkenden Warnlichtern und hochgeklapptem Kofferraumdeckel vor seiner Haustür. Ich helfe ihm, seine Koffer und Büchertaschen nach oben zu tragen, und klemme mich dann schnell wieder hinters Steuer. Er beugt sich noch kurz zu mir herunter, legt mir die Hand in den Nacken und küßt mich. Ich kann nur mit Mühe die Tränen zurückhalten, so schwer fällt es mir, die kommenden Stunden ohne ihn zu verbringen, dieses Tag-und-Nacht, dieses Vierundzwanzig-Stunden-mit-ihm-Zusammensein zu beenden.

»Nicht verzagen«, sagt er.

Dann krümmt er den Zeigefinger, und ich hake mich mit dem meinen bei ihm ein.

»Bis nachher, Liebling.«

Bis nachher.

Er lernt allmählich das Glück der Wiederholung kennen. Mitte November sagt er, er freue sich jetzt schon wieder auf die Nachtmesse in der Basilika meines Heimatortes und auf Mias Weihnachtsessen.

»Ich hoffe, sie macht wieder genau das gleiche wie im vergangenen Jahr«, sagt er vergnügt.

Sofort als die ersten Tannenbäume vor der Westerkerk aufgetürmt liegen und ihren Duft verbreiten, stiefelt er hin und sucht eine kleine knorrige Edeltanne aus, die er zu Hause mit bunten Lichtern schmückt. Ab Mitte Dezember ist das vordere Zimmer in der Reestraat durch auf dem Boden ausgelegte Lichterketten und eine Reihe brennender Teelichter auf den Fensterbänken erleuchtet, und von draußen fällt das Licht der schwankenden Weihnachtsillumination herein, die alljährlich in den schmalen Gassen zwischen den Grachten angebracht wird.

»So langsam fange ich an zu begreifen, wieso du immer alles feiern möchtest«, sagt er.

»Nie dacht ich nach
über des Lebens Sinn,
doch mir geht auf, was ich vermißt,
seit Connie Palmen bei mir ist«,
dichtete er.

Auf seinem Schreibtisch, rund um die IBM, liegen säuberlich geordnete Papierstapel. Links von der Schreibmaschine häufen sich im Verlauf eines Jahres die gut fünfhundert fehlerlos mit lyrischen, scharfsinnigen und anrührenden Beobachtungen vom Dicken Mann vollgetippten Seiten an. Irgendwo in diesem Stapel versteckt sind auch die Artikel, die er zwischendurch geschrieben hat, Interviews für *Het Parool*, Vorträge sowie die Texte für das Musical *Hier entlang, meine Damen!*, das er für Willem Breuker geschrieben hat und das im Oktober Premiere hatte.

»Könntest du sie bitte für mich aufbewahren?« bittet er mich am letzten Tag des Jahres, als er seinen Schreibtisch aufräumt.

Er hat Unmengen von Einkäufen gemacht, Taschen voller leckerer Sachen für den Silvesterabend. Wie schon im vergangenen Jahr haben wir Olga Zuiderhoek eingeladen, und wie im vergangenen Jahr wird Ischa uns Kaviar mit Crème fraîche, gebeizten Lachs und Lammfleisch auftischen.

»Das ist meine einzige echte Freundin«, sagt er über Olga.

Im Laufe des Jahres ist auch der Stapel Briefe auf der rechten oberen Ecke des Schreibtisches angewachsen. Die meisten davon stammen von Frauen. Ihre Briefe gleichen sich. Der erste einer Serie ist bewundernd, der zweite verliebt und der dritte flehend oder bestürzt über sein grausames Fernbleiben. Zwischen den zweiten und den dritten Brief gehört ein Zettel vom danebenliegenden Stapel, nämlich dem mit den Taxiquittungen und den knisternden gelben Kreditkartenzahlungsbelegen. Das ist dann eine Rechnung von einem Juwelier, einem Bekleidungsgeschäft oder einem schicken Restaurant. Je nachdem, wie schuldig er sich fühlt. Daß er in der Wohnung, in der wir zusammen sind, alles offen auf dem Schreibtisch liegenläßt, ist seine Art, mir zu zeigen, daß er mich nicht belügen möchte.

Wie im vergangenen Jahr packt er auch diesmal an Silvester den gesamten Stapel und wirft ihn in den Papierkorb, ohne sich auch nur einen der Briefe noch einmal angesehen zu haben.

»Ich akzeptiere es zwar, aber ich respektiere es nicht«, habe ich zu ihm gesagt.

Der Schreibtisch sieht faul und nackt aus, als er leergeräumt ist. Der Stapel Ansichtskarten oben auf zwei mit der Hand beschriebenen DIN-A4-Seiten wirkt vernachlässigt und verwaist. Einen kleineren Stapel könnte er gar nicht bilden, und ich lese daraus plötzlich ein Unvermögen ab, das mich traurig macht.

»Im Mai nehme ich mir zwei Wochen Urlaub vom

Dicken Mann«, sagt er, als er mich den Schreibtisch betrachten sieht. »Dann fahren wir in ein ruhiges kleines Motel irgendwo in Amerika, wo es warm und langweilig ist, und dann schreibe ich binnen vierzehn Tagen das Buch über meinen Vater.«

Es ist ein Direktflug nach Miami, Florida. Wir werden dort von einer Dame mittleren Alters abgeholt, die eine Mietwagenfirma in Lauderdale by the Sea betreibt, wo wir ein Motelzimmer am Strand gemietet haben.

Dort treffen wir in der Abenddämmerung ein. Es ist Anfang Mai 1993, und in Florida ist es warm. Lauderdale by the Sea erweist sich als eine Stadt wie aus den fünfziger Jahren, ein eher kleiner Ort mit nur wenigen Hochhäusern, tadellos geharkten Wegen, einer Handvoll mittelmäßiger Restaurants, einer italienischen Eisbar und drei zum Ozean hin ausgerichteten Bänken auf einem Platz.

»Hierher werden wir noch sehr oft im Leben kommen«, sagt Ischa am selben Abend, als wir uns mit zwei doppelten Espressos in Pappbechern auf eine der Bänke setzen und ziemlich selig zwischen den Palmen hindurch auf den wäßrigen Horizont hinausspähen.

Er packt den Stapel Ansichtskarten nicht sofort aus. Er ist müde und möchte zuerst ausruhen. In den ersten Tagen verlassen wir Lauderdale kaum. Jeden Morgen spazieren wir in aller Frühe ins Country Ham 'n Eggs Restaurant und verspeisen dort ein herzhaftes Frühstück. Danach spülen wir auf einer Bank am Strand den faden Geschmack des amerikanischen Kaffees mit einem *espresso to go* hinunter. Wenige Stunden später sitzen wir dann in einer schummrigen Kneipe, in der Countrymusik dudelt und in jeder Ecke ein Fernseher hängt, und nehmen über einer Schüssel Austern das Verhalten anderer oder von uns selbst unter die Lupe.

Aber am allerliebsten sitzt Ischa mit Kopfhörern draußen vor unserem Apartment in der Sonne und hört sich die Aufnahme an, aus der eine CD von ihm werden soll: seine Interpretation von etwa zwanzig französischen Chansons, begleitet von »The Izzies«.

»Weißt du, wie die CD heißen wird?«
»Nein.«
»*Aimez-vous Ischa?*«
Oui.

Wir sehen ihn jeden Morgen. Er sitzt immer am Tresen des Restaurants, in dem wir frühstücken. Er dürfte um die Fünfundzwanzig sein, aber das ist schwer zu schätzen, denn er wiegt mindestens zweihundert Kilo, und dieses Gewicht macht ihn alterslos. Mit gesenktem Kopf schaufelt er ein immenses Frühstück in sich hinein und bestellt, sobald sich sein Teller zu leeren droht, immer wieder etwas Neues. Ich kann kaum die Augen von ihm abwenden, obwohl der Anblick mich traurig macht, aber ich möchte den Moment nicht verpassen, da sich die Panik in seinem Blick abzeichnet, die Verzweiflung, die ihn befällt, wenn er sieht, daß sich auf seinem Teller Lücken auftun und er den Moment nahen fühlt, da Schluß ist mit der Esserei. Die Mischung aus Angst und Scham, mit der er scheinbar achtlos und immerzu murmelnd *pancakes, sausages, potatoes* oder *eggs* nachbestellt, schneidet mir in die Seele.

»Essen ist für ihn Gesellschaft«, sage ich zu Ischa, »und diese Panik entspringt der Angst, den Tag angehen zu müssen, ohne ständig in dieser Gesellschaft verkehren zu dürfen.«

Ob er auch so esse, fragt Ischa mich, ob sich diese gräßliche Panik auch in seinem Blick abzeichne, wenn er esse, und ich antworte ihm, das habe er nur bei seiner Schlafesserei oder wenn er irgendwelchen Schnellfraß wie Eis, Nüßchen und Chips esse, aber nicht, wenn er oder ich gekocht hätten, da esse er vielmehr so, als tue er es nur widerstrebend, da erwecke er manchmal den Eindruck, als wäre es eine Qual für ihn, das Essen, das er zubereitet habe, auch noch aufessen zu müssen.

»Das ist auch meistens so«, sagt Ischa. »Alles am Kochen macht mir Spaß, das Einkaufen und die Überlegung, wie ich das Ganze für uns zubereite, lecker in Becel braten, noch eine Handvoll Rosinen dazu, eine Prise Pfeffer, ein Lorbeerblatt, eine Dreiviertelstunde schmoren lassen, herrlich, aber daß ich es dann aufessen muß, das finde ich eigentlich schrecklich.«

»Mit Büchern und Frauen geht es dir genauso«, konstatiere ich – und, ja wirklich, manchmal bin ich es selbst leid, dieses zwanghafte Bedürfnis, alles anzusprechen, worüber es sich schwer sprechen läßt, und daß ich das einfach nicht lassen kann und will, mag es auch sieben Uhr in der Früh sein, und wir sitzen einander in einer amerikanischen Kleinstadt gegenüber, und ich habe gerade seine Initialen mit Ahornsirup auf einen *pancake* geträufelt.

»Mit Büchern und Frauen geht es dir genauso«, konstatiere ich also und muß auflachen, über mich und über sein

Gesicht, in dem so viel geschrieben steht – die Neugierde, was ich jetzt wohl darüber sagen werde, der Widerwille und das Verlangen, über etwas zu sprechen, über das sich schwer sprechen läßt, und die Bestürzung und Bewunderung ob der Unermüdlichkeit, mit der ich sein Wesen erforsche.

Er versteht dieses Lachen und lacht mit. »Ist es nicht ein bißchen früh für dieses Gespräch?« fragt er.

»Für manche Gespräche kann es höchstens zu spät sein«, entgegne ich.

»Laß mich kurz darüber nachdenken, dann stehe ich dir bei den Austern Rede und Antwort.«

Das ist in Ordnung.

»Du gibst aber auch nie auf«, stellt Ischa fest, während er aus Verlegenheit zum Fernsehschirm in der Ecke schielt.

»Je mehr ich verstehe, desto weniger leide ich«, sage ich.

Es sei in Frankreich gewesen, ausgelöst von der Lektüre seiner ersten Sätze für *Zu meines Vaters Zeit*, da sei mir das aufgegangen, erzähle ich ihm, und natürlich könne nur er sagen, ob das zu weit hergeholt sei oder den Nagel auf den Kopf treffe, jedenfalls hätte ich mich damals gefragt, ob das Verbot, die Bücher seines Vaters anzurühren, ob sich dieses Verbot nicht auch auf seine Mutter erstreckt habe.

»Mein Vater ist ein eifersüchtiger, egozentrischer Mann«, erwidert Ischa, »und er war auch eifersüchtig auf seine Kinder, vor allem auf mich. Meiner Meinung nach hat er immer Angst gehabt, ich könnte ihn übertrumpfen, ich könnte ein besserer Wissenschaftler werden als er. Er hat meine Mutter gezwungen, sich für ihn und damit gegen ihre Kinder zu entscheiden, eine andere Möglichkeit gab es nicht. Ich hab mitunter gedacht, daß er uns von unserem zehnten Lebensjahr an haßte, daß er uns nicht gönnte, was ihm selbst von seinem zehnten Lebensjahr an vorenthalten gewesen ist, nämlich einen Vater und eine Mutter und ein Zuhause zu haben. Deswegen habe ich gesagt, daß ich in *Zu meines Vaters Zeit* der persönlichen Geschichte größeres Gewicht beimesse als einer allgemeinen. Mein Vater ist nicht durch den Krieg zu so einem Scheißkerl geworden, sondern durch seine Kindheit und seine Erziehung und durch den Tod seines Vaters.«

Was ich noch am allerschlimmsten fände, sage ich, sei, daß er sich in gewissem Sinne an das Verbot seines Vaters halte und sich nicht gestattet habe, das Bücherlesen zu genießen, Wissenschaftler zu werden, Sex zu genießen, mit einer Frau glücklich zu werden, eine Familie zu haben oder gar seinen Vater auf dessen Gebiet auszustechen, indem er zum Beispiel so etwas wie eine Biographie geschrieben hätte.

»Auch wenn ich es nicht möchte«, erwidert er mit zitterndem rechten Auge, »im Grunde meines Wesens stimme ich mit der Zurückweisung durch meine Eltern natürlich vollkommen überein.«

»Ich liebe dich von ganzem Herzen«, sage ich.

»Wirklich?«

Ich bekomme keinen Bissen mehr runter, und sogar Ischa läßt zwei Austern verwaist in ihrer Schale liegen. Er möchte ins Apartment zurück, sich kurz hinlegen und vielleicht etwas schreiben.

»Ich hab auf einmal Lust, ganz viel zu trinken«, sage ich und weiß, daß er das diesmal nicht schlimm findet.
»Dann holen wir rasch ein schönes Fläschchen Wein für dich und für mich ein kleines Fläschchen Whiskey.«
»It's going to be a bumpy day.«
Die Bemerkung gefällt ihm, das weiß ich.

Gegen vier versinken wir in tiefen Schlaf, und als ich aufwache, wird es in Florida bereits dunkel. Ischa sitzt am Tisch und schreibt.
»Das mußt du unbedingt gleich lesen«, sagt er aufgeregt.

Obwohl mein Elternhaus Tausende – ja, buchstäblich: Tausende – von Büchern beherbergte, habe ich bis zum heutigen Tag keine literarische Veröffentlichung, gleich welcher Art, als Selbstverständlichkeit hinnehmen können oder hinzunehmen gewagt. Bis heute stellt jede Form von Literatur für mich zunächst einmal eine gewisse Bedrohung dar, und jeder Ansatz zum Lesen ist mit der Überwindung eines gewissen Widerstandes verbunden. Andererseits ist mir vom Wesen her keine Welt so sehr vertraut wie die des Buches.

Noch bevor ich der Kunst des Lesens mächtig war, wies mein Vater mich gründlich in die Literatur ein. Er, der Historiker, der Hebräist, der Gottesgelehrte und Autor, wies mich schon im zarten Kindesalter auf das Vorhandensein von Gedichten, Romanen, wissenschaftlichen Abhandlungen und philosophischen Werken hin – allesamt Sprosse ein und desselben Stammes. Und so wurde in mir bereits sehr früh jener Instinkt geweckt, der sowohl zu intellektueller Erlösung als auch zu spirituellem Untergang führen konnte.

Ich bin der Leser, der kein Schriftstück benötigt; der Schriftsteller, dessen Früchte verwaist an ihr Publikum gelangen. Noch immer räume ich dem geschriebenen Wort eine größere Daseinsberechtigung ein als mir selbst; habe ich auf magische Weise Analphabet zu bleiben in einer Welt, die von der Schrift regiert, beherrscht und kontrolliert wird. Die Bibliothek als Gefängnis ist mir vertrauter als eine Freiheit ohne Buch.

»Taugt's was? Taugt's was?«

»Es ist sagenhaft gut«, sage ich und verstumme und frage noch nicht, ob er sich dessen bewußt ist, daß in der Reestraat mittlerweile wenn nicht Tausende, so doch mehr als tausend Bücher stehen.

Jahrelang habe ich es durchgehalten, kein Buch in mein Bücherregal zu stellen, das ich nicht gelesen hatte. Ungelesene Bücher warteten auf einem Stapel neben dem Bücherregal, und später bekamen sie ein eigenes Regalbrett, weil es zu viele wurden und von einem unehrerbietigen Stapel ein größerer Vorwurf ausgeht als von einem komfortablen Regalbrett. Inzwischen ist das eine Regalbrett um ein zweites erweitert worden, doch immer noch kann ich es nicht übers Herz bringen, ein ungelesenes Buch unter jene anderen zu reihen, die ich mir erworben habe, indem ich sie las, und die ich zu den meinen gemacht habe, indem ich etwas hineinschrieb, indem ich sie am Rand mit Kommentaren versah.

Ischas Bücherbesitz ist das Gegenteil von meinem. Seine

fünf Bücherregale stehen voller nahezu ungelesener Werke, von denen er weiß, daß er sie hat und wovon sie handeln. Er weiß manchmal nicht, warum er sie hat, aber das findet er dann bei Gelegenheit schon heraus. Er kann ein Buch allein deswegen kaufen, weil es von jemandem handelt, von dem er noch nie im Leben gehört hat, oder weil es so dick ist, daß der Umfang ihn fasziniert.

Seit ich ein Interview mit Harold Brodkey gelesen habe und wir Ende 1991 von seinem niederländischen Verleger ein Neujahrsgeschenk geschickt bekamen, das sich als Vorausexemplar der Übersetzung seiner Erzählungen erwies, bin ich hinter allem hergewesen, was es von und über ihn zu lesen gibt. Neben Ischa, im Bett, habe ich mit lustvollem Aufseufzen *Stories in an Almost Classical Mode* gelesen.

»Was ist denn so gut daran?« fragte Ischa mit einem Anflug von Eifersucht in der Stimme.

»Es ist eine gnadenlose, brillante, erbarmungslose Selbsterforschung«, sagte ich und bat ihn inständig, doch auch etwas davon zu lesen, damit er nachvollziehen könne, was das für eine Erfahrung sei.

Mit dem leichten Widerwillen, den ich immer bei ihm beobachte, wenn er ein Buch zur Hand nimmt und aufschlägt, begann er also mit der Lektüre von Brodkey.

»Das ist viel zu schwierig für mich«, jaulte er immer wieder, las aber dennoch weiter. »Das ist phantastisch«, hörte ich ihn dann plötzlich ausrufen, und er sprang aus dem Bett, trippelte zu seinem Bücherregal und zog eine faustdicke, bleischwere Biographie heraus, die wir aus San Francisco mitgeschleppt hatten, weil Ischa es nicht übers

Herz hatte bringen können, eine kiloschwere, eintausendundzehn Seiten dicke Biographie eines Unbekannten von einem Unbekannten einfach liegenzulassen.

»Hör mal her: Brodkey schreibt hier von einem Harold-Ickes-Ton, und wen hab ich im Bücherregal? Th. Watkins, *Righteous Pilgrim. The Life and Times of Harold L. Ickes 1874–1952*. Ist das nicht phantastisch!«

»Es war also nicht umsonst«, sagte ich und fügte hinzu, daß er mich immer wieder in Erstaunen versetze.

Bevor wir frühstücken gehen, lese ich noch einmal, was er am Vortag geschrieben hat. Und über zwei *sunny sides up* werde ich dann zu ihm sagen, daß ich jetzt auch besser verstehen könne, wieso unsere Gespräche über den Unterschied zwischen seiner und meiner Arbeit, darüber, was Journalismus ist und was Literatur, so gut wie immer in Streit mündeten.

Wenn ich ihm eins auswischen will, sage ich, daß ich Journalismus und Zeitungen nicht mag. Wenn er mir eins auswischen will, sagt er, daß er Literatur verachtet und keine Romane mag.

Wenn ich ihm ein Kompliment machen will, sage ich, daß *Der Dicke Mann* Literatur ist und er recht hat, was den Journalismus betrifft, daß ein guter Journalist in der Tat der Hüter der Wahrheit ist. Wenn er mir ein Kompliment machen will, sagt er, daß er bewundert, welche Disziplin ich an den Tag lege, wenn ich so lange über einen Roman nachdenke, und daß er bewundert, wie ich auf meine Art jeden Tag mit dem Schreiben beschäftigt bin.

Die Vorliebe für die Zeitung und die Vorliebe fürs Buch entsprängen in erster Linie der jeweils unterschiedlichen Persönlichkeit des Schreibenden, habe ich zu ihm gesagt. Es kommt gelegentlich vor, daß ich ihn bitte, die drei Tageszeitungen, die wir zu Hause in der Reestraat zugestellt bekommen, diesen Stapel Vergänglichkeit mal eben aus dem Blickfeld zu räumen, bevor ich komme, weil es Tage gibt, an denen es mich traurig macht, eine Zeitung zu sehen. All diese Wörter, die ein so ephemeres Eintagsleben leben, aber irgendwo in diesem Land und sonstwo in der Welt von unzähligen eifrig schreibenden Männern und Frauen zu Papier gebracht werden, all diese Wegwerfsätze mit dem so erschütternd kurzen Leben, die kann ich manchmal für eine Weile nicht ertragen.

»Wieso Persönlichkeit?« fragt Ischa.

»*Vertrauen muß man haben*«, entgegne ich auf deutsch.

»*Vertrauen muß man haben.*«

»Wieso Vertrauen?«

»Daß man auch existiert, wenn man nicht jeden Tag seinen Namen in der Zeitung stehen sieht«, sage ich.

Am Wochenende machen wir uns mit dem Auto zu einem etwas ausgedehnteren Ausflug auf. Bis jetzt haben wir unser Haus am Meer nur verlassen, um in die Mall, ins Kino oder in den Supermarkt zu gehen, wo wir ein paar Dosen *diet coke*, ein paar Schachteln Merit und Marlboro und viel, viel wachsbleiches Putenfleisch gekauft haben. Am Samstag morgen aber gleiten wir in einem riesigen Victoria Crown Richtung Everglades, dem Naturgebiet im Süden Floridas. Der Autokassettenrecorder schluckt das

Tape mit Musik von Rowwen Hèze, und Ischa singt die Limburger Schlager in einem Limburgisch mit, das mir ein Schmunzeln entlockt und bei uns zu Hause, bei meinen Eltern und meinen Brüdern, unbändiges Lachen auslösen kann. Eigens für sie hat er die Figur des jovialen Pastor Naaiken ins Leben gerufen, von dessen Abenteuern er in einem Kauderwelsch aus Niederländisch mit schwerem limburgischen Akzent und den paar Wörtern Dialekt, die er kennt, erzählt.

Das Boot, das mit Karacho mit uns durch den Gräsernen Fluß preschen wird, liegt schon am Anlegesteg bereit. Mir kann es gar nicht schnell genug gehen, so herrlich finde ich es, durch das hohe Schilf zu flitzen, doch Ischa macht die Geschwindigkeit ein bißchen angst, und er hält meine Hand. Das Boot bremst ein wenig ab, um den Fahrgästen Gelegenheit zu geben, die Krokodile im Wasser zu sehen oder nach irgendwelchen seltenen Hühnern und sonstigen Vögeln Ausschau zu halten.

»Hör doch nur, das Schubjunkerchen«, girrt Ischa erleichtert, als wir uns fast nicht mehr von der Stelle bewegen. »Und da, schau mal, ein Kreuzmajorchen, ein Scharnierjüfferchen, und, ja, da haben wir auch das Vierjunkerchen.«

Mitten in dem Sumpfgebiet liegt eine Insel. Dort gehen wir an Land, um uns einen Krokodilkampf anzusehen. Auf der Insel sind Hütten errichtet, in denen Indianer ihre handgeflochtenen Beutel, bunt gewebten Tücher und Stoffe, ihre Perlen und andere traurig stimmenden Heimarbeiten verkaufen.

»Ist das nun echt, oder ist das Fiktion?« frage ich Ischa niedergeschlagen. »Wird hier Indianer gespielt, oder leben diese Menschen auf dieser Insel, in diesen Hütten und tun den ganzen Tag nichts anderes, als Touristen zu empfangen, um sich von ihnen anglotzen zu lassen?«

»Sie sehen todunglücklich aus«, sagt Ischa, »sie dürften es demnach selbst nicht mehr so genau wissen, denn das ist natürlich die Wurzel allen Unglücks, wenn du selbst nicht mehr zwischen echt und unecht unterscheiden kannst.«

Auf dem Rückweg erzähle ich Ischa, daß ich die Struktur von *Die Freundschaft* jetzt immer deutlicher vor Augen habe, daß ich jetzt weiß, was ich miteinander verknüpfen will und wie und warum ich das machen werde.

»Vorhin, bei den Indianern, wußte ich, daß das Buch auch davon wieder handeln wird, von Echtheit und Fiktion.«

»Aber du magst doch Fiktion!«

»Ja«, sage ich, »sie ist für mich kein Gegensatz zu dem, was offenbar unter Echtheit verstanden wird.«

Nach Hause zurückgekehrt, nehme ich mein Notizbüchlein und erzähle ihm die zu jeder Notiz gehörige Geschichte. Wie ich als Kind einen Backstein zum Hund machte, mein Fahrrad zum Pferd, einen Baum zum Blutsbruder, und wie selbstverständlich ich es demzufolge fand, daß ich später nicht in der üblichen Weise von einem Mann entjungfert wurde, sondern von einem Arzt mit einem Spekulum – wie logisch mir das alles erschien.

»Es wurde das, was ich daraus machte«, sage ich.

»Du warst ein mächtiges Kind«, erwidert Ischa. »Du

hast dich nicht unterkriegen lassen, wenn es dir an irgend etwas fehlte, sondern hast dem Leben deinen Willen aufgezwungen.«

Einen Abstecher nach Miami läutet er auf eine Art und Weise ein, die mir mittlerweile sehr vertraut ist.

»Ich werde dir die wohlschmeckendste Tasse Kaffee der Welt, die du je an die Lippen setzen durftest, kredenzen«, sagt er. »Wenn wir Glück haben und nicht ganz Miami auf den Kopf gestellt worden ist, kriegt man die bei einem Kubaner mit einem Zeitschriftenkiosk in der Parallelstraße vom Ocean Drive in Miami.«

Anderthalb Stunden später befinden wir uns auf dem Ocean Drive. Die majestätischen Hotels am Boulevard sind renoviert, und auf den breiten Strandpromenaden gleiten gebräunte junge Leute auf Rollerskates vorüber.

»Alles Schmuddlige und alle Verfallserscheinungen sind übertüncht worden. Vor knapp zehn Jahren war das hier noch ein Mekka vergangener Pracht«, sagt Ischa.

Einst boten diese verkümmerten Steinkolosse das Höchstmaß an Komfort in der damaligen Zeit. Kleine Juwele an Art-déco-Palästen; erstorbene Klänge kecker Mambo-Rumba-Orchester, stolzer Bigbands, melancholischer Pianobars. Doch die vergangene Pracht hat wiederum ihre eigene Schönheit, und ich ergötzte mich am Anblick dieser wunderschönen Ruinen, denen die schlafwandelnden alten Leutchen eine unerwartete Note verliehen – Statisten im zerplatzten Traum von ihrer eigenen Vergangenheit, denkt Ischa und schreibt es so später in *Der Dicke Mann*.

»Wahrscheinlich ist dieser Kaffeekiosk auch wegsaniert«, sagt er mit einem Pessimismus, der nur selten bei ihm durchklingt. Doch als wir kurz darauf um eine Straßenecke biegen, hellt sich sein Gesicht auf. Das Viertel ist noch immer von Kubanern bevölkert, und ein Stück die Straße hinunter sehen wir ein Grüppchen Männer, die sich vor einem offenen Ausschank an der Straße versammelt haben.

»Da ist es«, sagt Ischa erleichtert und stapft nun mit einem Mal ganz selig auf diesen Ausschank zu, bestellt *two coffees*, reicht mir mit Siegermiene einen kleinen Plastikbecher pechschwarzen Espresso und bezahlt strahlend den Vorkriegspreis von *thirty cents each*. Alles stimmt.

»Nicht alles verändert sich«, sage ich, und er legt den Arm um mich und drückt mich fest an seine Brust.

»Was ist der Unterschied zwischen einer jüdischen Mutter und einem Pitbull?« fragt er vor dem Schlafengehen rhetorisch. »Ein Pitbull läßt irgendwann los.«

Im Ausland liest er kaum Zeitung. Er fährt auf diesem Erdteil auch keine zehn Meilen täglich, um in einem Kiosk, der europäische Zeitungen führt, einen überholten *Telegraaf* zu kaufen.

»Ich weiß, daß ich in dieser Familie als diejenige gelte, die keine Zeitungen mag, aber magst du sie denn eigentlich?« frage ich abends, als wir auf unserer Bank am Meer sitzen und nach einem flirrend-heißen Tag darauf warten, daß ein Gewitter losbricht.

»Wieso?« fragt er patzig zurück.

»Na, die Seiten, die du am intensivsten studierst, sind

doch die Kontaktanzeigen«, setze ich noch eins obendrauf.

»Du hast getrunken, Con, da wirst du immer kiebig.«

Als dann endlich ein Blitzstrahl geradewegs vom Himmel in den Ozean pfeilt, sind wir in einen Streit verwickelt, der sich ohne weiteres mit diesem schönsten Gewitter messen kann, das sich je vor meinen Augen abgespielt hat.

»So«, eröffne ich am nächsten Morgen in aller Frühe erneut den Angriff, »ich bin jetzt stocknüchtern, und ich frage dich noch einmal: Magst du Zeitungen denn eigentlich?«

Manchmal macht meine Zunge, was sie will, und ich kann einfach nichts Sanftmütiges sagen.

Er macht das während unserer Reisen sonst nie, und er weiß, was er mir damit antut, aber die Art und Weise, wie er sagt, was er sagt, macht unmißverständlich deutlich, daß er allein weggehen will, und ich protestiere nicht. Es ist ja meine eigene Schuld.

Er sagt nicht: »Komm, wir gehen mal kurz zum Platz, einen Kaffee trinken.«

Er sagt: »Ich geh mal eben zum Italiener, einen Espresso trinken.«

Das ist ein Unterschied.

Er bleibt nur zwanzig Minuten weg, aber ich liege völlig fertig vor lauter Reue und Verlustgefühlen auf dem Bett herum.

»Du solltest mal eine Weile keinen Wein trinken, Con«, sagt er ganz ruhig, als er wieder da ist.

»Gut«, sage ich, durch seine Ruhe und Überlegenheit beschwichtigt, »dann also heute nur ein *Bud*.«

Manchmal gelingt es mir nicht, aber ich möchte es freundlich fragen, denn ich möchte es wissen. Ich versuche es erst ein paar Tage später und finde, ich habe eine Antwort verdient, denn immerhin verzichte ich freiwillig darauf, mir zum Essen Wein zu bestellen.

»*Mineral water please* verdammt.«

Bis auf die Gewitternacht seien es herrliche Wochen gewesen, versichern wir einander an diesem Abend, einem der letzten unserer Reise. Ischa schlägt vor, im August wieder herzukommen und uns dann ein richtiges *condominium* zu suchen. Er möchte noch zehn Jahre arbeiten und ab sechzig nur noch irgendwo herumfaulenzen, hier in Lauderdale zum Beispiel, in einer Wohnung am Meer, mit mir zusammen, und dann möchte er nur noch Gedichte schreiben.

»Das mit den Zeitungen«, setze ich an, nachdem wir jeder ein Steak mit *baked potato* gegessen haben, »das mit den Zeitungen, das habe ich gesagt, weil mir *Zu meines Vaters Zeit* dauernd im Kopf herumspukt, vor allem diese erschütternde Passage, wie du in der Welt der Schrift Analphabet bleiben mußt. Es war so schlimm, das zu lesen, und zugleich wußte ich, wie wahr es ist, wie groß die Hürde ist, die du zwischen dir und Dem Buch und Dem Wissen, beides in Großbuchstaben, aufgebaut hast. Meiner Meinung nach machst du nur deswegen so viele verschiedene Dinge auf einmal, damit du Das Eine Buch nicht zu schreiben brauchst.«

»Das Buch als Band«, sagt Ischa kryptisch.

Ich sehe ihn fragend an.

»Das Eine Buch, die Bibel, stellte das Band zwischen mir, meinem Vater und Gott dar.«

»Meinst du denn, daß du auf der Flucht vor so einem Band bist?«

»Natürlich«, sagt er. »Ich möchte es, und ich möchte es auch wieder nicht.«

»Doppelt ist halb«, sage ich, wie so oft. Mit einer Heftigkeit, die ihn meistens amüsiert, rege ich mich immer über alles auf, was nach Paradoxen oder Doppeldeutigkeiten riecht.

»Berinilikiki«, sagt er daraufhin, »ich möchte und möchte auch wieder nicht, und dann wieder wohl, aber vielleicht doch lieber nicht. Das ist Berinilikiki.«

»Wenn man auf ein Paradox stößt, steht das Nachdenken meist erst noch an«, sage ich gelegentlich zu Ischa. »Denken tut man doch, um einen Zustand der Zerrissenheit aufzuheben, um eine Lösung für den Konflikt zu finden, daß man etwas möchte und auch wieder nicht möchte. Das Buch über deinen Vater«, frage ich, »willst du das nun schreiben oder nicht?«

»Ich möchte es sehr gern«, antwortet er ernst, »aber es fällt mir schwer, es auch zu tun.«

»Du möchtest es am liebsten ganz schnell machen«, sage ich, »und dieses Buch erlaubt dir nicht, es wie im Rausch zu schreiben.«

»Wie kommt das?«

»Vielleicht möchtest du das Band nicht zerreißen«, sage ich.

»Mein Vater hatte nur ein Band mit seinen Büchern, mit diesen Bänden an der Wand, und mit sonst niemandem.«

Am Anfang war das Buch für mich ein Name; der Name des Buches; ein noch vibrierender Speer im Herzen der Sache; das Auf-den-Kopf-Treffen des Nagels; der so und nicht anders tönende Klang – die Namen in seinem Bücherregal symphonisches Äquivalent zu einem hermetischen Universum.

Kafka, Freud, Spinoza, Rabbi Salomo Jitzchaki, Rabbi Moses Ben Maimon, Buber, Rosenzweig, Nescio, Polgar, van het Reve, Heine, Hitler, Tucholsky, Dèr Mouw, Multatuli. Schlag nur den Gong, so erklingt ein Name.

In meinem Leben verhalten sich Bücher zu Namen wie Namen zu Büchern – bis zum heutigen Tag. Mein ganzes Wesen ist von dieser Formel durchdrungen, mit dieser Formel verwoben. Und das hängt auch mit der Art und Weise zusammen, wie mein Vater mich mit dem Wort, dem Buch, vertraut machte und, beinahe parallel zu dieser Liebesgeschichte, seinen Sohn von sich stieß.

Ich lese es ein paarmal hintereinander, doch ich verstehe es nicht so ganz, und das sage ich Ischa auch, daß diese Rolle der Namen offenbar von Bedeutung sei, daß mir aber nicht ganz klar sei, wie es sich genau verhalte.

»Das kommt schon noch«, sagt er überzeugt.

Unser Flugzeug geht erst um Viertel nach zehn abends ab Miami. Wir verbringen noch soviel wie möglich von diesem letzten Tag in Lauderdale, auf den Stühlen vor unserem

Apartment und auf der Bank am Meer. Ischa hat sich in den letzten zwei Wochen täglich die Aufnahme von seinen Liedern angehört und kann immer noch nicht genug davon bekommen. Braungebrannt sitzt er in Badehose und mit Kopfhörern da und späht aufs Meer hinaus. Er kaut auf seinem kleinen Finger, und um seinen Mund spielt immerzu ein Lächeln. Ich setze mich neben ihn ins Gras, lehne den Kopf an seinen Schenkel und reiche ihm meinen Kopfhörer, damit er ihn bei seinem Walkman einstöpseln kann. Er legt mir die Hand auf den Kopf, und wir lauschen ihm und »The Izzies«, hören uns *Les temps des cérises, Le chat de la voisine, L'âme des poètes* und *Les feuilles mortes* an. Er beugt sich lächelnd zu meinem Gesicht herunter, als *Quand les roses* dem Ende entgegengeht, und grinst breit und lieb, als er sieht, daß mir tatsächlich die Tränen über die Wangen strömen und ich zum ich weiß nicht wievielten Mal sage, daß ich es kaum aushalten kann, ihn das singen zu hören.

»Ich würde gern länger bleiben«, sagt er. »Ich bin glücklich.«

Drei Wochen nach unserer Abreise aus Lauderdale klingelt es um halb zehn Uhr abends bei uns in der Reestraat an der Tür. Ischa und ich liegen im Bett. Er geht zum Fenster und schiebt es hoch. Unten steht Tamarah Benima. Sie ist gekommen, um ihm mitzuteilen, daß seine Mutter nachmittags um drei gestorben ist. Es ist der 3. Juni 1993. Sie war vierundsiebzig.

»Was ist dein größter Wunsch?« habe ich ihn an einem unserer ersten gemeinsamen Abende gefragt.

»Familie«, antwortete er.
»Gut«, sagte ich, »kriegst du von mir.«
»Wie willst du denn das anstellen?« fragte er belustigt.
»Ich werde mit dir zusammen deine Eltern begraben«, sagte ich.

Ein halbes Jahr vor dem Tod seiner Mutter erfahren wir von einer Bekannten – wir sind auf ein Gläschen im Schiller am Rembrandtplein –, daß Ischas Mutter in Haarlem im Krankenhaus liege. Laut und schroff fragt er diese Bekannte, was sie denn habe. Sie weiß es nicht.
»Eine Frauengeschichte«, habe sein Vater am Telefon zu ihr gesagt. Ischa will daraufhin sofort nach Hause. Draußen auf der Straße frage ich ihn, wieso er so barsch zu der Frau gewesen sei. Er hasse jeden, der mit seinen Eltern verkehre und ungehindert über die Schwelle des Hauses in Heemstede treten könne, wie die Pest, antwortet er, weil das für ihn und seine Geschwister verbotenes Terrain sei und weil sich überdies jeder, der Umgang mit seinen Eltern habe, widerspruchslos dem grausamen Gesetz seines Vaters füge, daß innerhalb der vier Wände dieses Hauses niemals über die Kinder gesprochen werden dürfe. Wer ihren Namen erwähne, fliege in der nächsten Minute hinaus.
»Wer das gutheißt, begeht doch eine Art Verrat«, sagt er. Er selbst ist noch nie in diesem Haus gewesen.
Es ist schlimmer als Verrat, meine ich. Es gutzuheißen, daß jemand totgeschwiegen wird, heißt, sich einer Form von Mord mitschuldig zu machen. Von nun an würde ich diese Frau auch zutiefst verachten, beteure ich, mitsamt ihrem verschrobenen, hausbackenen, untalentierten Ehe-

mann, und auch jeden anderen, der Ischa verrate, und von nun an würde ich diese elenden Feiglinge keines Blickes mehr würdigen. Er grinst.

»Du würdest für mich morden«, sagt er.

Und ob.

»Und deine Brüder auch«, sagt er.

Ja, die auch.

In den darauffolgenden Monaten leidet er unter Bauchschmerzen. Auf seinen Streifzügen durch die Stadt versucht er soviel wie möglich über den Zustand seiner Mutter in Erfahrung zu bringen. Er erwägt meinen Vorschlag, sie im Krankenhaus zu besuchen, geht das Wagnis am Ende aber doch nicht ein. Ihretwegen und weil er diesem Mann nicht begegnen möchte. Die Schmerzen in seinem Bauch sind das einzige, was ihn mit seiner sterbenden Mutter verbindet. Bei ihr ist es Krebs, bei ihm ist es ein Magengeschwür.

Er hat Tamarah hinausbegleitet. Es geht auf Mitternacht zu, und wir sitzen nebeneinander. Wir reden und trinken. Ich lasse sein Gesicht nicht aus den Augen. Die Verzweiflung kommt nicht sofort. Zuerst macht Ischa sich auf die Suche nach einem Foto. Irgendwo in diesen Schränken müsse doch noch ein Foto von ihm und seiner Mutter liegen! Wo sei das nur? Es sei aufgenommen worden, als er gerade diese Enzephalitis hinter sich gehabt habe. Sie stünden in New York auf dem Flughafen La Guardia an einem Zaun. Er sei damals zwei gewesen, und sie halte ihn an der Hand. Ob er mir das je gezeigt habe?

Nein. Bis dato habe ich keine Ahnung, wie seine Mutter aussieht. Er steht im Schlafzimmer auf einem Hocker und sucht in den oberen Schrankfächern. Langsam, aber sicher schleicht sich in die Art und Weise, wie er das tut, eine immer größere Ratlosigkeit. Ich stehe hinter ihm. Ich habe Angst, daß er fallen könnte.

Er findet das Foto nicht und setzt sich hin. Ich sehe, wie sich sein Gesicht verändert, wie die Verzweiflung sich einen Weg bahnt, wie sich ein Schmerz breitmacht, gegen den er nicht anboxen kann und der vorläufig auch nicht mehr weggehen wird.

»Alle Menschen, die ich im Leben kennengelernt habe, waren einer wie der andere liebenswerter als meine Eltern. Sie waren liebenswerter, menschlicher, ehrlicher, und sie waren nicht so erbarmungslos. Ich schäme mich für meine Eltern«, sagt er, »sie waren so unzivilisiert. Ich finde das alles so jämmerlich. Daß es sich zwischen meiner Mutter und mir nicht mehr eingerenkt hat, das finde ich ungerecht, das habe ich nicht verdient. Schon mit zwölf wußte ich: Das Leben ist zu Ende. Mein Vater war ein Jahr lang weg gewesen. Er war nach unserer Übersiedelung in Surinam geblieben, mit einer anderen Frau. Nach einem Jahr bekommt meine Mutter ein Telegramm, daß er am selben Abend auf Schiphol eintreffen werde. Ich sehe ihn noch dort stehen. So ein Typ in Regenmantel. Dieser lächerliche Regenmantel, aus dem dieser braune Kopf ragt. Da ist es passiert. Meine Mutter sieht ihn, stürmt zu ihm hin und wirft sich diesem Mann in die Arme. Ich hab noch nie zwei Menschen sich so umarmen sehen. Wie die zwei Hälften eines Brötchens klappten sie zusammen und klammerten sich aneinander fest. Danach sind sie nie wieder voneinander losgekommen. Es war vorbei, für ihn, für sie und für uns.«

Er muß reden, das sehe ich. Er redet und trinkt.

»Ich bin nicht traurig, ich bin verzweifelt. Ich will dieses Leben nicht, ich will es anders. Ich bin zu klein für eine solche Tragödie, ich bin zu klein. Con, ich finde dieses Leiden zu groß, viel zu groß, ich will es nicht.«

Kurz darauf schaut er mich angsterfüllt an.

»Ich weiß nicht, ob ich es schaffe«, sagt er beklommen.

»Wir werden sehen«, entgegne ich so ruhig wie möglich, und dann frage ich ihn, ob er in Gedanken schon Sätze schreibe, für seine Mutter.

Er kann mir keine Antwort geben. Seine Kehle ist zugeschnürt, und er schlägt die Hände vors Gesicht.

Es ist drei Uhr nachts, und vor Kummer und Whisky wankend erhebt er sich vom Tisch. Er geht zu seinem Schreibtisch, setzt sich an die IBM und beginnt einen *Dicken Mann*. Er bittet mich um ein weiteres Glas. Eine Stunde später beugt er sich schwer über mich, legt mir die Hand in den Nacken und liest den *Dicken Mann* mit, der vor mir liegt.

Da setzte sich eine schöne junge Frau neben ihn, die sagte: »Sie sehen ein wenig beunruhigt aus.«

»Ja«, antwortete Der Dicke Mann, »ich muß noch einen Artikel für die Zeitung schreiben. Und ich habe gerade erfahren, daß meine Mutter gestorben ist.«

Im folgenden erkenne ich die Geschichte wieder, die Leonie Smit vor einigen Tagen erzählt hat und die Ischa nun gekonnt seinen Zwecken angepaßt hat. Es ist die Suche nach einer Mutter und nach den Antworten auf so viele, viele Fragen. Die Suche beginnt erst, als die Tochter nicht mehr Klavier spielen kann. Das Klavierspielen hat sie von ihrer Mutter gelernt, und solange sie das noch konnte, solange sie die Melodie ihrer Mutter noch erklingen lassen konnte, war diese Mutter für sie lebendig.

»Dann schreiben Sie doch jetzt einen Artikel für Ihre Mutter«, sagte Das Schöne Junge Mädchen. »Lassen Sie einfach eine kleine Melodie für sie erklingen. Bestimmt – das funktioniert.«

»Ja«, murmelte Der Dicke Mann. »Ja, ja, ja.«
Er erhob sich.
Und er lief rasch nach Hause.
Um alles, alles aufzuschreiben.

Dann weint er und hört gar nicht mehr damit auf. Ob der Artikel nicht verworren sei, fragt er. Nein, das sei er nicht. Ja, wovon dieser *Dicke Mann* denn um Himmels willen handele, fragt er daraufhin, was er denn bedeute. Dieser *Dicke Mann* handele meiner Meinung nach davon, was bewahrt bleibe, und er besage vor allem, daß er jemand sei, der durchs Schreiben bewahre, antworte ich ihm darauf.

»Alles, was ich will, ist schreiben«, sagt Ischa.

Wir kriechen in dieser Nacht wie Tiere durchs Haus. Sein Schmerz wird immer größer, immer heftiger. Er schämt sich dafür, daß er auf einem Stuhl sitzt. Er möchte *Schiw'áh* sitzen, er möchte seine Kleider zerreißen, er möchte das Kaddisch sprechen.

Ich wisse ja nicht, wie schwer es sei, jemanden zu lieben, der abwesend sei, sagt er. Ich wisse ja gar nicht, was schlechte Menschen seien, sagt er, und er sehne sich danach, meine Eltern zu sehen, sagt er.

Gegen Morgen sind wir völlig erschöpft und gehen ins Bett. Er bittet mich, ihn in die Arme zu nehmen. Ich wache auf, als er mich kurz losläßt. Er nimmt den Kopfhörer vom Nachttisch, wählt eine CD aus, legt sich wieder neben mich und zieht mich an sich. Kurz bevor ich wieder einschlafe, dringt noch vage die Stimme von Doris Day an mein Ohr, die Weihnachtslieder singt.

Erst am nächsten Tag erfährt er, daß keine Beerdigung stattfinden wird. Seine Mutter hat ihren Körper der Wissenschaft vermacht. Der Gedanke daran erfüllt ihn mit Grausen.

»Nicht einmal eine Beerdigung«, sagt er. »Sie sind noch über ihren Tod hinaus grausam.«

In den ersten Morgenstunden hat er noch gehofft, daß sein Vater ihn anrufen würde, aber jetzt, da er weiß, daß keine Beerdigung stattfinden wird, hat er diese Hoffnung aufgegeben.

Manchmal weiß ich mir mit ihm keinen Rat mehr, weiß nicht, was ich machen soll, damit er nicht so ganz allein leiden muß. Ich gehe nicht aus dem Haus. Ich sorge dafür, daß ich den ganzen Tag über in meiner Wohnung bin, damit er mich erreichen kann, wann immer und von wo immer er mich anruft. Er fragt mich, ob es mir etwas ausmachen würde, in der Reestraat zu arbeiten, damit ich da bin, wenn er nach Hause kommt. Die drei Treppen, die er in der Allard Piersonstraat hinaufmuß, fallen ihm schwer, und er hat das Bedürfnis, mich den ganzen Tag um sich zu haben. Hin und wieder geht er nach draußen, ist aber fünf Minuten später wieder zurück.

»Ich bog um die Ecke, und da merkte ich plötzlich, daß ich gar nicht wegwollte.«

Er weint, sobald er mich sieht.

»Du läufst über vor Kummer«, sage ich.

Überall hat er Erkundigungen eingeholt, was mit einer Leiche geschieht, die der Wissenschaft vermacht worden ist, und man hat ihm erzählt, daß sie in den Osten, nach Deutschland, transportiert wird, um zu verhindern, daß irgendwer in den Niederlanden sie als den Leichnam seiner Mutter wiedererkennen könnte und somit womöglich einen bekannten Körper zerschnippeln müßte. Eine grauenerregende Vorstellung.

»Da hat die arme Frau Bergen-Belsen überlebt und wird am Ende doch noch *abtransportiert*«, sagt er voller Entsetzen.

Er möchte nichts lieber als reden. Wir reden. Wir reden über Grausamkeit, Lügen, Scham, Betrug, über Schlechtigkeit, Dummheit und Genialität. Was das alles ist.

»Sie war eine dumme, schlechte, verlogene Frau. Als ich studierte, sahen wir einander einmal im Monat im ›Formosa‹. Da gab sie mir ein kleines Monatsgeld und ließ mich, sehr nervös, den Empfang quittieren. Später hörte ich, daß sie auf diese Weise das dreifache Kindergeld bekamen. Wir sahen einander auch an dem Tag, als mein reicher Onkel, der Bruder meiner Mutter, gestorben war. Ich sagte zu ihr, daß sie ja nun vielleicht etwas Geld bekämen und sie und mein Vater mal zusammen verreisen könnten, in die Schweiz oder so. ›Ach nein‹, sagte meine Mutter mit diesem sauertöpfischen, verkniffenen, heuchlerischen Mund, ›wir kriegen nichts.‹ Am nächsten Tag las ich in der Zeitung, daß meine Eltern eine Million geerbt hatten. Zwei Millionen waren es dann sogar. Da erst wurde mir bewußt, daß sie mich betrog, und das hat mich furchtbar erschreckt. Der Betrug meiner Mutter hat bei mir von da an alles schief gerückt.«

Er will auch mit anderen reden. Abends lade ich Freunde ein, damit er immer wieder dasselbe sagen kann und die Freunde immer wieder etwas anderes darauf antworten können.

Neun Tage nach ihrem Tod stehen wir am Schabbat um neun Uhr morgens in einer kleinen Schul irgendwo in Amsterdam-West. Es ist kaum mehr als ein Wohnzimmer, aber es ist die Schul, die Ischas jüngerer Bruder Job jede Woche besucht und in der er an diesem Tag das Kaddisch für seine Mutter sprechen möchte. Ischa hat beschlossen, es mit ihm gemeinsam zu tun. Es dauert eine Weile, ehe die *Minján* vollzählig ist. Ungeduldig und nervös läuft Ischa mit Käppchen auf dem Kopf umher. In sein Gesicht schleichen sich die mißmutigen Züge des Angeödetseins. Die anwesenden Frauen, darunter Jessica und Oda, Jobs Frau, sitzen hinter einer Scheibe, vor der eine Glasvitrine angebracht ist. Mir ist übel von dem Geruch, der im Raum hängt, davon, daß ich hinter einer Scheibe sitzen muß und weil ich dieses erbärmliche Angeödetsein und diese Nervosität Ischas bis in den Magen hinein spüre, und das von Mal zu Mal schlimmer. Vom Gebetsraum schaut Ischa zu mir herüber. Er reißt sich das Käppchen vom Kopf und kommt zu mir.

»Dir geht es nicht gut«, sagt er hoffnungsfroh.
»Nicht so schlimm«, sage ich.
»Was mach ich hier eigentlich?« flüstert er mir ins Ohr.
»Kaddisch sprechen für deine Mutter«, flüstere ich in das seine.

Jeden Abend massiere ich ihm die Kopfhaut mit warmem Öl. Unter seinem Haar hat sich eine dicke Kruste gebildet. Es sieht schmerzhaft aus, aber er klagt nicht über diese Schmerzen. Er läßt sich die Massage länger gefallen, als ich es von ihm gewöhnt bin, und das finde ich schön.
»Das ist alles Kummer«, sagt er.

Fünf Wochen später, am Freitag, dem 9. Juli, liegt bei unserer Heimkehr ein Brief auf der Fußmatte. Darin steht, daß sein Vater soeben verstorben sei. Er liest ihn ruhig und ungerührt. Ich denke, daß es zuviel für ihn sei, daß er keinen Raum mehr dafür habe, auch noch um seinen Vater zu trauern, doch er hat an diesem Abend etwas Erleichtertes, beinahe schon Triumphierendes. Jede Stunde dieses Abends mustere ich angespannt sein Gesicht, in der Erwartung, daß seine Stimmung in Schmerz und Kummer umschlagen wird, doch das geschieht nicht. Es ist, als sei sein Leben stimmiger, nun, da sie alle beide tot sind, als habe die Trauer um sie, die ihn ja schon seit Jahren begleitet, nun eher ein Ende, als daß sie noch einsetzen müsse. Er weint nicht, er will nicht *Schiw'äh* sitzen oder das Kaddisch sprechen, er legt in dieser Nacht keine Weihnachtslieder von Doris Day auf. Das einzige, was er macht, ist, sich hinter seine IBM zu klemmen und zu schreiben. Der Melodie seiner Tipperei höre ich an, daß er genießt, was er macht.

Heemstede. Gestern abend ist in seinem Wohnort Heemstede der Historiker, Hebräist und Literaturwissenschaftler Dr. Jaap Meijer gestorben. Er wurde achtzig Jahre alt.

Meijer erlangte unter anderem mit seiner Biographie von Jacob Israël de Haan Berühmtheit. Auch schrieb er eine vielgepriesene Untersuchung über Willem Anthony Paap, einen Vertreter der Achtziger. Zahllose Gedichtsammlungen veröffentlichte Meijer unter dem Pseudonym Saul van Messel.

Jakob Meijer wurde in Winschoten als Sohn eines Markthändlers geboren; dessenungeachtet konnte er das Niederländisch-Israelitische Seminar absolvieren und studierte später Niederländisch und Geschichte. Er wurde noch während des Krieges bei Jan Romein mit einer Dissertation über Da Costas weg naar het christendom *promoviert. Wenig später wurde er mit seiner Frau und seinem Sohn Ischa über Westerbork nach Bergen-Belsen deportiert. Alle drei überlebten das KZ.*

Nach dem Krieg entwickelte sich Jaap Meijer zum begeisterten Dozenten, Rabbiner (in Paramaribo, Surinam) und Autor von – oft im Selbstverlag herausgege-

benen – Monographien, meist die Geschichte der Juden in den Niederlanden betreffend; sein profundes Wissen über diese Materie steht in jeder Hinsicht außer Zweifel; seine für gewöhnlich recht polemische Haltung hat ihn allerdings weitgehend isoliert – eine Position, die er im übrigen bewußt anzustreben schien.

Nachdem ich den Nachruf gelesen habe, sage ich, daß mir jetzt alles klar sei.
»Du kannst zum erstenmal im Leben mit ihm machen, was du willst«, sage ich.
»Genau«, bestätigt er mit Siegermiene.

Sobald er den Nachruf an *Het Parool* gefaxt hat, ruft er in der Redaktion an. Frits Campagne ist am Apparat.
»Ihr kriegt gerade einen Nachruf auf meinen Vater rein. Lies das bitte mal«, sagt Ischa im Ton der Begeisterung.
»Und, wie findest du's?« fragt er bereits nach zehn Sekunden. Frits merkt irgend etwas zum letzten Satz an.
»Ja, der muß schon rein«, lautet die eiserne Entgegnung.
Danach fragt Frits, wie er angeben solle, von wem die Mitteilung stamme.
»Von unserem Korrespondenten«, sagt Ischa.

Am nächsten Tag fahren wir mit dem Zug nach Heemstede, und da ist nun niemand mehr, der die Tür des Hauses seiner Eltern vor ihm verschlossen hält. Ich traue mich noch nicht so recht, im Haus umherzugehen, und lasse Ischa einfach schalten und walten. Das erste, was er macht, ist, auf die Bücherwände zuzugehen, die sich über die gesamte Länge des Wohnbereichs und zwei Wände eines Nebenzimmers erstrecken. Mit schiefgelegtem Kopf studiert er die Buchrücken und liest die Titel. Es dauert eine Weile, ehe er ein Buch anzufassen wagt, um es aus dem Regal zu ziehen. Nachdem er es sich angesehen hat, stellt er es sorgsam wieder zurück.

»Alles Mist«, murmelt er in einem fort. Er fragt sich, warum er sich hiervor sein ganzes Leben lang gefürchtet hat, was ihn an dieser gigantischen Menge von Büchern so niedergedrückt und ihm eine solche Angst eingejagt hat. Er sagt, diese Sammlung gebe nicht den geringsten Anlaß für so viel Angst und er habe dem Intellekt seines Vaters dieselben mythologischen Ausmaße angedichtet wie dem seiner Schwester.

»Er hat nach 1940 kaum noch Bücher gekauft«, sagt Ischa. »Damals hat er aufgehört zu leben.«

»Zu lernen vielleicht«, lenke ich ein.

»Das läuft aufs selbe hinaus«, sagt er.

Ja, das stimmt.

Hin und wieder ruft er, daß ich mir das mal anschauen solle, die Vorräte in den Küchenschränken, den Inhalt des Kühlschranks, die Alkoholvorräte im Flurschrank. Weil er sich bei seinem Gang durchs Haus keinerlei Rührung zugesteht, sondern das offenbar mit der Unterkühltheit eines Forschers tun muß, verberge ich auch die meine beim Anblick dieser tadellos aufgeräumten Schränke, dieser zehn Packungen Douwe-Egberts-Kaffee, der Dosen Unox-Suppe, der Konserven mit Erbsen und Möhren, des großen Sortiments an Reinigungsmitteln, der fünf Packungen Waschpulver und der unzähligen, zum Sonderpreis gehamsterten Döschen mit Tagescreme von Revlon, auf denen *Eterna 27* steht.

»Irgendwie auch erschütternd. Als hätte man ewig zu leben«, ist das einzige, was ich zaghaft zu Ischa sage.

Er ruft mich aus den Schlafzimmern und vom Dachboden, wo noch weitere Bücherregale stehen. Er tut es, wenn er etwas erläutern will, wer seine Eltern waren, an was er sich von früher erinnert. Überall hängen Fotos von seinem Vater. Sogar auf dem Nachtschränkchen seines Vaters steht nicht etwa ein Foto von Ischas Mutter, sondern eines seines Vaters mit der Mutter seines Vaters. Er schaut in die Kleiderschränke, in Kartons und Schubladen.

»Du suchst, ob hier noch irgendwo eine Spur von deiner Existenz zu finden ist«, sage ich.

»Erwartet hatte ich es nicht«, erwidert er, »aber vielleicht hätte ich es mir erhofft.«

Weil er plötzlich blaß aussieht, schlage ich vor zu gehen, mit dem Zug nach Amsterdam zurückzufahren, aber er will noch nicht weg. Dann müßten wir aber wenigstens mal kurz an die frische Luft, sage ich, nach Heemstede hinein, ein paar normale Dinge machen, einen Matjeshering essen oder so, ein paar Einkäufe machen, und daß wir ja dann wieder zurückkommen könnten.

»Wenn man das zweite Mal hereinkommt, ist es schon ganz anders«, sage ich, obwohl ich mir nicht so sicher bin, ob das auch stimmt.

Bei unserer Rückkehr steht ein Mann vor der Tür. Er bringe die bestellten Spirituosen. Ischa erheitert das sehr.

»Der alte Herr Meijer ist vorgestern gestorben«, sagt er

und kann sich das Lachen fast nicht verkneifen. »Aber wir können das Zeug gut gebrauchen, nicht, Con?«

Er öffnet dem Lieferanten die Haustür, läßt ihn die Flaschen in die Küche bringen und begleitet ihn anschließend hinaus. Als Ischa wieder hereinkommt, kichert er.

»›Na, was hat der alte Meijer denn immer als Trinkgeld gegeben?‹ hab ich den Mann gefragt. ›Zwei Gulden fünfzig‹, hat er geantwortet. Und da hab ich, als der neue alte Meijer, ihm fünf gegeben, und das hat großen Spaß gemacht.«

Am nächsten Tag sind auch Mirjam und Rogier im Haus in Heemstede. Im Gegensatz zu Ischa haben Mirjam und Job wohl mit den Eltern in diesem Haus gewohnt. Mirjam sucht nach ihrer Puppenstube. Sie hat einen grimmigen Zug im Gesicht, und hin und wieder lacht sie gerade eine Spur zu laut und zu hämisch über die Lächerlichkeit von etwas, das sie gerade entdeckt hat, die Fotos von ihrem Vater, die vielen Schnapsflaschen im Kühlschrank.

Das Verhältnis zwischen Ischa und ihr ist inzwischen wieder abgekühlt. Wir sind nicht auf ihre Einladung zur Feier ihres fünfundzwanzigjährigen Hochzeitstags eingegangen. Als ich hörte, daß Job nicht eingeladen sei, habe ich zu Ischa gesagt, daß wir dann auch nicht hingingen.

»Ich ertrage es nicht, wenn jemand ausgestoßen wird«, habe ich gesagt.

Die Puppenstube ist unauffindbar. Als Mirjam und Rogier gehen, schauen Ischa und ich ihnen nach, wie sie zusammen durch den Vorgarten gehen. Mirjam hat so viele Pakete Waschpulver im Arm, wie sie nur tragen kann.

Tag für Tag fahren wir mit dem Zug nach Heemstede. Ischa erwägt, das Haus aus der Erbmasse zu kaufen. In Gedanken bricht er bereits die Wand zwischen der kleinen Küche und dem Wohnzimmer heraus, um eine überdimensionale amerikanische Küche daraus zu machen, mit Kochinsel, einem gigantischen Kühlschrank und blinkenden Aluminiumutensilien an der Wand.

Wir kaufen zu essen und zu trinken ein und laden die Nachbarn ein, die seine Eltern gekannt haben. Ischa will auch Familie im Haus haben. Mein jüngster Bruder Eric kommt sofort.

Dem Wunsch seines Vaters, seinen Leichnam der Wissenschaft zur Verfügung zu stellen, wird mit grimmigem Triumph nicht entsprochen.
»Als ich las, daß er tot war, dachte ich als allererstes: Ha! Endlich eine Leiche«, sagt Ischa.

Am 13. Juli 1993 beerdigen wir Dr. Jakob Meijer, und in Gedanken dessen Frau Lize Voet, auf einem nicht-jüdischen Friedhof.
»Endlich im Tod vereint«, hatte Ischa über die Todesanzeige setzen lassen.

Mit dem blau eingebundenen Buch in der Hand, jenem ersten Teil der Thoraübersetzung, an der er als Sechzehnjähriger mitgeholfen hat, besteigt Ischa die hölzerne Kanzel in der Kapelle des Heemsteder Friedhofs und eröffnet seine Ansprache auf hebräisch. Er zitiert Bereschit 32, 25 und entschlüsselt die Bedeutung dieses Satzes.

Wajiwatér ... lewadó, *fast schon ein Pleonasmus; er blieb zurück, allein, er war dort isoliert, nahezu entfremdet.* Weje'awék: *ringen, umarmen, »jakoben«, der Mann »jakobte« Jakob, er konfrontierte Jakob mit sich selbst.*

Isch: *ein Mann, ein Abgesandter des Herrn, ein Engel, ein Wesen, das Wesen.*

Vielleicht steht hier eigentlich das folgende: Und Jakob blieb allein zurück, und er rang mit dem eigenen Selbst, bis der Morgen anbrach.

Jakob Meijer, den wir heute begraben, war einer, der, in völliger Isolierung von anderen, mit sich selbst rang.

Sicher, er galt und gilt als hochbefähigter Wissenschaftler, als Gebildeter ohnegleichen, als gottgesandter Lehrer, begnadeter Schriftgelehrter, inspirierter Künstler und was nicht noch alles mehr. Doch er war einer, der sich selbst nicht ergründen konnte oder wollte.

Er ist niemals zu einem wirklich persönlichen Gespräch bereit gewesen. Er hat es sich nicht gestattet, seiner großen seelischen Not in irgendeiner Form Ausdruck zu geben.

Ja, er rang mit sich selbst.

Allein, schrecklich allein.

Das heißt, in tiefer Verbundenheit mit seiner erst kürzlich, am 3. Juni, verstorbenen Ehefrau, Lize Voet, die ihm gleichsam ihr Wesen geschenkt hatte, sich nach und nach ganz in ihm verlor, von ihm »verjakobt« worden war. Kein anderes menschliches Wesen durfte sich ihm auch nur nähern. Die innigste Nähe, auf die er sich einzulassen wagte, war die zu seinen Büchern, endlosen Bücherreihen – nicht aber auf die zu einer Person.

Jakob Meijer fürchtete sich, ihm war sterbensbang vor seinen Gefühlen, er fürchtete sich so sehr, daß sogar wir, seine drei Kinder von jetzt mittlerem Alter, bis heute auf Vermutungen angewiesen sind, welche seelischen Verletzungen ihn zu einem derart gequälten Menschen gemacht haben. Wir durften diesem grausamen Leiden nur zusehen oder es auf unseren eigenen Schultern weiter in die Welt hinaustragen, doch irgendeine Auskunft darüber bekamen wir von seiner Seite nie.

Jakob Meijer war der Prototyp des Opfers, doch von wem oder was genau?

Opfer des einfachen Milieus, aus dem er stammte?

Opfer der niederländischen Judeo-Bourgeoisie der zwanziger und dreißiger Jahre?

Opfer der Moffen?

Opfer seines KZ-Syndroms?

Opfer seiner selbst?

Summa summarum: Jakob Meijer war Opfer des Judentums.

Ich bin davon überzeugt, daß diese Erkenntnis ihm die innere Freiheit und Ruhe hätte geben können, die er so hart entbehren mußte.

Wir gedenken hier Jaap Meijers und Liesje Meijer-Voets.

Und Jakob blieb ganz allein zurück, und er rang mit dem eigenen Selbst, bis der Morgen anbrach.

Sein Tod das Morgenrot;

sein Morgenrot der Tod.

Zusammen mit seiner Tochter, seinen Geschwistern, zwei von meinen Brüdern und einem kleinen Kreis von Freunden stehe ich hinter dem Sarg. Ich höre zu und schaue zu Ischa hinauf und warte, bis er fertig ist. Als er von der Kanzel herabsteigt und sich neben mich stellt, legt er den Arm um mich, verbirgt das Gesicht an meinem Hals und schluchzt. Er stützt sich schwer auf mich, als wir hinter dem Sarg her ins Freie gehen. Die ersten Meter dieses Zugs habe ich das Gefühl, ihn auf dem Weg, der zum Grab seines Vaters führt, tragen zu müssen.

Das macht mir nichts, ich finde es schön.

Die beiden letzten Sätze von seiner Ansprache wollen mir nicht aus dem Kopf gehen:

»Sein Tod das Morgenrot;

sein Morgenrot der Tod.«

Ich verstehe sie nicht ganz. Irgendwie vermitteln sie mir eine unbestimmte Angst.

Abends essen wir zu zweit in einem chinesischen Restaurant. »Wir ziehen zusammen in ein großes Haus«, sagt er, »und ich werde mein Testament regeln. Ich möchte, daß du meine Alleinerbin bist.«

Pauke, eine Freundin und die Eigentümerin und Mitbewohnerin des Hauses, in dem ich eine Etage gemietet habe, erhält den Bescheid, daß sie Darmkrebs hat, und meine erste und beste Freundin in Amsterdam, Eva, ist in die Sinaiklinik eingeliefert worden.

Ich weine mich bei Ischa aus, nachdem ich sie besucht habe. »›Ihr seid wie ein Pfeffer-und-Salz-Set‹, hat Eva gesagt, als sie uns zum erstenmal zusammen sah«, schniefe ich, und daß es mir so vorkomme, als gäb's jetzt kein Halten mehr, als sei jetzt die Zeit von Kummer und Tod angebrochen; schon seit Monaten trübe nun das Bewußtsein mein Leben, daß die liebsten und besten Menschen, die ich kenne, so sehr leiden müßten.

Ischa will mich damit trösten, daß er sagt, er leide zwar, fühle sich aber gleichzeitig auch befreit und sei noch nie im Leben so zufrieden gewesen wie jetzt. Er habe das Gefühl, sagt er, daß er nun freie Bahn habe und ihn nichts mehr daran hindere, das zu tun, was er gern tun wolle, daß seine Kraft nun nicht mehr von seinen Eltern aufgesogen werde. Er sei glücklich mit seinem Zuhause, mit mir und mit Jessica, sagt er, und freue sich darauf, das zu tun, was er schon immer habe tun wollen, nämlich eine Talkshow im Fernsehen zu machen.

»Tas hat mich neulich gefragt: ›Willst du Connie nicht heiraten?‹ Ich sagte so was wie nein, nicht unbedingt, das sei endlich mal nicht notwendig. ›Na‹, hat Tas da gesagt, ›wenn ich dich so von ihr reden höre, bekomme ich aber große Lust, sie zu heiraten.‹ Lieb, nicht?«

»Lieb auch von dir«, sage ich.

»Ich liebe dich, was immer das auch bedeutet. Ich finde es interessant, mit dir zu leben.«

Wir verwerfen unsere Pläne, in diesem Jahr noch eine gemeinsame Reise zu machen. Ischa hat mit einer *Dicker-Mann*-Serie über seine Eltern begonnen und ist außerdem voll damit ausgelastet, für seine Fernsehsendung ein Büro einzurichten und eine Redaktion zusammenzustellen.

Zum erstenmal, seit ich ihn kennengelernt habe, verreise ich allein. Ich bin eine Woche in New York, um die Herausgabe der amerikanischen Fassung von *Die Gesetze – The Laws –* durch Signierstunden in Buchhandlungen, Umtrünke mit Leuten von der Botschaft und eine Lesung auf Long Island ein wenig ins Licht zu rücken.

Schon im Flugzeug frage ich mich, wieso ich mir das antue, wieso ich allein nach New York reise. Ohne Ischa macht es mir überhaupt keinen Spaß mehr, keine Stunde, kein Tag, keine Nacht. Manchmal machen mir diese Liebe und dieses unablässige Verlangen nach seiner Gegenwart derart zu schaffen, daß ich gern für eine Weile davon befreit wäre, daß ich mich darauf zurückbesinnen möchte, wie ich einmal war. Das gelingt mir zwar auch, doch ich kann es nicht mehr genießen. Diese ganze hehre Einsamkeit kommt mir unsinnig, lächerlich und gar nicht so heroisch vor. Ich bin am liebsten zusammen. Jede Stunde ohne ihn lohnt weniger als eine Stunde mit ihm.

Auf dem Kennedy Airport steht ein blasser, blonder junger Mann mit einem Pappschild in der Hand, auf dem Mrs. Palmen steht. Der junge Mann ist Lektor bei meinem amerikanischen Verleger George Braziller, und wie ich ihn dort stehen sehe, frage ich mich sofort, was ich auf der Fahrt nach Manhattan um Himmels willen mit ihm reden soll. Mir ist vom ersten Moment an klar, daß ich das Gespräch werde führen müssen, weil dieser Knabe noch nichts Schlimmeres mitgemacht hat als seine Jugend, über die er aber vorerst noch nichts zu vermelden hat, weil sie noch in vollstem Gange ist.

Kann sein, daß ich bereits davon anfange, als wir um ein Taxi Schlange stehen, aber wahrscheinlicher ist, daß ich erst loslege, als ich es mir auf der Rückbank des Taxis bequem machen und mich genüßlich ins Polster sinken lassen kann. Möglich auch, daß er gefragt hat, ob ich schon einmal in New York war, und sich auf mein Ja-sehr-oft-schon-*with-my-man* hin erkundigte, ob ich hier Freunde und Bekannte hätte, und ich mich daraufhin in aller Ausführlichkeit über ihn ausließ. Ich weiß, wenn ich einmal von ihm, von seinem Werk, von seinem abscheulichen kleinen Œuvre anfange, dann kann ich eine ganze Weile dabeibleiben, und darum geht es mir auch. Daher achte ich überhaupt nicht auf das Gesicht des jungen Mannes neben mir in diesem Taxi und bekomme die Bestürzung nicht mit, die sich allmählich darauf abgezeichnet haben muß und die ich erst bemerke, als ich ihn wieder ansehe.

Ich erzähle ihm nämlich, daß ich nur eine Adresse bei mir hätte, und zwar die von Harold Brodkey, er wohne Upper West, in der 88sten. Ich hätte sie von einer niederländischen Journalistin bekommen, die ein Interview mit ihm gemacht habe, hier in New York, und daran könne ich mich haargenau erinnern, solchen Eindruck habe es auf mich gemacht, was er da so alles gesagt habe.

Ich hatte zum Zeitpunkt, als ich das Interview las, noch nie etwas von ihm gelesen, aber allein das Interview genügte, um zu wissen, daß ich von diesem Mann jeden einzelnen Buchstaben lesen wollte, der von ihm zu haben war, und mir war auch gleich klar gewesen, wieso. Manchmal genügt ein Satz, um sich ein Leben lang eng mit jemandem verbunden zu fühlen. Rudi Wester, die Journalistin, hatte ihn gefragt, warum er so lange mit der Veröffentlichung seines ersten Romans gewartet habe. Brodkey antwortete: »Ich wollte mein Leben für mich behalten. Das war alles.«

Da wußte ich plötzlich, daß das die einzige Antwort auf diese Frage war und daß ich selbst der Wahrheit noch nicht so nahe gekommen war.

Während ich mit dem jungen Mann rede, klopfe ich auf meine Handtasche, weil ich darin die Adresse von Brodkey habe; ich begütige meine Handtasche wie einen Hund, denn ich kenne mich, es wird mich einigen Mut kosten, Brodkey tatsächlich aufzusuchen.

Dumm, daß ich auch da noch nicht zur Seite geschaut habe.

Erst als ich kurz Luft hole, mich rüste, ihm zu erzählen, woher das kommt, wie ich die ersten Worte von Brodkey lese und was da mit mir geschieht, räuspert sich der junge Mann. Er möchte etwas sagen.

Ich schaue zur Seite.

Er sieht mich ein wenig beschämt und erschrocken an.

»*Connie, haven't you heard?*« fragt er.

Nein.

Der Artikel war vor wenigen Wochen im *New Yorker* erschienen, unter dem Titel »*To my readers*«, eine Art Brief, in dem er erzählte, daß er Aids hat.

»*I have aids*«, so habe er angefangen, sagt dieser junge Knabe, und geendet habe er mit »*Pray for me*«.

Ich bin entsetzt. Brodkey wird sterben. Die restliche Fahrt nach Manhattan schweige ich und lasse die Erinnerung an jenes erste Mal zu, als mir etwas Vergleichbares zustieß.

Das war Ende 1983, noch in meiner Studienzeit. Ich war tief beeindruckt von Michel Foucault, und ich war arm. Ein befreundeter Philosoph, der in Paris lebte, hielt mich von Zeit zu Zeit in neiderweckenden Briefen über die Vorlesungen von Foucault auf dem laufenden, die er jeden Mittwoch im Collège de France besuchte. Wiederholt schrieb er, ich müsse einfach mal nach Paris kommen und mitgehen, damit ich den bewunderten Philosophen endlich leibhaftig sehen und hören könne. »Einfach mal« war für mich nicht drin; also jobbte ich, putzte, kellnerte und redigierte, bis ich im Frühjahr 1984 schließlich genügend Geld für Paris beisammen hatte. In der Woche vor meiner Abreise stand der Artikel in der Zeitung: »Michel Foucault – ein Nachruf«. Er war also tot.

Ich fuhr 1984 nicht nach Paris, und ich nehme in dieser Woche auch kein Taxi in die Upper West Side. Ich sitze im Gramercy Park Hotel, tue, was ich tun muß, treffe mich täglich mit meinem Verleger und verabrede mich ein paarmal mit Margie Smilow, einer Filmproduzentin, die ich im Flugzeug kennengelernt habe und mit der ich mich anfreunde. Jeden Morgen und jeden Abend ruft Ischa mich an, und ich begleiche am Ende der Woche auch noch eine Rechnung von vierhundert Dollar für die Male, die ich ihn angerufen habe.

Als er mich mit Olga zusammen von Schiphol abholt und ich ihn hinter der Glasscheibe stehen und winken sehe, bin ich völlig aus dem Häuschen und springe wenig später an ihm hoch wie ein junger Hund.

»Du hast ja kiloweise abgenommen«, sagt er mit – wie ich sehe – gespielter Entrüstung, denn er muß darüber lachen und wirft Olga einen stolzgeschwellten Blick zu.

»Er war so nervös, daß wir womöglich zu spät hier sein könnten, daß wir nun schon seit Stunden hier herumlungern«, sagt Olga loyal.

Anfang August fliegt Ischa für eine Woche nach New York, in dasselbe Hotel. Mit der Frau, die er als Chefredakteurin für sein Fernsehprogramm angestellt hat, will er sich dort Talkshows ansehen. Diese pockennarbige Lesbe hat Ischa in den vergangenen zwei Monaten mit ekstatischen Ansichtskarten bedrängt. Nachdem ich ihr zum erstenmal begegnet bin, äußere ich Ischa gegenüber, daß sie sich meiner Meinung nach für irgend etwas schäme, daß sie etwas zu verbergen habe.

»Wieso?«

»Na, bei dem scheelen Blick!« sage ich.

»Vielleicht hat die Begegnung mit dir sie ja einfach verlegen gemacht«, entgegnet er, doch ihm ist bei meiner Bemerkung unbehaglich geworden.

»Nein, diese Art von Blicken kenne ich mittlerweile«, beharre ich. »Das hier war was anderes.«

»Ich muß ihr eben alles beibringen«, erwidert er verschämt.

»*Fuck you*, Ischa Meijer!« raunze ich ihn daraufhin an. »Du bist wie ein Aal in einem Eimer Schleim. Du kannst es nicht ertragen, daß ich allein nach New York gefahren bin, und das willst du mir heimzahlen.«

»Ich hab doch auch noch mein eigenes Leben«, versucht

er mit erhobener Stimme zu sagen, was ihm aber nicht gelingt. Es kommt eher piepsig heraus.

»Schlimmer als das: Du hast *nur* dein eigenes Leben«, sage ich und laufe türenschlagend aus der Wohnung, weil ich mich gar nicht wieder beruhigen kann.

Ich liege schon im Bett, als er anruft.

»Ich hab Häppchen Marke Teuer für dich gemacht. Lachs, Heilbutt, Aal und ein leckeres Glas Wein dazu«, sagt er. »Komm doch gemütlich zu mir.«

»Nicht verzagen«, sagt er, als ich mich eine Viertelstunde später von ihm umarmen lasse, »es wird alles wieder gut.«

Im Herbst mache ich eine Lesereise durch Deutschland. Ischa hat eine Liste der Hotels und Telefonnummern und ruft mich jeden Tag so oft wie möglich an.

Ich liege in einem Hotelzimmer in Hannover auf dem Bett, als das Telefon klingelt.

»Steh auf, geh ans Fenster und schau nach draußen. Schau nach links. Siehst du das flache Land? Da hab ich als Kind gewohnt. Celle, Bergen-Belsen.«

Er mag Deutschland. Um die Lesereise für mich erträglicher zu machen, begleitet er mich ungefähr zur Halbzeit nach Köln, doch als ich ihm nach zwei Tagen zum Abschied nachwinke und allein auf dem Bahnsteig zurückbleibe, um dort einen Zug nach Koblenz zu besteigen, beschließe ich, so etwas nie wieder zu machen, nie wieder ohne ihn zu verreisen.

Drei Tage später hocke ich in einem Hotelzimmer in

München auf der Bettkante und stöhne vor Elend angesichts der mir in dieser Stadt bevorstehenden drei Tage mit ein paar Interviews, viel Leerlauf und diesem quälenden Verzicht auf Is. Da greife ich zum Telefonhörer und rufe bei meinem Verlag in der Schweiz an.

»Ich habe Heimweh. Ich möchte nach Hause, jetzt, auf der Stelle«, schluchze ich Ruth, meinem Schutzengel bei Diogenes, ins Ohr.

»Ach, liebe Connie«, sagt sie erschrocken. Eine Stunde später hat sie allen Journalisten telefonisch abgesagt und dafür gesorgt, daß am nächsten Morgen ein Ticket für den erstbesten Flug München–Amsterdam auf dem Flughafen für mich bereitliegt. Überglücklich rufe ich Ischa an.

»Ich komme nach Hause.«

»Unselige Frau«, sagt er kichernd. »Dann fetz ich morgen abend ein leckeres Entchen von Frau Witschge, und unser beider Gesundheit zuliebe mach ich auch noch ein bißchen Rotkohlpamps mit Äpfeln und Rosinen und 'nem ordentlichen Stück Butter drin. Ich freu mich drauf.«

Ischa hat mit seiner Talkshow im Fernsehen begonnen, und ich habe mit *Die Freundschaft* angefangen. Da er jetzt erst spätabends nach Hause kommt, bleiben wir halbe Nächte hindurch wach. Wir essen, reden, und manchmal schauen wir uns gemeinsam seine Sendung an, die als Aufzeichnung ausgestrahlt wird. Erstmals kann er sich selbst im Fernsehen anschauen.

»Das ist doch ein erwachsener Mann, den du da siehst, oder nicht?« fragt er.

Er macht was her, wie er da sitzt, und hat offenkundig

Freude an dem, was er tut. In den vergangenen Monaten hat er sich neun Anzüge gekauft. Bei Oger in der P.C. Hooftstraat hat er einen Anzug nach dem anderen aus den Reihen hervorgezogen und ist damit in der Umkleidekabine verschwunden, um kurz darauf breitschultrig in schimmerndem Grau wieder herauszukommen, mit Hosenbeinen, die ihm immer über die Füße schlappten und von Oger flink und geschickt umgesteckt wurden. Ich kenne ihn nicht anders als in Jeans, T-Shirt und Turnschuhen, und doch ist mir dieser Mann in Anzug sofort vertraut, und ich kann mir schon nach ein paar Wochen nicht mehr vorstellen, daß er jemals keine Anzüge getragen hat.

Ischa findet jeden Anzug und jedes Hemd, das er anzieht, gleichermaßen schön. Ich auch. Er kauft sie allesamt.

»Das wird Mia gefallen, ich im Anzug«, sagt er strahlend.

Das stimmt. Sie findet es toll.

Ischa ist aufgekratzt wie ein Kind, und ich nicht minder. Er ist ganz hingerissen von Joop van den Ende, zumal er uns dieses grandiose Angebot gemacht hat. Alle Mitarbeiter Joops dürfen auf seine Kosten ein Wochenende nach New York fliegen, um dort der Broadway-Premiere des Musicals *Cyrano* beizuwohnen. Über sein Büro läßt Ischa unseren Aufenthalt in New York um zwei Tage verlängern, so daß wir schon samstags abreisen und erst mittwochs wieder zurückfliegen. Die Premiere ist am Sonntag, dem 21. November. Das Flugzeug geht am Samstag nachmittag um zehn vor drei. Morgens, als wir unsere Koffer packen, ist Ischa hibbelig und schon fast weinerlich vor Freude.

»Ich bin so müde. Und wir sind in diesem Jahr viel zu selten zusammen verreist«, sagt er. »Ich merke jetzt erst, wie sehr mir das gefehlt hat und wie sehr ich mich danach sehne, wieder einmal ganze Tage mit dir zusammenzusein. Nächstes Jahr machen wir's anders. Dann gehen wir wieder für ein paar Monate weg, zu zweit, nach Amerika.«

Wie gewöhnlich sind wir viel zu früh in Schiphol. Als wir gegen halb zwei am Schalter stehen, um einzuchecken, höre ich jemanden meinen Namen rufen und sehe Mark auf mich zukommen. Er ist der Ex von Ed van Betuw, einem meiner ältesten Freunde, und ich war in den Jahren, als sie noch zusammenlebten und ich noch studierte, praktisch jeden Abend bei ihnen. Wir begrüßen einander, ich mache ihn mit Ischa bekannt, erzähle ihm, daß wir nach New York fliegen, aber sein Gesicht bleibt ernst, und dann fragt er, ob ich das von Eds Vater gehört hätte. Nein, habe ich nicht. So gut wie niemand hat unsere Telefonnummer in der Reestraat, und sobald ich dort die Tür hinter mir schließe, bin ich nahezu unerreichbar.

»Er ist gestern gestorben«, sagt Mark.

Das ist ein Schock für mich. Ich kenne Ed seit meinem fünfzehnten Lebensjahr, ich kenne seine Familie, seinen Vater und seine Mutter und auch seine Tanten und Onkel, und ich mochte seinen Vater sehr. Panisch blicke ich zu Ischa und sehe genau das, was ich befürchtet habe, diese leichte Irritation, diese Mischung aus Mitgefühl und der Angst, daß die Reise, auf die wir uns so freuen, durchkreuzt werden könnte. Dabei findet er wie ich, daß man in bestimmten Momenten seines Lebens für andere dasein muß, und dies ist so ein Moment, da ich, wie ich finde, bei Ed zu sein habe.

»Ich fliege nicht«, sage ich zu Ischa.

»Wir fliegen wohl«, entgegnet er trotzig.

Mark ist Stewart beim Bodenpersonal der KLM und lotst mich zu einem Büro, von wo aus ich Ed anrufen kann. Ischa wartet draußen vor der Tür. Das Gespräch mit Ed beruhigt mich. Er sagt, ich solle ruhig nach New York fliegen, er vermisse mich zwar, aber in seinem Elternhaus herrsche ein ziemlicher Trubel und alles sei so verwirrend und ermüdend, daß er kaum Zeit zum Nachdenken habe. Ob ich aber bei der Kremierung dabeisein könne?

»Ja«, sage ich, »natürlich bin ich dann da.«

Als wir in unserem Zimmer im Marriott am Times Square angelangt sind, regeln wir als erstes einen vorzeitigen Rückflug. Ischa, der schon froh ist, daß die New-York-Reise überhaupt zustande gekommen ist, greift schnurstracks zum Telefonhörer, um einen Rückflug am späten Montagabend zu buchen.

»Gefetzt! Jetzt brauchst du dir zumindest deswegen keine Sorgen mehr zu machen. Dienstag mittag bist du bei deinem Freund.«

»Ach, ist das schön«, girrt er unaufhörlich. Er geht nicht über die Fifth Avenue, er tanzt. Bei Brooks Brothers kauft er sich noch einen Anzug, und bei Macy's entdecke ich ein tolles Geschenk für Jessica, eine große Glashalbkugel, in der die Hochhäuser von Manhattan im Miniaturformat nachgebildet sind. Im Innern kann man es schneien lassen, und wenn man den kleinen Schlüssel auf der Unterseite aufdreht, klimpert ein blechernes *New York, New York*.

Es rührt ihn, daß ich an Jessica denke.

»Du hast in den letzten Monaten wenig Freude an mir gehabt«, sagt er, »aber ich werde das alles wiedergutmachen. Du bist eigentlich die einzige, an der ich nach dem Tod meiner Eltern wirklich etwas gehabt habe. Wir werden jetzt mal ein schönes Geschenk für dich kaufen, ein tolles Kleid oder so.«

»Das ist nicht nötig«, sage ich, »deine Liebe ist mir genug.«

Über solche Bemerkungen muß er immer lachen.

»Nächstes Jahr nehmen wir Jessica mit nach New York«, sagt er.

Traditionsgemäß schlagen wir gegen sieben den Weg in die 18th Street ein, um an unserem ersten Abend in New York in Pete's Tavern einen Hamburger de Luxe zu essen.

»Wie läuft's mit *Die Freundschaft*?«

»Gut. Wenn ich alles so hinkriege, wie ich es im Kopf habe, wird es ein schönes Buch«, antworte ich und sage ihm gleich im Anschluß daran etwas, das unausgesprochen zwischen uns schwebt, seit ich mit dem Schreiben angefangen habe, nämlich daß ich ihn *Die Freundschaft* erst lesen lassen möchte, wenn ich den Roman ganz und gar fertig habe.

»Man läßt ja auch niemanden schon mittendrin den Brief lesen, den man ihm gerade schreibt«, füge ich hinzu, weil er mich ziemlich begriffsstutzig ansieht. Diese Bemerkung läßt ihn aufleben.

»Ist *Die Freundschaft* denn für mich?« fragt er halb zweifelnd und halb erwartungsfroh.

»*Die Freundschaft* ist *an* dich«, erwidere ich.

In den Monaten nach dem Tod seines Vaters hatten alle *Dicken Männer* seine Eltern, insbesondere seinen Vater, zum Thema. Im Oktober ist ein kleiner Sammelband erschienen, in dem diese Kolumnen zusammengefaßt sind. Ischa hat dem Band den ironischen Titel *Meine lieben Eltern* gegeben.

Ich frage ihn, ob der Stoff für *Zu meines Vaters Zeit* nun nicht schon ganz in *Der Dicke Mann* verarbeitet sei, ob er sich denn gelegentlich noch mit dem Gedanken trage, dieses eine Buch zu schreiben.

Er wisse es nicht, antwortet er, zum jetzigen Zeitpunkt sei *Der Dicke Mann* die beste Form, über seine Eltern zu schreiben.

»*Meine lieben Eltern* ist doch gut, oder nicht?«

Das bejahe ich. Es sind die schönsten *Dicken Männer*, die er je geschrieben hat.

»Mit dem Tod deines Vaters hast du natürlich auch den Adressaten für *Zu meines Vaters Zeit* verloren«, sage ich. »Du hast letztendlich immer deinen Vater als Leser im Kopf gehabt, auch wenn du dir nicht sicher warst, ob er das Buch je zu sehen bekommen würde.«

»Ja«, sagt er, auf einmal traurig, »ich habe es natürlich für ihn geschrieben.«

»An ihn«, verbessere ich. Kein einziges Buch wird für einen einzigen Leser geschrieben, dann würden diese Bücher nicht geschrieben, geschweige denn veröffentlicht werden, dann würde ja ein einziges Exemplar alles Geschriebenen genügen. Trotzdem hat jedes Buch neben seiner abstrakten, anonymen Bestimmung, die Öffentlichkeit heißt, einen bekannten Leser, eine oder mehrere Personen, an die man das Buch schreibt, weil das die einzige Art und Weise ist, wie man etwas zum Ausdruck bringen kann, was man sagen, enthüllen möchte, oder weil man etwas geben möchte, was man auf keine andere Art und Weise geben kann, oder weil dies das Beste ist, was man zu geben hat.

»Dabei ist es gar nicht mal so wichtig, ob der bekannte Leser das Buch auch tatsächlich liest«, sage ich zu Ischa, »es ist eher die Vorstellung von der Person, die du beim Schreiben benötigst. Die Person selbst kann meiner Meinung nach auch tot sein. Du hast doch ohnehin schon dreißig Jahre lang mit einem nur vorgestellten Vater auskommen müssen, oder?«

»Beim Schreiben dieser *Dicken Männer* über meinen Vater hab ich gemerkt, daß ich dazu tendiere, immer milder über ihn zu denken. Da kamen Erinnerungen an einen liebenswerten Mann auf, Erinnerungen, die ich jahrelang nicht gehabt hatte, während die Erinnerungen an meine Mutter im Gegensatz dazu immer grimmiger wurden.«

»Vielleicht, weil dir plötzlich klargeworden ist, wieviel Zeit du dadurch vertan hast, daß du ihr so lange die Treue gehalten hast.«

»Aufgrund der Liebe zu meiner Mutter habe ich in der Vergangenheit sehr viele Menschen sehr schlecht behandelt«, sagt er.

»Ja«, sage ich, »das glaube ich auch.«

»Aber jetzt doch nicht mehr, oder?« schießt er sofort hinterher.

»Beklage ich mich etwa, Liebling?«

Freudestrahlend läuft er am nächsten Morgen durch den Frühstücksraum des Marriott, grüßt den einen an dem einen Tisch, ruft im Vorbeigehen jemand anders am benachbarten Tisch etwas zu, und beim Frühstück selbst erhebt er sich in einem fort, um mal ein kurzes Schwätzchen mit diesem und mal mit jenem zu halten.

»Hättest du das je gedacht«, sagt er, als wir wenig später durch die klare Kälte Manhattans spazieren, »hättest du je gedacht, daß du irgendwann einmal mit Henk van der Meyden an einem Frühstückstisch im Marriott am Times Square in New York sitzen würdest? Ich staune immer mehr, je älter ich werde. Gerade weil Menschen nicht einzigartig sind, das ist das Schöne.«

Die spiegelnden Scheiben der Limos reflektieren die Neonreklamen des Times Square. Eine nach der anderen fährt vor, um die ganze Gesellschaft ein paar Häuserblocks weiter am Broadwaytheater abzusetzen, wo die Premiere von *Cyrano* stattfindet.

»Joop versteht es, ein Fest aus dem Ganzen zu machen«, sage ich vergnügt zu Ischa.

»Joop ist großartig«, erwidert Ischa so stolz, als handelte es sich um einen nahen Angehörigen. So empfindet er es auch.

»Das mußt du auskosten«, hat er gesagt, als *Die Gesetze* in mehrere Sprachen übersetzt wurde, »du hast jetzt in der ganzen Welt Angehörige und kannst in all diesen Ländern auf eine Tasse Kaffee zu deinem Verlag gehen.«

»*Bonjour,
je suis votre écrivain Connie Palmen,
quelquefois je suis bouleversante,
mais maintenant, je suis calme*«,
dichtete er.

»Ich kenne niemanden, der sich so viele Angehörige verschafft wie du, Is«, habe ich darauf entgegnet. In Ermangelung eines Elternhauses hat er deren Dutzende gesucht und gefunden, in den Redaktionen der Zeitungen und Zeitschriften, für die er gearbeitet hat, in den Büros seiner Verleger, in den Studios, in denen seine Radio- und Fernsehsendungen aufgenommen wurden, und jetzt im Studio in Aalsmeer, dem familienähnlichsten Betrieb, in den es ihn je verschlagen hat. Vom VPRO spricht er nicht mehr.

»Du schämst dich wegen dieser Abweisung«, habe ich zu ihm gesagt, nachdem Roelof Kiers ihn erst in sein Büro kommen ließ, um dann bei seinem Eintreten vom Schreibtisch aufzusehen und zu fragen, was er denn hier suche, und ich habe ihm beteuert, daß dieser rücksichtslose, arrogante, eingebildete Pinsel zu den Personen gehöre, die ich im Namen meines Mannes mit Vergnügen windelweich trampeln würde.

Es ist kalt im Theater. Die Frauen in ihren Cocktailkleidchen bibbern vor Kälte. Ischa hat seine Smokingjacke ausgezogen und sie mir um die Schultern gehängt. Während der gesamten Vorstellung hält er meine erstarrten Hände in den seinen und wirft mir dann und wann einen Seitenblick zu, um kichernd festzustellen, daß ich immer noch ganz blau sei vor Kälte.

Nach der Vorstellung singe ich zähneklappernd ein Loblied auf die wundervolle Geschichte von *Cyrano* und sage begeistert zu Ischa, genau dies hätte ich nun gemeint, daß man in immer wieder neuem Gewand stets dieselben Urgeschichten auftauchen sehe, über Körper und Geist zum Beispiel, daß *Cyrano* eine Variante davon sei, und was für eine! Was für ein herrlicher Fund des Autors, was für eine Erkenntnis, dem Mann mit dem häßlichen Körper und dem großen Verstand die Worte eigen sein zu lassen und dem Mann mit dem schönen Körper und dem geringeren Verstand das Mittel der Verführung, und ob er sein Notizbuch bei sich habe, ich wolle kurz was aufschreiben. Auf dem Weg zur Premierenfeier sprudele ich mich in Windeseile warm, und Ischa muß darüber lachen. Er zieht sein Boorum Memo Book aus der Innentasche seines Mantels und reicht es mir.

»Du machst, was alle wahren Meister machen«, sagt er mit gewissem Stolz, »du bist großzügig, du läßt andere an deinem Wissen teilhaben.«

»Teilen heißt verdoppeln«, sage ich und schreibe das auch noch schnell hinter meine Notizen über *Cyrano*.

Unser Flug geht erst nachts um halb zwölf, und so können wir noch den ganzen Tag in New York zubringen. Beim Frühstück schmieden wir Pläne für den Tag, und ich sage, daß ich gern George Braziller besuchen würde, um Ischa und ihn miteinander bekanntzumachen.

»Ja, schön«, sagt Ischa.

Brazillers Verlag ist ganz in der Nähe, in der Madison Avenue. Er befindet sich im neunten Stock eines großen Bürogebäudes, und da ich in der Woche, die ich allein in New York verbracht habe, täglich zu diesem Gebäude gegangen bin, steuere ich es nun geradewegs und ohne Zögern an, grüße den Pförtner wie einen alten Bekannten und besteige Ischa voran den Fahrstuhl. Ein undeutliches Gefühl im Rücken sagt mir, daß Ischa das nicht paßt, da er es gewohnt ist, in New York die Führung zu übernehmen, und es jedesmal wieder auskostet, mir diese Stadt nahezubringen. Doch ich freue mich so sehr auf das Wiedersehen mit George, daß ich Ischas finsteren Blick und seine gerunzelten Augenbrauen ignoriere. Ich will es auch nicht sehen, nicht schon wieder. Brazillers Verlag liegt am Ende des Flurs. Dort eingetreten, habe ich dieses angenehme Gefühl des Wiedererkennens eines Raums, mit dem Geruch von Büchern, mit dem Licht, das dort herrscht. Der Verlag besteht aus einer Reihe schmaler Gänge und etwa fünf mittelgroßen Räumen. An den Wänden der Gänge stehen niedrige Regale, und hier und da türmen sich die Bücherstapel einfach auf dem Fußboden. Die Gänge sind relativ dunkel, doch in Georges Zimmer fällt viel Licht durch die Fenster herein, die eine wunderschöne Aussicht auf das Flatiron Building bieten. Das junge Mädchen am Empfangstisch gibt telefonisch durch, daß ich da sei, und während wir warten, höre ich Ischa hämisch murmeln: »Ah, ich seh schon, dieser George ist ein kleiner Schlemihl.«

Ich werde kreidebleich vor Wut, doch im selben Moment öffnet sich eine der Türen zum Gang, und Georges Assistentin kommt lachend heraus.

»*Hi, Connie, what a surprise!*«

Sie umarmt mich, schüttelt Ischa die Hand und redet aufgeregt und nervös drauflos. George sei nicht da, erzählt sie, ach, und wie sehr er es bedauern werde, wenn er höre, daß ich hiergewesen sei, während er noch einen Tag länger in seinem Wochenendhaus auf Long Island verbracht habe, ob wir lange in New York blieben, er sei morgen wieder im Büro, und ob wir vielleicht einen Kaffee möchten?

»*No*«, sagt Ischa, und zu mir sagt er, wir gingen wieder.

»Gut«, erwidere ich und denke mir, daß ich draußen wenigstens meinem Herzen Luft machen kann.

»*Get off my back*, Ischa Meijer. Was hast du da vorhin für eine unglaublich miese Bemerkung gemacht? Wie kannst du nur so was Gemeines über jemanden sagen, dem du noch nie begegnet bist? Ein Schlemihl! Für wen hältst du dich eigentlich, verdammt noch mal? Du bist ganz einfach stinkeifersüchtig, jawohl, das bist du.«

Meistens wird er verlegen, wenn ich ihn so anfahre. Die kleinen Muskeln rund um seine Augen beginnen zu zittern, und manchmal versucht er seine Verlegenheit wegzulachen, wobei er den Kopf schief hält wie ein Hund oder sich halb wegduckt, als fürchte er, geschlagen zu werden.

Ich schlage nie. Ich trete schon mal gegen irgendwas, das gerade in Reichweite steht, ein Tischbein oder einen Stuhl oder die Tür von der Anrichte, aber mehr nicht.

»Aber es ist doch klein dort, oder etwa nicht?« sagt er halb lachend.

»Mein Gott, was für ein Stuß! Was besagt denn das schon? Daß jemand kein geschniegeltes Haus mit eintausenddreihundert Quadratmeter Design hat, heißt doch noch lange nicht, daß er ein Schlemihl ist! Seit wann sagt die Größe des Raums etwas über die Größe von jemandes Geist aus? Seit wann verachtest du jemanden, weil er klein und gut ist?«

»Ja, aber...«

»George Braziller war der erste, der Sartre herausgebracht hat, ja. Und Simone de Beauvoir und wen nicht noch alles. Und das hier in Amerika. Und ich habe auch verdammt noch mal gar keine Lust, George Braziller gegen dich zu verteidigen, denn es geht gar nicht um George Braziller, es geht darum, daß du mir einen Stich versetzen wolltest, und ich kann dir gratulieren, Is, denn das ist dir geglückt, es kam an, hier«, sage ich und zeige auf mein Herz.

Er schaut, als ich auf mein Herz zeige, von seinen Schuhspitzen hoch, auf die er die ganze Zeit gestarrt hat, reckt seinen gekrümmten Zeigefinger in die Höhe und läßt über die süchtig machend schöne Dschungelmusik Manhattans hinweg ein so klägliches »*Home*« ertönen, daß ich unversehens meinen Zeigefinger bei ihm eingehakt habe, ehe ich mir noch so recht überlegen konnte, ob ich nicht lieber ein Weilchen richtig schön böse geblieben wäre. Einmal eingehakt, ist in der Hinsicht nichts mehr drin.

»Du hast recht«, sagt er. »Entschuldige.«

Am Dienstag mittag um zwölf landen wir in Schiphol, drei Stunden später bin ich im Süden, in Treebeek, um bei meinem Freund Ed und seiner Familie zu sein, und am späten Nachmittag lege ich die Hände auf die toten Hände von

Gerard van Betuw, der in einer Leichenhalle aufgebahrt ist. Es ist fast dreißig Jahre her, daß ich meinen ersten und bis jetzt einzigen Toten gesehen habe.

»Abgesehen davon, daß ich mit dem Rauchen aufhören will, möchte ich in diesem Jahr auch ganz viel mit dir verreisen«, hat Ischa am Neujahrstag 1994 gesagt. »Mal länger, mal kürzer, ist mir ganz egal, aber wir werden jede sich uns bietende Chance nutzen, um zusammen wegzufahren.«

Im Februar des neuen Jahres fliegen wir nach Genf und fahren von dort aus per Bahn weiter nach Montreux. Freek und Hella de Jonge haben ein Haus in den Schweizer Bergen. Wir lassen keine Vorstellung von Freek aus, besuchen einander in regelmäßigen Abständen, und Ischa fühlt sich bei Freek und seiner Frau so wohl, daß er die Einladung annehmen kann, zwei Nächte in ihrem Haus zu verbringen. Zuvor wollen wir aber noch einen Tag und eine Nacht für uns haben und nehmen uns in Montreux eine Luxussuite im Grand Hôtel Excelsior. Nach einem langen Spaziergang am See, einigen Drinks und einem Fleischfondue in einer Gaststätte kehren wir in das prachtvolle Hotel zurück und schließen die Tür der Suite hinter uns, um keinen Fuß mehr nach draußen zu setzen.

Durch die hohen Fenster können wir auf den See blicken. Ich sitze an einem Tisch, arbeite an *Die Freundschaft* und schaue zu, wie es dunkel wird und das Wasser die spärlichen Lichter von Montreux widerspiegelt. Ischa liegt im Bett und schläft. Von Zeit zu Zeit wird er wach.

»Leg dich mal kurz zu mir«, sagt er dann.

Ich lege mich zu ihm, schmiege mich an ihn, wenn wir fernsehen, oder sitze aufrecht neben ihm, die Kissen im Rücken, wenn wir reden.

»Ich hab vorhin eine ganze Weile dagelegen und dir zugeschaut, wie du da am Tisch gesessen und geschrieben hast. Du hast mich gerührt, so vollauf konzentriert, wie du warst, und so ganz du selbst – und trotzdem bist du bei mir. Da ist mir bewußt geworden, daß ich mein ganzes Leben lang noch nie so glücklich war wie jetzt, hier, heute.«

»Ich bin auch sehr glücklich, Is«, sage ich. »Ich habe mich nach zwei Dingen im Leben gesehnt, danach, Bücher zu schreiben, und nach einer großen Liebe.«

»Und die hast du jetzt.«

»Ja.«

»Glaubst du, daß wir irgendwann zusammen in einem Grab liegen werden?«

»Ja, das glaube ich, ja.«

»Tas und ich sprechen des öfteren darüber, wieso ich eigentlich immer wieder dafür sorge, daß man mich nicht ernst nimmt. Ich hab ihm gesagt, daß es aber doch Orte gibt, an denen ich ernst genommen werde und keinen Versuch mache, das zu unterminieren, wenn auch nur zwei: bei ihm und bei dir.«

»Es hört sich in unserem Fall vielleicht komisch an, aber du bist für mich der erste, der sich meine Liebe gefallen läßt, weil du immer erkennst, daß ich aus Liebe handle, aus Liebe zu dir.«

Er lächelt verlegen und streckt mir seine geöffnete Hand hin, in die ich meine Hand lege.

»Weißt du noch, wie du an Silvester für Olga und mich diesen *act* gespielt hast, wie du ein sterbendes Murmeltier in Zeitlupe gemimt hast? Mein Gott, hab ich gelacht, so gut war das. Tas hab ich später erzählt, daß ich richtig neidisch werden kann, wie du so einen *act* aufführst, und daß du danach zu Olga gesagt hast: ›Ich tu das nur für ihn, damit er was zu lachen hat.‹ Und da hat Tas gesagt: ›Ach, was für *e cheschiewes* von Frau.‹ Das hat mich richtig umgeworfen, ihn so etwas sagen zu hören.«

»Ich bin froh, daß du Tas hast«, sage ich.

»Ja«, stimmt er mir zu, und seine Kehle ist plötzlich zugeschnürt, »ich auch.«

Bevor er wieder unter die Decke schlüpft, um noch ein bißchen zu schlafen, murmelt er halblaut etwas vor sich hin. Ihm ist wieder mal so ein ulkiges Wortspiel eingefallen.

Ich schaue ihn an, als er schläft. Ich finde, er sieht in letzter Zeit manchmal so blaß aus. Als er wieder aufwacht, sage ich daher als erstes, daß ich mir mitunter Sorgen um seine Gesundheit mache, daß er, seit er seine Talkshow im Fernsehen macht, schon sehr hart arbeite.

»Ich höre dieses Jahr auf zu rauchen«, sagt er, um mich zu beruhigen, aber ich bin nicht beruhigt und erkundige mich nach seinem Herzinfarkt, wie das damals gewesen ist, wie sich das angefühlt hat. Er habe furchtbare Schmerzen in der Brust gehabt, antwortet er. Gut ein Jahr vor dem Herzinfarkt sei er einmal bei seinem Hausarzt gewesen und habe dort über Schmerzen in der Brust geklagt. »Zeigen Sie mal, wo«, habe der Arzt gesagt. Und er habe daraufhin die flache Hand mitten auf die Brust gelegt. »Nur dort? Dann ist es nichts Ernstes«, habe der Arzt da gesagt. »Wenn man's am Herzen hat, faßt man hierhin«, und er habe mit der Hand eine weite Brustregion, von Brustwarze zu Brustwarze, beschrieben.

Wann er diesen Herzinfarkt noch gleich hatte, frage ich Ischa.

»1985, nachdem Jessica geboren war und ich das Kind nicht sehen durfte. Ein Herzinfarkt erschien mir die beste Verteidigung.«

»*Gimme a break*, Is«, jaule ich.

Es erschreckt ihn, daß mich seine Bemerkung so bestürzt, aber er beharrt darauf, daß es so gewesen sei.

»Ich hatte einen so gewaltigen Fehler begangen«, sagt er, »indem ich mit dem Ebenbild meiner Mutter ein Kind in die Welt gesetzt hatte, einer Frau, vor der ich im Grunde noch größere Angst hatte als vor meiner Mutter.«

Am nächsten Morgen werden wir von Freek und Hella in Montreux abgeholt. In der Hotelhalle hat Ischa noch schnell ein paar Ansichtskarten für Freunde gekauft.

»*Nous sommes heureux à Montreux*«, hat er draufgeschrieben.

Ich bin mehr denn je in der Reestraat. Die Wohnung in der Allard Piersonstraat riecht nach Krankheit und drohendem Tod. Im Erdgeschoß liegt Pauke in einem hohen Krankenhausbett. Von der strammen, stattlichen Frau mit der zigeunerinhaften Schönheit hat sie sich in eine klapperdürre, kahlköpfige Kranke verwandelt, die von einer Gruppe treuer Freunde gepflegt wird. Wir haben Schichten eingeteilt, und zweimal die Woche sitze ich einige Stunden an ihrem Bett, richte ihren staksigen Oberkörper auf, um ihr zu trinken zu geben, und helfe ihr bei der Einnahme ihrer Medikamente. Eine hochschwangere Katze streicht um das Bett, und ich, die nichts für Tiere übrig hat, streichle sie, um das Leben zu spüren. Mein Kopf ist voll von den Gerüchen des Sterbens, und oben, im dritten Stock, werfe ich die Balkontüren auf, um mich von diesem Geruch zu befreien, doch auch dort bleibt er in der Luft hängen. Nur weggehen hilft, in die Reestraat, wo Ischa ist und die Wohnung nach frisch aufgehängter Wäsche oder nach der Suppe riecht, die auf dem Feuer steht.

»Wir suchen uns ein schönes Haus für uns beide«, sagt Ischa, »mit einer Etage für dich und einer Etage für mich und einem Zimmer für Jessica.«

An einem Freitagabend im April setze ich Paukes Cousin, meinem in der Allard Piersonstraat unter mir wohnenden Nachbarn, gerade einen Teller Suppe vor, ehe ich in die Reestraat aufbreche, als ich plötzlich etwas vermisse, ein Geräusch, eine Regung im Haus. Ich rufe im Erdgeschoß an, und Paukes Mutter sagt mir, Pauke sei gerade eben gestorben. Unten, als ich auf ihren toten Körper blicke, überkommt mich eine tiefe Beschämung, aber ich weiß nicht, woher sie rührt. Die Katze hat in einer Ecke des Kamins, unmittelbar neben dem Bett, ihre Jungen zur Welt gebracht.

Nachts erzähle ich es Ischa, das mit dieser Beschämung.

»Das ist dein Anstand«, sagt er, »du findest es unhöflich, jemanden anzuschauen, der nicht weiß, daß er angeschaut wird und selbst nicht mehr zurückschauen kann.«

Das bringt mich wieder zum Weinen.

»Du bist völlig fertig«, konstatiert Ischa. »Mittwoch ist die Kremierung, und Freitag, am 29. April, habe ich einen Vortrag in Maastricht. Wir fahren Donnerstag schon nach Maastricht, und da werden wir ein paar Tage ausruhen, bis einschließlich Sonntag; wir quartieren uns in einem richtig schön teuren Hotel ein und gehen jeden Abend in ein richtig schön teures Restaurant. Dann laden wir deine ganze Familie mal wieder einen Abend ein, und ansonsten werden wir ganz viel schlafen.«

Ischa arbeitet an dem Vortrag, den er in Maastricht anläßlich der Eröffnung einer Bibliothekszentrale halten soll, und ich arbeite an einer Ansprache für die Kremierung meiner alten limburgischen Freundin.

»Ob ich den Anfang von *Zu meines Vaters Zeit* für diesen Vortrag verwenden könnte?« fragt Ischa. »Er handelt doch von Büchern.«

»Natürlich«, antworte ich.

Um einen Vortrag von zwanzig, dreißig Minuten Länge zusammenzubekommen, muß er den Text, den er bis jetzt hat, noch ergänzen. Bei nochmaliger Lektüre dessen, was er schon hat, strahlt er vor Zufriedenheit.

»Das ist eigentlich sehr gut«, sagt er und schaut mich fragend an.

»Ja«, sage ich, »das ist sehr gut.«

Mit dreizehn entfloh mein Vater dem elterlichen Zuhause. Die Legende will es, daß er den gesamten Weg vom hohen Norden bis nach Amsterdam zu Fuß zurücklegte. Und selbst wenn das nicht haargenau der Wahrheit entsprechen sollte, ich betrachte diese apokryphe Geschichte unwiderruflich als wahr. Jawohl, er ging zu Fuß, und zwar mutterseelenallein, zu diesem Niederländisch-Israelitischen Seminar in der Hauptstadt – die im jüdischen Sprachgebrauch »Mókem«, Der Ort, genannt wird oder genauer gesagt »Mókem Alef«, Der Erste Ort Auf der Welt. Ganz allein ging Jakob Meijer seines Wegs wie Henoch – der mit dem Herrn wandelte, bis er nicht mehr war –, völlig isoliert begab sich der noch junge Knabe, das flimmernde Bild seines Vaters vor Augen, in die Nacht, einer sicher gewähnten Lösung entgegen. Er würde Rabbiner werden – die in seinem Bezugsrahmen sowohl gesellschaftlich als auch intellektuell höchstmögliche Position.

Wir schreiben da das Ende der zwanziger Jahre dieses Jahrhunderts.

Und er brachte es bis zum Rabbiner. Und er studierte auch noch an der Universität. Und er baute langsam, aber sicher seinen Bücherschatz auf, sowohl innerlich als auch konkret greifbar: Band an Band, Herzensbande.

Und er schrieb sein erstes Buch: die Dissertation, die er zu Beginn des Krieges – kurz vor meiner Geburt –, als letzter jüdischer Promovend während der Besetzung, verteidigte. Und als Doktor der Philologie und der Philosophie sollte er, zusammen mit meiner Mutter und mir, das Konzentrationslager überleben.

Auch über das KZ hat er mir nicht viel erzählt. Bis auf den einen Satz über einen SS-Mann, der ihn schlug; oder die mit glänzendem Blick erzählte Geschichte, wie er mitten in der ganzen Misere mit dem berühmten Rechtsgelehrten Professor M. von ihnen beiden bewunderte Bücher erörterte, frei aus dem Kopf. Und er hielt auch Vorträge in seiner Baracke; Spaziergänge durch Amsterdam, das verwüstete Jerusalem des Westens, beschrieb er da. Und so kehrte er, zusammen mit meiner Mutter und mir, 1945 in ebendieses verschwundene Getto zurück.

Und wenig später lernte ich das einzige Buch aus seinem Regal kennen, das ich anfassen durfte: Die Bibel.

Auf den Trümmerhaufen des niederländischen Judentums setzte meine intellektuelle Erziehung ein.

Und mein Lehrer war mein Vater.

Und mein Lehrer glich Hiob.

Er liest den Text laut vor und schaut mich hin und wieder prüfend an, um zu sehen, ob er mir Genuß bereitet. Es ist ein Genuß. Beim letzten Satz angelangt, fragt er, ob er an dieser Stelle im Text vielleicht dasselbe machen solle wie bei der Beerdigung, nämlich ein Zitat aus der Bibel auf hebräisch zu zitieren und das Hebräische dann für die Zuhörer aufzuschlüsseln und zu übersetzen.

»Ich schmelze dahin, wenn du hebräisch sprichst«, erwidere ich. »Und es ist dem Limburgischen so ähnlich, daß die Leute, die es hören, auch noch denken werden, daß sie es verstehen.«

»Für *Zu meines Vaters Zeit* muß ich so eine Unterrichtsstunde mit meinem Vater in allen Einzelheiten rekonstruieren und ausformulieren, aber für den Vortrag ist das nicht nötig. Ich beschränke mich auf den Anfang von Hiob, das muß genügen, damit die Zuhörer sich vorstellen können, wie es war, als kleiner Junge Hebräisch zu lernen. *Tam wejaschár; wijré elohím; wessár merá*, um diese drei Attribute geht es. Jede Zeit schafft sich ihr eigenes Bild von Hiob, je nachdem, wie du diese drei Kennzeichnungen seines Charakters übersetzt. In der alten Übersetzung ist Hiob ›ein Mann von uneingeschränkter menschlicher Integrität‹, aber ich mache einen gewöhnlichen Sterblichen aus ihm, eher schon einen Einfaltspinsel.«

»War dein Vater das denn?«

»Je mehr ich an ihn denke, desto mehr sehe ich ihn als ängstlichen kleinen Mann, ein bißchen dümmlich und nicht so ganz von dieser Welt. In den vergangenen Monaten habe ich ihn immer mehr bedauert.«

»Vielleicht kann man den Tod eines Menschen, wenn man Mitleid mit ihm hat, besser verkraften, als wenn man ihm böse ist.«

»Das einzige, was mich mit dem Tod meiner Eltern versöhnen kann, ist der Gedanke, daß sie ihre Kinder ihrem eigenen Glück zuliebe verstoßen mußten und daß sie dieses Glück dadurch auch gefunden haben.«

»Och, mein armer Wutz.«

»Das hast du schon lange nicht mehr zu mir gesagt«, erwidert er mit einem Hüsteln, und dadurch bemerke ich erst, daß er gerührt ist.

Er will morgen mit seinem Vortrag weitermachen. Ich arbeite noch eine Weile durch. Eine Stunde später schlüpfe ich dann zu ihm ins Bett.

»Na, ist's was geworden?«

»Ja, ich glaub schon, ja.«

Er bittet mich, ihm die Ansprache für Pauke vorzulesen. Es kommt nicht oft vor, daß er mich etwas vorzulesen bittet, was ich geschrieben habe, und es macht mich verlegen, aber ich tue es trotzdem. Mit aufgeklapptem Laptop sitze ich auf dem Bett und lese die Worte vom Bildschirm ab.

Pauke ist am Freitag abend um die Essenszeit gestorben. Maarten und ich saßen gerade oben und aßen Hühnerbrühe. Am nächsten Tag war es geradezu schandhaft sonnig, und ich öffnete die Balkontüren weit. Über das Holzgeländer des Balkons gebeugt, schaute ich in Paukes Garten hinunter und suchte sie, fand sie aber natürlich nicht.

Das war mir auch klar gewesen.

Doch der Geist ist eine wunderbare Macht, und so konnte ich sie dennoch sehen.

Sie sitzt da, wie sie an einem Samstagmorgen im Frühling dasitzt, mit kerzengeradem Rücken, unbeweglich, vor sich hin starrend. Sie hat ihr Haar hochgesteckt und trägt so ein schwarzes Schlabberkleid. Von Zeit zu Zeit streichelt sie die Katze. Das ist alles. Sie raucht, und sie trinkt, und sie blickt in den Garten. An was sie denkt, weiß ich nicht. Stundenlang kann sie so dasitzen bleiben, das weiß ich.

Manchmal rufe ich ihr etwas zu, meist aber nicht. Man kann es ihr ansehen, ob sie Gesellschaft möchte oder lieber für sich bleibt.

Sie hatte mir gesagt, daß sie den Sommer unter anderem deshalb so sehr liebte, weil ich dann bei geöffneten Türen arbeitete und sie das Tippen meiner Schreibmaschine hören konnte. Seit ich das wußte, tippte ich hin und wieder eine kleine Melodie auf dem Klavier meiner Seele, ohne daß dabei etwas Sinniges herauskam, einfach so, für sie.

Ich hatte Pauke gesagt, daß mich im Sommer der Duft ihrer Suppe so glücklich machen konnte, wenn der nachmittags zu mir heraufstieg und der Duft der Suppe war, die ich abends bei ihr essen würde.

Deshalb fand ich es gar nicht einmal so absonderlich, daß sie starb, als in ihrem Haus gerade Suppe gegessen wurde.

Vielleicht waren alles und jeder ja so ein bißchen dort, wo sie hingehörten. Zwei Wochen vor Paukes Tod hat die Katze noch drei Junge geboren, möglichst nah bei ihrem Bett, und die Magnolie in ihrem Garten, die sie so gern noch einmal blühen sehen wollte, die begann schon Anfang April tapfer zu knospen und ist jetzt beinahe verblüht.

Alles und jeder schien in dem Bewußtsein von Paukes Tod mitzuarbeiten und damit dem Leben Achtung zu zollen, wie sie es geführt hatte: als ein guter Mensch, sorgsam, loyal, großzügig und verläßlich.

In den letzten Monaten ihres Lebens ist Pauke von ihrem Cousin und ihren Freunden gepflegt worden. Die fanden es auch alle ganz selbstverständlich, für sie zu tun, was sie für jeden von uns getan hätte.

Wenige Stunden nach ihrem Tod fegte ein gehöriger Gewitterschauer durch die noch verbliebenen Blüten der Magnolie, und danach war so gut wie kein Blütenblatt mehr dran.

»Na, ich hoffe, daß du bei meiner Beerdigung auch so schön sprichst«, sagt Ischa und drückt mich kichernd an sich, als er sieht, daß mir bei so einer Bemerkung sofort die Tränen kommen.

Am Tag nach Paukes Kremierung in Westgaarde bin ich wie gelähmt vor Kummer. Ischa küßt mich und streichelt mir über den Kopf. »Ich brat dir ein leckeres Spiegelei. Möchtest du es romanisch oder toskanisch?«

»Romanisch.«

»Nein, du hast eine Freundin verloren, und als Trost ist toskanisch besser geeignet. Da bekommst du es mit knusprigem Rand, in heißer Butter gefetzt, und in eigener Vollendetheit gar gebraten.«

Im Laufe des Vormittags besteigen wir den Zug nach Maastricht und checken zweieinhalb Stunden später in einem Hotel am Vrijthof ein. Nachdem wir die kleine rote Schreibmaschine auf den Tisch gestellt haben, unsere Kleider im Schrank hängen und Ischa für die kommenden drei Abende telefonisch in drei Restaurants reserviert hat, gehen wir an die frische Luft, nach Maastricht hinein. Es ist mild und sonnig, so daß wir nicht weiter kommen als bis in ein Straßencafé am Vrijthof, wo wir uns in die Korbsessel plumpsen lassen und Kaffee bestellen.

Er habe wieder Lust bekommen, an *Zu meines Vaters Zeit* zu schreiben, seit er sich in den letzten Tagen damit befaßt habe, erzählt Ischa.

»Es ist doch ganz anders, als *Dicke Männer* zu schreiben. Wenn ich an *Zu meines Vaters Zeit* arbeite, kann ich mir erst so richtig vorstellen, wieviel Spaß dir das Schreiben macht, wie schön es für dich sein muß, deinen Gedanken Gestalt zu verleihen. Meinst du nicht, daß sich alle wundern werden, wenn ich mit so einem Buch wie *Zu meines Vaters Zeit* daherkomme?«

»Das möchte ich ihnen auch geraten haben!« erwidere ich.

Am Tag darauf steht er an einem Rednerpult, und ein Limburger Publikum bekommt, ohne es zu wissen, den ersten Ansatz zu *Zu meines Vaters Zeit* zu hören. Mit der leichten Beschämung, die ihn jedesmal überkommt, wenn er hebräisch spricht, zitiert er den Anfang des Buches Hiob und erläutert mit der Eile eines ungeduldigen Lehrers, was die Worte bedeuten. Mich durchfährt der Gedanke, daß er jetzt seinem Vater ähneln dürfte, so einem auf eine Sache fixierten, intelligenten Mann, der keine Geduld mit Menschen hat, die weniger schnell von Begriff sind als er. Zum erstenmal höre ich alles, was er für dieses schwere, beinahe nicht machbare Buch geschrieben hat, am Stück und beginne, von seinem Ernst, seinen Analysen und seiner schönen Erscheinung dort vorn beeindruckt, zu beben, verliere für einen Moment die Gewalt über die pulsierenden Drähte unter meiner Haut. Das hält einige Minuten lang an, und es macht mir angst.

Tam wejaschár; wijré elohím; wessár merá; *somit taucht vor uns auf: ein kleines Männlein, ein wenig dümmlich, »nicht von dieser Welt«, wie ein israelischer Freund sagte; ein Held von sehr menschlichen Ausmaßen – jedenfalls nicht so ohne weiteres »ein Mann von uneingeschränkter menschlicher Integrität«, wie Elija von Wilna im Malbim-Kommentar zitiert wird. Offenbar hat jede Zeit ihr eigenes Bild von Hiob, diesem Mustergläubigen.*

Anfangs war das Dreieck Vater-Buch-Kind für mich praktisch kongruent mit dem Dreieck Gott-Heilige Schrift-Schüler. Nun waren Gott und Der Vater aber, was mich, den kleinen Schüler, betrifft, vollkommene Synonyme für das Allerhöchste. Und überdies hatte die Heilige Schrift zwar einen Autor, doch durfte dieser Name dem Gesetz der Juden zufolge von uns Gläubigen auf keinen Fall ausgesprochen oder ausgeschrieben werden – offenbar war das die Krönung der Schriftstellerei: Das ultimative Œuvre schien keinen Namen tragen zu dürfen.

Das Namenlose als Name.
Der nicht zu deutende Kummer.
Die Bücher im Bücherregal meines Vaters.
Lange, sehr lange habe ich mit der Frage gerungen, ob ich dem Vater meiner Kindheit, diesem Gott der Bücher, einen Namen geben dürfe.
Er wollte nicht, daß ich seine Bücher berührte.
Er wehrte jede Form des Trostes ab.
Der Kummer als Œuvre.

Lange, sehr lange habe ich gezögert, ehe ich mir die folgende Frage zu stellen wagte: War der Gott von nach 1945 noch der Gott von vor 1940?

Ja, diese Frage muß doch von Anfang an, sei es auch unbewußt, in meinem religiös-intellektuellen Bewußtsein eine Rolle gespielt haben; oder, um präziser zu sein: in meinem synagogalen Erleben. Mir ist übrigens bis heute nicht klar, wie das eine zum anderen führte; oder anders ausgedrückt: Wo ging die Lernpraxis in religiöse Ekstase über; wie führte das Ritual des Lernens zu wahrer Verinnerlichung? In welchem Verhältnis stand dieses kirchliche Lernverhalten zu dem durch Gottesfurcht eingegebenen Empfinden?

Und jetzt komme mir keiner damit, daß einem Kind das alles entgehe.

Ich war vier, fünf Jahre alt, als ich mit meinem Vater zum erstenmal in die Schul ging, und bis heute sind Bilder davon in meinem Gedächtnis haftengeblieben. Einerseits eine objektiv wahrgenommene Wirklichkeit und andererseits die durch die straffe Bibellektüre, der ich mich zu unterziehen hatte, geweckten Phantasien.

Um diese beiden Komponenten – die Wirklichkeit und die Unwirklichkeit dieses Kirchgangs – geht es im Grunde, wenn ich über die Bedeutung nachdenke, die Das Buch für mich hat.

Es war in der Zeit kurz nach Ende des Zweiten Weltkriegs – von »Befreiung« möchte ich lieber nicht sprechen.

Da stand ein Häuflein Männer in dieser Schul. Schwer Angeschlagene; allen nur denkbaren und jedes Vorstellungsvermögen übersteigenden Formen des Ter-

rors entkommen. Augenscheinlich ganz normale Männer; doch umgeben vom Nimbus des Leidens.

Unsagbares, unlesbares Leid.

Und da komme mir keiner damit, daß einem Kind das alles entgehe.

Mit dem Hebräischen, dem Buch, dem Lesen zusammen wurde mir, dem kleinen Jungen, eine weitere Geheimsprache vermittelt, die mir vor allem eine Hierarchie des Leidens einflößte. Und Mitleid wurde zu meinem festen Begleiter und Miterzieher.

Da standen sie, ein Häuflein Männer in einer Schul, und verbeugten sich gen Jerusalem. Und an Jom Kippur, dem Versöhnungstag, hörte ich sie sagen: »Aschámnu, bagádnu, gazálnu, dibárnu dófi«, *wir sind schuldig, wir waren untreu, wir haben geraubt, wir haben Lästerung gesprochen,* »he'ewínu«, *wir haben Unrechtes getan.*

Und dann ließen sie sich zur Proskynesis, ja, wie Hunde, vornüber auf den Boden fallen – um Gott um Vergebung anzuflehen. Diese armen, armen Menschen.

Tam wejaschár: *kleine Menschen, die geradlinig, beinahe schon mit Scheuklappen, ihre Pflicht erfüllten gegenüber einem offenkundig unnahbaren, nicht zu erweichenden Überwesen, das aber weiterhin als* »gütig« *und* »barmherzig« *angesehen wurde.*

Zugleich waren da der Klang und der Glanz und die wundersame Kraft des Hebräischen. Wir lasen gemeinsam die Fünf Bücher Mose, mein Vater und ich. Ein kleiner Junge und sein Lehrer über diesen mysteriösen, von diesem Überwesen und in seiner Sprache geschriebenen Texten.

Ach, vor allem dieses Dreieck: Gott-und-Vater-und-Kind hat meine frühe Kindheit geprägt, und damit mein ganzes Leben bis zum heutigen Tag. Dieser seelische Komplex, so vertrackt wie der des Ödipus, freilich selten erwähnt, geschweige denn untersucht.

Wo hörte Gott auf und fing mein Vater an?

Und wo fing mein Vater an, Gott zu sein?

Auf jeden Fall: Solange es einen Gott gab, gab es einen Vater.

Ich würde nie ohne ihn auskommen müssen.

Und damit hätten wir, meine ich, einen wesentlichen Kern religiöser Empfindungen. So Religion etwas bedeutet, ist es: Verbundenheit, Halt, Kontinuität.

Gott hat darauf gar keinen Einfluß.

Da standen sie, die Männer in dieser kleinen Synagoge.

Jiré elohím: *sichtlich durchdrungen von der Gegenwart Gottes und sich ihrer ehrfürchtig bewußt. Allesamt Hiob.*

Die meisten von ihnen konnten kein Hebräisch – doch die mehr oder weniger dilettantische Einhaltung des Ritus, des Rituals war offenbar ausreichend. Jedenfalls brauchten sie es nicht: Das Buch als Band.

Jiré elohím: *sichtlich durchdrungen von der Gegenwart Gottes und sich ihrer ehrfürchtig bewußt. Vielleicht in der – bewußten oder unbewußten – Hoffnung, daß der Ewige nicht womöglich in irgendeinem Konzentrationslager zurückgeblieben sei. Denn Religion ist auch und vor allem: Beschwörung, Magie. Denn was wäre Gott ohne uns; selbst wenn wir nur ein armseliges*

Resthäuflein in irgendeiner kaum besuchten Synagoge, in einem geträumten Jerusalem darstellen?

Ich habe sie alle als unbescholtene, anständige Leute in Erinnerung; keinesfalls Männer von uneingeschränkter menschlicher Integrität, wie der Riese von Wilna sagt – sondern liebenswerte, unvollkommene, ganz normale Leute. Wessár merá: das Böse meidend. Vielleicht: das Böse von sich weisend, verdrängend; oder noch besser: leugnend.

Man leugnete alles in der damaligen Zeit. Man wußte, daß es geschehen war, alle Tatsachen waren bekannt, das ganze Gerüst der Daten und Ereignisse war vorhanden – aber Inhalt konnte man dem nicht verleihen. Gott allein konnte dieser Leugnung Inhalt verleihen.

Und inmitten dieses lautlosen Tumults lernte ich meinen Gott kennen, der in mir geboren wurde und der, so versicherte Er mir selbst, schon immer dagewesen war. Er verband mich mit allen Zeiten und allen Menschen, tot oder lebendig. Ein Gott, der viele Versprechen in sich barg. Ein Gott, der sich nicht um irgendein Dreieck scherte. Wie dem auch sei, es hatte keinen Sinn, an seiner Renaissance in mir zu zweifeln.

Jeder Mensch und jede Zeit haben ihren eigenen Gott. Und in dieser so psychologisch bedingten Historizität liegt sein wahres Wesen.

Der ewige Hiob und sein zeitweiliger Gott.

Beziehungsweise Gott als ewiger Hiob.

Wir verbringen den Rest des Nachmittags in Maastrichter Straßencafés. Wie immer gehen wir kurz zum Onze Lieve

Vrouweplein, und ich entzünde in der Kirche eine Kerze vor der Sterre der Zee, für das Glück und Wohlergehen der Meinen. Diesmal nehme ich noch eine zweite, was Ischa sofort auffällt.

»Für wen war die andere?« fragt er, als wir wieder draußen stehen.

»Für den Seelenfrieden deiner Eltern«, antworte ich.

Er legt den Arm um mich und posaunt mir das Vaterunser auf lateinisch ins Ohr. Gleich darauf beginnt er das *Ave Verum* von Mozart zu summen.

»Das war eines der Lieblingsstücke meines Vaters«, sagt er.

In Limburg wird mir unweigerlich weh ums Herz. Es liegt an der anderen Sprache, der anderen Kleidung, dem Essen und der Musik, die in den Lokalen gespielt wird. Niemand versteht das so gut wie Ischa, und wahrscheinlich traue ich mich deshalb auch, diese Wehmut herauszulassen, wenn ich mit ihm durch mein anderes Land gehe und er verzweifelt versucht, typisch limburgische Wörter wie *Sjuttelsplak, Sjoan, Sjère, Sjoonk* und *Sjat* mit dem für Niederländer so ungebräuchlichen weichen Sch auszusprechen.

»Ich freue mich darauf, deine Familie wiederzusehen«, sagt er, als wir abends über die Brücke zum Restaurant Elzasser gehen, wo wir uns mit meinem Vater, meiner Mutter, meinen Brüdern und meiner zukünftigen Schwägerin verabredet haben. Am Ende der Brücke hält er inne und wendet sich mir zu.

»Wieviel sich meine Eltern doch dadurch versagt haben, daß sie ihre Kinder nicht mehr sehen wollten. Es wär doch schön für sie gewesen, einen ältesten Sohn wie mich zu haben, der mit ihnen in ein Restaurant gegangen wäre und ihnen ein leckeres Essen spendiert hätte oder der ihnen hin und wieder ein hübsches Geschenk gekauft hätte, wie ich es nun für Mia und Hub tue, nicht? Das wär ich gern für sie gewesen.«

Ehe wir das Restaurant betreten, in dem wir unsere Familie treffen werden, schlage ich ein Bein um ihn, stecke den Daumen in den Mund, umarme ihn und bleibe so gut eine Minute lang an ihm hängen.

Ischa hat sich einen neuen Pyjama gekauft, einen flauschig-weichen mit blauen und rosa Streifen. Ich finde ihn toll, und das sage ich ihm auch. In der Woche nach unserem Maastrichtaufenthalt muß ich mit Adriaan van Dis zusammen für zwei Tage nach Amiens. Bei meiner Rückkehr liegt genauso ein Pyjama für mich auf dem Kopfkissen. Wie gewöhnlich liegen wir wieder früh im Bett, diesmal in identischen Pyjamas. Wir sehen einander an und prusten los.

»Wird es nicht schon ein bißchen zu arg mit uns?« meint Ischa schmunzelnd.

»Es kann mir gar nicht schlimm genug sein. *Too much is not enough for me, Is.*«

Ende Mai, kurz bevor wir für anderthalb Monate nach Amerika fliegen, besuchen wir in Berg en Terblijt einen Auftritt von Rowwen Hèze. Jack Poels, der sanfte Sänger der Band, gibt Ischa, meinen Brüdern und mir einen Platz an der Seite der Bühne, wo wir im Halbdunkel, diesen wundervollen Liedern lauschend, die Jack im schönsten Limburgisch singt, das ich kenne, auf eine so eigentümliche Weise glücklich sind, daß nicht einmal Ischa mir nachts im Bett erklären kann, welchem Umstand dieses Glück nun wieder seine Färbung zu verdanken hat.

Am 30. Mai fliegen wir nach Amerika. Wir wollen durch den Süden des Landes reisen, kehren aber zuerst einmal in unser Motel in Lauderdale by the Sea zurück, in die kleine Stadt, in der nichts zu erleben ist und in der Ischa sich wie in den fünfziger Jahren vorkommt. Wir wollen dort tagelang am Rande des Ozeans auf einer Bank sitzen, Espresso trinken und abends bei ›Chuck's‹ rohes Gemüse auf unsere Teller häufen und es mit *Islandsauce* übergießen, und danach Steaks, *as rare as possible, please.*

»Viel vom selben, das mag ich«, sage ich zu Ischa, als wir wieder einmal in einem Mietwagen die Küstenstraße von Miami nach Lauderdale fahren. »Wiederholungen sind notwendig für die Erinnerung. Du verlierst viele Bilder und viel Wissen, wenn du nicht dorthin zurückkehrst, wo du schon einmal gewesen bist.«

»Ich durfte nicht zurück. Ich bin zu einem Teil von meiner persönlichen Geschichte abgeschnitten.«

Später an diesem Tag, als wir mit einem kleinen Pappbecher Espresso auf der Bank am Ozean sitzen, ich mich erst dort wieder an das furchterregend schöne Gewitter erinnere und den Streit, den wir unter einem von Blitzen erleuchteten Himmel austrugen, und wir bereits erfreut festgestellt haben, daß sich in Lauderdale nichts, aber auch gar nichts verändert hat, da erst äußere ich die Vermutung, daß sein Abgeschnittensein von der Wiederholung und der Rückkehr etwas mit dieser Lust an der Verführung, mit diesem Don-Juan-Komplex, dieser Sucht, die ihn von Eroberung zu Eroberung treibt, dazu, stets wieder demselben entkommen zu wollen, zu tun haben könnte.

»Es ist die Suche nach Kicks«, sagt Ischa betreten, und daß er das jetzt immer weniger brauche.

»Kicks, das ist Junkiesprache«, entgegne ich. »Was für dich ein Kick ist, ist ein Tritt gegen mich.«

»So ist es aber nicht gemeint, Connie«, erwidert er kleinlaut.

»Es ist der Mut der Flüchtigkeit«, sage ich. »Wenn du weißt, daß du jemanden nie wiedersehen wirst, daß du dich nicht der Gefahr der Wiederholung aussetzt, traust du dich alles.«

Die Karte von Amerika liegt ausgebreitet auf dem Bett. Wir stecken unsere Reiseroute für die kommenden Wochen ab. Über Georgia und South Carolina werden wir nach Tennessee fahren. Ich möchte mir Graceland ansehen. In den Monaten vor unserer Abreise habe ich Ischa in Elvis Presley eingeweiht, und in Null Komma nichts hat er mehr CDs von Elvis angeschafft, als ich sie je besessen habe. Er weiß noch nicht viel von Blues und Rock & Roll, aber er ist neugierig darauf, weil er sich mittels dieser Musik seinem besten Freund Arend Jan Heerma van Voss, einem hervorragenden Musikkenner, näher wähnt. Sie haben um den Tod von Ischas Eltern herum einige Monate in Unfrieden miteinander gelebt, und weil ich es schrecklich fand, mit ansehen zu müssen, wie sehr Ischa seinen Freund hinter all seiner Wut, Gekränktheit und Verdrossenheit vermißte, habe ich schließlich zum Telefonhörer gegriffen, um ihm seinen Freund wiederzugeben.

»Arend Jan war weniger gerührt als ich«, sagt er, als er von seinem Versöhnungsabend nach Hause kommt. »Mir kamen die Tränen, als ich von meiner Mutter sprach, daß sie sich weggeworfen hat, in den Mülleimer, und als ich auf dich zu sprechen kam. Arend Jan erzählte, er sei an der Oesterbar vorbeigeradelt und habe dich dort sitzen sehen. ›Connie hat dich auch gesehen‹, hab ich gesagt, ›aber sie wollte dich nicht grüßen.‹ – ›Wieso?‹ hat er gefragt. – ›Zerrissen‹, hab ich geantwortet. Und da kamen mir die Tränen. Ich hab das damals auch Tas erzählt und wie sehr es mich gerührt habe, daß du Arend Jan nicht grüßen wolltest. ›Dankbarkeit‹, hat Tas darauf gesagt, ›weil jemand Partei für dich ergreift.‹«

Nach einer Woche Lauderdale fahren wir in den Norden Floridas. Wir schauen uns Cape Canaveral an, bleiben die Nacht in Titusville und reisen am nächsten Tag in die älteste Stadt Amerikas, St. Augustine, weiter.

»Wenn in Amerika etwas alt ist, hat es irgendwie gleich einen Jahrmarktcharakter«, sage ich zu Ischa, als wir durch den leicht puppenstubenhaften Ort laufen. »Es ist, als stehe Dauerhaftigkeit diesem Land nicht.«

»Das hier ist doch genau so was wie Volendam«, sagt er.

Auf den Pappbecher blickend, in dem wir einen *coffee to go* bekommen haben, entgegne ich, es gehöre wahrscheinlich zu dieser fixen Idee der Amerikaner, eine Nation ohne

Geschichte zu sein, daß die Dinge hier kein Leben hätten und in Form und Material darauf ausgelegt seien, schnell zu Abfall zu werden.

»In Amerika ist alles *to go*«, sagt Ischa.

»Bis auf die Stars.«

Erst seit wenigen Tagen weiß ich plötzlich ganz genau, was ich nicht in *Die Freundschaft* unterbringen kann, obwohl die Gedanken zum Thema passen und ich auch glaube, daß ich über den Versuch, zu begreifen, wie Süchte funktionieren, auch etwas anderem näherkommen könnte, das ich gern verstehen möchte, nämlich was Ruhm ist und inwiefern Ruhm und Tod miteinander verknüpft sind. Ischa hat sich durch die Biographie von Marilyn Monroe hindurchgeackert und alle naselang gestöhnt, daß er eigentlich nichts an dieser Monroe finde und nur schwer nachvollziehen könne, was andere so interessant an ihr fänden. Eine dieser anderen bin ich, denn ich finde die Monroe faszinierend und erst recht die Art ihres Startums.

»Ich finde die Monroe nur sehenswert, wenn du sie nachahmst«, sagt Ischa, woraufhin ich das kurzerhand für ihn tue, mitten auf der Straße in St. Augustine, Florida: *I want to be loved by you poopoopidoo*, und dann trete ich auf die Bühne, *ladies and gentlemen, the late Marilyn Monroe*, kaum noch imstande, ein Bein vors andere zu setzen, weil sie derart in diesem atemberaubend engen Kleid eingeschnürt sind, und dann singe ich stöhnend und lasziv nach Luft schnappend *happy birthday mister president* für J. F. K., für I.M.. Und so, wie Ischa dann lacht, so lachte das Publikum damals auch über Marilyn Monroe, so unbändig, daß ich sie allein deswegen schon anders betrachte als er, weil ich glaube, daß sie alles, was der Ruhm aus ihr gemacht hat, zugleich spielt und parodiert.

»Meiner Meinung nach ist es dieser verinnerlichte Blick, der Blick, mit dem du gesehen wirst und der eigentlich an deiner Außenseite zu bleiben hätte, der eine so verheerende Wirkung hat«, sage ich zu Ischa. »Keine Frau bewegt sich, geht, blickt, lacht und redet von Natur aus so wie Marilyn Monroe. Sie spielt, was andere sehen wollen. Sie setzt einen Körper in Szene. Indem sie ihr eigenes Verhalten parodiert, will sie zeigen, daß sie sich darüber bewußt ist, daß sie es durchschaut und daß sie deshalb über das Bild, das andere von ihr haben, nachdenken kann, verfügen kann, daß sie es sogar untergraben und zerstören kann, wenn sie will.«

»Bist du wieder mit deinem Buch beschäftigt?« fragt Ischa.

»Ja«, sage ich, »ich bin immer mit meinem Buch beschäftigt.«

Über Jacksonville fahren wir nach Georgia hinein. An der Grenze zwischen den beiden Bundesstaaten passieren wir ein Willkommensschild, auf das in großen Lettern *Keep Georgia on your mind* gedruckt ist. Da habe ich sofort dieses Lied im Ohr, wie Ray Charles es mit schleppender Stimme singt, höre Brook Bentons *Rainy Night in Georgia*, und wieder einmal quelle ich über vor aufgekratztem Staunen, wieviel Wissen ich über dieses unermeßliche Land mit mir herumgetragen habe, schon lange bevor ich hier mit dem ersten Mann in meinem Leben herumgereist bin, mit dem Mann, den ich mit einer so beängstigenden

Inbrunst liebe und der für mich untrennbar verknüpft ist mit dem Wiedererkennen, dem Sehen, der Begegnung mit und dem Wirklichwerden von etwas, das schon mein ganzes Leben lang da war.

»Wie lange wir doch schon zusammen sind, nicht?« sagt Ischa, als habe er meine Gedanken erraten, und er legt mir die Hand in den Nacken, während ich weiterfahre und laut schreien könnte vor Glück.

Wir fahren durch ein ländliches Georgia und gelangen noch am selben Tag bis nach Savannah, das kurz vor der Grenze von South Carolina liegt. Dort habe ich nachts einen bösen Traum. Ich träume, mein Vater sei gestorben. Ich betrete das Wohnzimmer im Haus meiner Eltern, wo mich meine Mutter und meine drei Brüder erwarten. Sie sehen mich lieb und besorgt an. Mein Vater werde noch einmal vom Tod auferstehen, um mir zu erscheinen und Abschied von mir zu nehmen, denn ich sei ja in Amerika gewesen, als er gestorben sei. Sie haben schon alle Abschied von ihm nehmen können, und ihre Gesichter sind voll Liebe, weil sie es mir gönnen, ihn noch einmal sehen zu dürfen. Aus dem Nichts erscheint mir mein Vater. Er kommt auf mich zu und drückt mir mit seinen schönen Lippen einen sanften Kuß auf den Mund. Ach, denke ich, so werde ich es immer in Erinnerung behalten, diese Sanftheit seiner Lippen bei einem Kuß. Dann beginnt sich das Bild meines Vaters wieder aufzulösen, und mich durchzuckt ein brennender Schmerz. Ich will nicht, daß er geht, ich will, daß er bleibt, eine Weile noch, für immer. »Papa, Papa«, rufe ich, »nicht weggehen!« Er lächelt mir sein liebes Lächeln zu, und ich spüre, daß meine

Mutter und meine Brüder mich ansehen, gequält angesichts meines Schmerzes, selbst aber schon in das Unvermeidliche ergeben. Ich schreie noch lauter. Ich rufe nach meinem Vater. »Papa, Papa!« Immer lauter rufe ich, während ich merke, daß ich dabei bin aufzuwachen und mich lauthals aus diesem Traum, aus diesem Schmerz und diesem Kummer herausschreie.

Ischa und ich werden gleichzeitig von dem Ruf nach meinem Vater geweckt. Er nimmt mich ganz fest in die Arme und versucht mich zu beruhigen, doch in den ersten Minuten bin ich außerstande, ihm zu sagen, was ist, wovon ich geträumt habe, denn ich zittere und weine hemmungslos über einen unstillbaren Kummer. Ich beruhige mich erst nach und nach, als ich ihm schluchzend und schniefend den Traum vom Tod meines Vaters erzähle und sich das Schreien, dieses unbeherrschte Schreien, das uns beide geweckt hat, plötzlich wie der Ausdruck einer großen Vertrautheit mit Ischa anfühlt.

»Ich darf gar nicht daran denken, daß mein Vater oder meine Mutter sterben könnten«, sage ich zu ihm, »aber ich bin schon jetzt selig, daß du dann bei mir sein wirst.«

Wir fahren nicht weit nach South Carolina hinein, weil wir schon bald nach Charleston gelangen und uns entschließen dortzubleiben. Die kleine Stadt wogt im Trubel eines Musikfestivals. Die Hälfte der Leute auf der Straße läuft mit einem Instrument unter dem Arm herum, und überall sind Bühnen für Live-Auftritte aufgebaut. Ein langgestreckter überdachter Markt nimmt eine ganze Straße ein, und wir schlendern stundenlang dort herum.

»Also wenn du mich fragst, war das gerade Ray Charles«, sage ich zu Ischa, nachdem ich eben noch einem Schwarzen mit Sonnenbrille ausweichen konnte.

»Mein Gott, was haben wir doch für ein tolles Leben«, seufzt Ischa. »Heute abend suchen wir uns ein Restaurant, wo wir mal wieder Wachtelchen essen können, darauf hab ich jetzt richtig Lust.«

Weil die Landschaft uns langweilt und wir einfach nicht den richtigen Ort finden können, an dem wir bleiben wollen, sitzen wir am nächsten Tag viel zu lange im Auto, fahren quer durch South Carolina, nehmen auch noch die Spitze von North Carolina mit, um dann aufs Geratewohl nach Tennessee hinüberzuwechseln, weil wir glauben, daß es uns in Nashville gefallen wird. Ob es durch die lange Fahrt kommt, weiß ich nicht, aber Ischa wird in Nashville ungeheuer nervös. Es ist schon dunkel, als wir im Stadtzentrum nach einer Unterkunft suchen. Wir geraten, als wir uns nach einem Hotel erkundigen und auch mal eben etwas trinken wollen, in eine Kneipe, in der live Countrymusic gespielt wird und die Männer Bärte und die Frauen kniehohe Cowboystiefel tragen – und da sehe ich an Ischas finsterer Miene, daß er Angst hat.

»Komm, wir gehen«, sagt er. »Ich will raus aus dieser Stadt.«

Er hat das in Amsterdam manchmal auf offener Straße. Dann packt er plötzlich meinen Arm und schiebt mich auf die andere Seite hinüber.

»Da kamen so ein paar zwielichtige Gestalten auf uns zu«, sagt er dann meist entschuldigend.

Seit ich ihn kenne, gehe ich wie ein beinharter Krieger neben ihm her, immer auf der Hut und in Alarmbereitschaft, um dem, der ihn auch nur mit dem kleinen Finger anzurühren wagt, sofort ins Genick zu springen.

»Ich meine immer, ich müßte dich beschützen, wenn wir draußen unterwegs sind«, habe ich vor Jahren einmal zu ihm gesagt.

»Das find ich gar nicht mal unangenehm«, hat er damals erwidert und dabei so verschüchtert dreingeblickt, daß ich die Überzeugung gewann, es irgendwann auch einmal tun zu müssen, ihm irgendwann einmal das Leben retten zu müssen, indem ich mich auf einen Irren stürzte, der ihm etwas antun wollte.

»Wenn es sein muß, würde ich deinetwegen sogar jemandem die Halsschlagader durchbeißen.«

»Das glaub ich dir sofort«, hat er entgegnet und stolz und verlegen gekichert.

Nicht Nashville, sondern Memphis ist unsere Stadt. Wir quartieren uns in dem Hotel gegenüber vom ›Peabody‹ ein und bleiben dort vier Tage. Jeden Tag gehen wir auf die andere Straßenseite hinüber und machen es uns in der Lobby des Peabody bequem, und jeden Tag lassen wir von einem fröhlichen, freundlichen Fotografen, der dort herumläuft, ein Polaroidfoto von uns machen, das uns in einem schmucken Mäppchen ausgehändigt wird, auf das *Again and Forever* sowie der Hotelname gedruckt sind.

»Ich bin ganz versessen auf Polaroids«, sage ich zu Ischa.
»Wieso denn das?«
»Das hab ich noch nicht raus.«

»Hätt nicht gedacht, daß meine Frau sich damit zufriedengeben würde.«

»Hätt ich auch nicht gedacht«, sage ich.

Außer dem Hotel, in dem Martin Luther King erschossen wurde, dem Club, in dem B.B. King auftrat, und der kleinen Holzbaracke in Tupelo, in der Elvis geboren wurde, sehen wir uns natürlich auch Graceland an. Gegenüber vom Haus ist der Ticketshop, wo wir, zwischen *impersonators* und Frauen mittleren Alters herumschlendernd, warten, bis wir der Gruppe zugeteilt werden, die als nächste an der Reihe ist, das Wohnhaus von Elvis Presley zu besichtigen.

»Was ist das doch für ein feiges Land! Da wird wieder mal mit keinem Wort über Sex, Alkohol, Drogen, Dicksein und andere *disorders* gesprochen«, sagt Ischa, als wir uns mit wachsender Niedergeschlagenheit durch ein abscheuliches Zimmer voller klobiger Sessel, haariger Teppiche und vielem, vielem häßlichen Zeug schieben.

»Die einzigen Räume, die ich wirklich gern gesehen hätte, das Schlafzimmer und die Küche, die kriegen wir nicht zu sehen«, sage ich genauso enttäuscht wie er.

Wir gehen zu den Gräbern im Garten. Gräber ergreifen mich, und mit einem Mal fühle ich wieder das Mitleid aufsteigen, das ich für Elvis empfand, als er bei einem Auftritt, der einer seiner letzten sein sollte, auf der Bühne stand, erschreckend aufgedunsen und fett und dennoch anziehend, und *I did it my way* sang, und erinnere mich, daß ich damals dachte, genau das habe er höchstwahrscheinlich nicht getan.

»Jemand, der dick ist, tut sich doch selbst Gewalt an«, sage ich, nachdem wir stundenlang an Cadillacs, Motorrädern und Vitrinen mit Glitzeranzügen, Schals und Fotos entlanggelaufen sind und nach Memphis zurückfahren, um im Peabody eine Bloody Mary zu trinken.

»Herrje, bin ich dick«, stellt Ischa fest, als wir in der Lobby zu zweit in einem breiten Sessel sitzen und uns ein weiteres Polaroid ansehen, das uns soeben von dem lächelnden Fotografen gereicht worden ist.

»Aber du bist wieder mal bei deinem Glück ertappt worden«, entgegne ich, »das ist es, was diese Polaroids machen, sie zeigen dir, wie du dich fühlst.«

»Ich bin glücklicher als je zuvor, aber wieso bin ich dann noch so dick?« jammert Ischa mit leichter Übertreibung.

»Vielleicht ist das, was du mit deinem Körper machst, ja eine Mitteilung an die Menschen, die dir den Körper gaben, eine Mitteilung an deine Eltern also.«

»Klingt, als könnte es stimmen«, erwidert Ischa und bittet mich, es ihm noch etwas genauer zu erläutern, doch ich zögere, weil ich in *Die Freundschaft* noch nicht soweit bin, noch nicht ganz aufgeschlüsselt habe, wie sich das mit dem Dicksein und dem Trinken im einzelnen verhält. Ich erzähle ihm, daß ich auf möglichst simple Art darüber nachdenken möchte und hoffte, daß mir dann schon aufgehen werde, wie Süchte funktionierten. Den Unterschied zwischen Trinken und Dicksein kann ich noch am besten dadurch verstehen, daß ich mir die Auswirkungen ansehe: Trinken verändert den Geist, und Dicksein verändert den Körper. Da für mich alles nur innerhalb eines Systems von Verbindungen erklärlich wird, muß auch Sucht meiner

Ansicht nach mit der Beziehung zu anderen zu tun haben, ist es also auch diese Beziehung, die durch das Trinken und das Dicksein aufs Spiel gesetzt oder zumindest beeinträchtigt wird.

»Übermäßiges Essen verändert deinen Körper, und dieser Körper wird von anderen gesehen, demnach muß diese Sucht etwas mit dem Einfluß zu tun haben, den du auf den Blick anderer ausüben möchtest, darauf, wie du gesehen werden möchtest. Übermäßiger Alkoholgenuß verändert deinen Geist, verändert deine Sprache, und deine Sprache wird gehört, demnach muß diese Sucht etwas mit dem zu tun haben, was du sagen möchtest, damit, wie du gehört werden möchtest.«

»Du wirst immer kiebig, wenn du getrunken hast«, sagt Ischa, »aber manchmal glaube ich auch, daß du trinkst, um mal für eine Weile nicht so viel nachdenken zu müssen, mal nicht so helle sein zu müssen, mal nichts von allem zu wissen, mal etwas weniger clever zu sein, so daß du mehr zu den anderen gehören kannst.«

»Lieb, daß du das sagst. Ich wollte, es wär so.«

Was ich denn nun damit gemeint hätte, daß sein Dicksein eine Mitteilung an seine Eltern sei, fragt Ischa, und da muß ich einräumen, daß ich es noch nicht so recht weiß, es aber mit dem Los, einen Körper zu haben, in Zusammenhang bringe.

»Wirst du auch übers Rauchen schreiben?« fragt Ischa, der sich wieder einmal vorgenommen hat, demnächst damit aufzuhören.

»Ich glaube nicht. Rauchen verändert nichts an einer Beziehung, am Blick oder am Hören. Aber wenn ich mir Gedanken über das Rauchen mache, hilft mir das, besser zu verstehen, was Sucht bedeutet. Sucht ist eine Freundschaft ohne Freund. Du suchst, was in unmittelbarer Nähe und greifbar ist. Eine Zigarette ist ein Halt, ein Halt, der verbrennt. Der größte Vorzug einer Schachtel Marlboro ist, daß sie dich nicht betrügen kann, dich nicht verlassen kann, daß sie niemals aufhören wird, dich zu lieben, und natürlich, daß sie nicht sterben kann. Das ist die Essenz einer Sucht, glaube ich. Du umgehst die Risiken, die du bei einer Liebe oder Freundschaft notgedrungen eingehst, weil du sonst keine Liebe und keine Freundschaft hättest.«

»Ich liebe dich nur immer mehr«, sagt Ischa mit dieser leichten Verlegenheit, die ihn so schön macht.

»Das hast du einer Schachtel Marlboro nun wiederum voraus«, entgegne ich, und darüber müssen wir, in unserem Sessel im Peabody zu Memphis, Tennessee, zusammengezwängt, ausgiebig lachen.

Als wenn wir geahnt hätten, was uns dort erwarten würde, schieben wir die Besichtigung des Sun Studios auf unseren letzten Tag in Memphis hinaus.

»Ach herrje, das ist es also«, seufzt Ischa, als wir schon einmal an dem unauffälligen kleinen Gebäude vorbeigefahren waren und auf der Union Avenue umdrehen mußten, weil die Hausnummern, wie wir plötzlich bemerkten, wieder anstiegen, wir Nummer 706 also offensichtlich übersehen hatten. Wenig später werden wir von einem jungen Typ herumgeführt, der mitten in dem kleinen Raum, in dem der Rock & Roll geboren wurde, vor allem die Geschichte von Sam Phillips' besonderem Talent, Talent zu erkennen und zu fördern, erzählt. Er reichert seine Erzählung mit alten Sun-Record-Aufnahmen an: Howlin' Wolf, B.B. King, Jerry Lee Lewis und schließlich *That's All Right*, diesem ersten Hit von Elvis Presley, der das Sun Studio, 706 Union Avenue, Memphis, in den fünfziger Jahren als tödlich verlegener Achtzehnjähriger betritt, mit gesenktem Blick, unvollständige Sätze nuschelnd, und eine Karriere startet, die im Badezimmer des Hauses enden wird, das wir am Tag zuvor besichtigt haben. Daran denke ich, an das erschütternde Leben und den ernüchternden Tod Elvis Presleys, als ich in diesem kleinen Studio stehe, das durch die Musik, die darin erklingt, plötzlich zu einem geweihten Raum wird, und ich blicke zu Ischa, wie er dasteht und ganz weich ist und angetan, und ich bin mir sicher, daß seine Rührung nicht Elvis gilt, sondern einen anderen Ursprung hat.

»Ich bin völlig hinüber«, sagt Ischa, als wir uns im Kaffeeraum des Sun Studios an einen Tisch setzen. Ich frage ihn, was ihn denn so umgeworfen habe.

»Ich mußte an Arend Jan denken«, antwortet er, »und wie wichtig diese Musik für ihn ist, wie wichtig Musik für mich selbst, in meinem Leben ist. Ich hab mir auch überlegt, daß diese Musik zu uns gehört, zu Menschen wie Arend Jan und mir, zu angeknacksten Kindern wie uns, und daß wir niemals eine Vorliebe für Jazz entwickeln könnten. In diesem Studio hing so viel Enthusiasmus in der Luft, da war so viel Geschichte spürbar, Anfänge von Lebensläufen, und da durchfuhr mich das alles auf einmal. Und dann dieser sagenhafte Sam Phillips, über den wollte ich sofort alles wissen.«

Was Sam Phillips betreffe, sage ich, da sei mir, als ich gesehen hätte, daß ihm die Erzählung von diesem jungen Typ derart naheging, als erstes der Gedanke gekommen: »Ischa ist immer gerührt, wenn es um so etwas wie Anerkennung geht.«

»Das stimmt. Wenn du mich fragen würdest, wonach ich mich im Leben heute noch sehne, dann ist es Anerkennung.«

Es hat damit zu tun, daß ich diesen Schleier von Bedrücktheit nur schwer aushalte, der plötzlich über seinem Gesicht liegen kann, deswegen widerspreche ich oder spiele wenigstens den Advocatus Diaboli und sage ihm, daß es ihm daran doch nicht fehle, an Anerkennung, daß er von vielen Menschen geschätzt und bejubelt werde, daß man ihn fürchte und respektiere und für seine Arbeit rühme.

»Aber immer erst, wenn ich damit aufhöre«, entgegnet Ischa ohne eine Spur von Verbitterung und skizziert kurz, wie man in der Vergangenheit auf seine Arbeit reagiert hat.

»Und es war jedesmal dasselbe«, sagt er, »sie fielen über mich her, solange ich damit befaßt war, daß es von vorn bis hinten nichts tauge, und sobald bei irgendwas für mich die Spannung raus war, ich genug davon hatte und damit aufhörte, mit einer bestimmten Form des Interviewens oder Porträtierens von Leuten, wie ich es zum Beispiel für die *Haagse Post* gemacht habe, dann wurden plötzlich überall Stimmen laut, wie schade es doch sei, daß ich damit aufhörte. So wird es mein ganzes Leben lang bleiben, ich bekomme immer erst im nachhinein Lob und Anerkennung. Ich hab noch nie einen Preis für irgend etwas gekriegt, obwohl ich überzeugt bin, daß ich im Journalismus Bahnbrechendes zustande gebracht habe. Erst nach meinem Tod werden sie mich rühmen, das prophezeie ich dir.«

»Ich hoffe, daß ich das nicht miterleben muß«, sage ich.

Einige Stunden später, als Ischa Arend Jan angerufen hat, wir durch die Beale Street bummeln und beschließen – es ist gegen Abend –, daß wir beide keine Lust haben, in einem Restaurant zu essen, sondern heute ganz altmodisch früh ins Bett gehen wollen, in unseren Pyjamas, ein bißchen quasseln und zappen und uns das Abendessen aufs Hotelzimmer bringen lassen, erst da spreche ich an, was mir in dem Studio durch den Kopf gegangen ist – wie sehr ich an Elvis denken mußte und daß mir die Wege des Ruhms plötzlich unergründlicher und interessanter vorkamen als je zuvor, mir sogar kurz der Gedanke kam, daß diese allseits zitierte, legendäre und peinliche Verlegenheit am Beginn einer nie dagewesenen öffentlichen Bekanntheit und eines schamlosen Bühnengehabes gestanden habe und es vielleicht diese Verlegenheit gewesen sei, die zu Elvis Presleys Tod geführt habe.

»An der eigenen Verlegenheit sterben, das ist doch zu traurig, um wahr zu sein«, sage ich.

»Das ist schön bedacht und so schlimm, daß es wohl wahr sein muß«, erwidert Ischa. »Sich öffentlich darzustellen ist doch auch eine Art der Verhüllung.«

Mit vier Polaroids im Gepäck, in Mäppchen, auf denen *Again and Forever, The South's Grand Hotel The Peabody, Memphis, Tennessee* steht, reisen wir aus einer Stadt ab, in die wir – das stellen wir übereinstimmend fest – gern wieder zurückkommen möchten, irgendwann, nächstes Jahr oder so. Im Geburtsort von Muddy Waters, Clarksdale, esse ich mein erstes *Po'boy*, ein Brötchen mit hauchdünnen Streifen gebratenem Roastbeef, das zubereitet ist, wie ich es von meiner Mutter her kenne. Sonntags zog sie aus einem schönen großen Stück Rindfleisch eine kräftige Brühe, und dieses Fleisch briet sie dann am nächsten Tag mit einer gehackten Zwiebel in Butter als leckeres Extra zum Mittagessen. Das Fleisch schmeckte süßsauer, und schon von dem Duft in der Küche lief mir das Wasser im Mund zusammen. Manchmal, wenn ich Ischa vom Essen zu Hause erzähle, kommen mir die Tränen, und in meinem Notizbuch halte ich sorgfältig die plotlosen Geschichten fest, die ich ihm erzähle, Geschichten, in denen Essen eine Sprache ist und die Liebe, mit der es zubereitet wird, die Botschaft.

»Das hätte ich mir denken können«, flachst er, um die Melancholie zu vertreiben, die der Duft und der Geschmack des *Po'boy* bei mir auslösen, »die Frau, die am Tag, da sie in mein Leben tritt, über meiner Suppe in Tränen ausbricht, die hat was Spezielles mit dem Essen.«

Auf unserer Route entlang den Ufern des Mississippi kommen wir als nächstes nach Greenville, wo wir einen Tag verbringen, ehe wir durchs Binnenland von Mississippi nach Natchez weiterfahren. In Natchez bleiben wir einige Tage und schließen Bekanntschaft mit einer lebenslustigen, typischen Southern Belle, die gegenüber von unserem Hotel einen kleinen Lunchroom betreibt. Ich weide mich an ihrem breiten Südstaatenakzent, und wir befolgen jeden ihrer Tips, wo wir die leckersten *quails* essen können, welche Antebellum-Häuser wir uns unbedingt ansehen müssen und was wir in der Umgebung von Natchez besichtigen sollten. Auf ihre Empfehlung hin steuern wir als nächstes auch ihren Geburtsort Lafayette, Louisiana, an, und nach unserem Abschied liege ich Ischa im Auto ständig damit in den Ohren, er solle doch bitte den Namen dieser Stadt mit ihrem Akzent aussprechen. Das kann er unheimlich gut. Den Kühlschrankmagneten, den sie uns geschenkt hat, mit Rhett Butler und Scarlett O'Hara in inniger Umarmung, lege ich aufs Armaturenbrett.

Es regnet, als wir in Lafayette ankommen. Wir finden verhältnismäßig rasch ein Motelzimmer, ein Apartment in einer Flachbauanlage mitten in der Stadt. Ehe wir das Restaurant aufsuchen, das uns unsere Southern Belle empfohlen hat und dessen Besitzer wir ihre Grüße übermitteln sollen, stellen wir gewohnheitsgemäß kurz die CNN *News* im Fernsehen an. Ein Polizeisprecher gibt gerade eine Erklärung ab, in der es heißt, daß O. J. Simpson seit dem Mittag als flüchtig gelte und sich jeder, der ihm bei der Flucht behilflich sei, eines Verbrechens mitschuldig mache. Weder Ischa noch ich haben je von O. J. Simpson gehört. Aus der kurzen Zusammenfassung dessen, was sich zugetragen hat, entnehmen wir aber, daß die Frau von O. J., Nicole Simpson, und ein junger Mann vor wenigen Tagen ermordet vor dem Eingang des Wohnhauses der Simpsons in Los Angeles aufgefunden wurden. O. J. hätte heute bei der Ermittlungsbehörde zu einem Verhör erscheinen müssen, ist aber nicht aufgetaucht.

»Er hat es getan«, sage ich zu Ischa.
»Meinst du wirklich?« entgegnet er, noch ungläubig.
»*I'm dead sure*«, sage ich.

Wir essen früh und kehren auch früh ins Motel zurück. Noch bevor ich meinen Mantel ausgezogen habe, stelle ich den Fernseher an. Auf dem Schirm erscheint das Bild eines weißen Bronco, der mal aus der Luft und mal vom Boden aus gefilmt wird. Verfolgt von unzähligen Polizeiwagen fährt der Bronco über den Highway, schlängelt sich zwischen fahrenden und stehenden Autos hindurch und bietet mir in den kommenden Stunden das spannendste Fernsehprogramm, das ich je gesehen habe. Auf dem Bauch liegend, klebe ich fast mit der Nase am Bildschirm, und Ischa, neben mir, sitzt kerzengerade vor Neugierde. In regelmäßigen Abständen schreie ich laut auf, so sehr genieße ich, was wir hier sehen und miterleben.

Ischa legt mir die Hand in den Nacken und sagt: »Beruhig dich doch, Liebling«, ich sei ja schon total verschwitzt.

Es ist der 17. Juni 1994, all das ist echt, es geschieht, während wir zuschauen, irgendwo in diesem Land, und keiner weiß, wie dieser Film ausgehen wird, wo und wie diese wahnsinnige Flucht von O. J. Simpson enden wird. Es ist ein Film ohne Drehbuch und ohne Regisseur.

»Es ist, als wolle er der Fiktion entkommen«, sage ich, »als wolle er dem Film, in dem er gelandet ist, davonfahren, aber er kommt da unmöglich heraus. Die Kamera ist zum Auge Gottes geworden und verurteilt ihn gnadenlos zur Sichtbarkeit.«

»Du wirst ja ganz lyrisch, Schatz«, entgegnet Ischa.

Mit möglichst vielen Zeitungen bepackt, in denen die Geschichte von *the chase* auf O. J. Simpson ausgebreitet wird, fahren wir am nächsten Tag über Baton Rouge nach New Orleans.

»Ich spendiere vier Nächte im Monteleone Hotel, Kategorie *very expensive*«, jubelt Ischa und dirigiert mich mühelos durchs French Quarter bis direkt vor den Eingang des legendären barocken Hotels.

Der ganze Tag liegt noch vor uns. Ehe wir jedoch in die Stadt hineingehen, schlüpfen wir noch für ein Weilchen ins Bett. Ischa fällt schon bald in tiefen Schlaf, doch ich kann nicht einschlafen, und so lese ich in sämtlichen Zeitungen von A bis Z alles, was sie über O. J. zu vermelden haben. Nach einer Stunde wird Ischa wach.

»Ich hab so schön geträumt, von Paul Haenen und Paul de Leeuw. Wir haben auf den Putz gehauen. ›Ich bin dabei, Jungs!‹« schreit er laut und fröhlich.

Wie gewöhnlich gehen wir als erstes in eine Buchhandlung, stöbern darin herum und kommen mit mehreren Büchern wieder heraus, unter anderem natürlich dem *Zagat*. In jeder Stadt überlasse ich es verschämt Ischa, nachzusehen, ob *The Laws* im Sortiment ist, und meist höre ich dann aus irgendeiner Ecke der Buchhandlung einen Schrei, der mir sagt, daß er das Buch gefunden hat.

Ischa kommt wieder einmal mit einem solchen Büchervorrat aus dem Laden, daß wir zunächst in unser Hotelzimmer zurückmüssen, um sie dort zu deponieren. Den *Zagat* stecken wir ein, um in irgendeinem Lokal, das uns zusagt, darin zu lesen. Auf den ersten Seiten des *Zagat* ist jeweils eine Liste der vierzig besten Restaurants aufgeführt. Noch bevor wir einen Blick in den Führer geworfen haben, sage ich, daß wir abends bei Nummer 1 essen werden und ich bezahle. Ischa schlägt den Führer auf und konstatiert, es habe so sollen sein.

»*Home*«, sagt er. »Wir essen bei C.P., ›Commander's Palace‹. Da werden wir mal ein leckeres Steak savoranilisieren.«

»Und Brotpudding zur Nachspeise«, sage ich.

Mehr noch als in den anderen Bundesstaaten der USA weckt das Essen in den Südstaaten bei mir Erinnerungen an das Essen zu Hause. Ich drücke Ischa meine Verwunderung darüber aus. Es könne doch unmöglich sein, daß der Süden der USA etwas mit dem Süden der Niederlande zu tun habe? Ischa zitiert daraufhin eine Äußerung – seines Wissens von Gerrit Komrij –, wie wunderlich es doch sei, daß jedes Land einen Norden und einen Süden habe, mit allen dazugehörigen Merkmalen, und daß immer wieder irgendwo der Norden eines Landes beginne, auch wenn er an den südlichsten Teil des benachbarten Landes grenze.

»Das beweist wieder einmal, wie sehr alles seine Definition daraus bezieht, auf welche Art und Weise es begrenzt ist und von anderem unterschieden wird«, sage ich, und kaum habe ich das gesagt, da stecken wir schon wieder mitten in einem Gespräch über den Unterschied zwischen seiner und meiner Art zu schreiben, so einem Gespräch, bei dem ich immer das letzte aus mir heraushole.

»Ja«, sage ich zum wer weiß wievielten Mal, »von mir

aus kannst du den *Dicken Mann* ruhig Literatur nennen, aber wenn du alle *Dicken Männer* aneinanderreihst und sie in einem Band zusammenfaßt, hast du noch keinen Roman.«

»Was ist denn so Besonderes an einem Roman? Die meisten Romane sind stinklangweilig, konstruiert und nichtssagend. Ich mag eigentlich nur noch Autobiographien, aber nichts Erfundenes.«

»Es ist ein Irrtum, wenn du denkst, Erfindung sei ein Kennzeichen des Romans, Is«, entgegne ich ruhig. »Wenn das so wäre, säße ich ganz schön in der Klemme, denn ich hab keine Phantasie.«

»Natürlich hast du Phantasie«, widerspricht Ischa pikiert. »Jeder hat Phantasie. Dieser Epileptiker, den hast du dir doch ganz und gar aus den Fingern gesogen, oder? Du hast mir selbst gesagt, dir sei noch nie im Leben ein Epileptiker begegnet.«

»Ich hab bestimmt zehn Epileptiker gekannt, nur hatten sie leider allesamt keine Epilepsie«, entgegne ich verbissen, und darüber muß Ischa zum Glück lachen. »Was andere Phantasie nennen, das nenne ich Vorstellungsvermögen und Wissen«, ergänze ich, aber ich kann sein glucksendes Lachen nur schwer übertönen.

Wir haben Glück bei Commander's Palace. Es ist ein Restaurant, in dem Tage im voraus sämtliche Tische reserviert sind, doch als wir am Kopf der Warteschlange vor dem Holzkatheder stehen, an dem ein Ober die Reservierungen kontrolliert, gibt ein anderer Angestellter gerade durch, daß soeben zwei Gäste abgesagt hätten.

»*You're lucky, sir*«, sagt der Ober zu Ischa.

»*I am*«, bestätigt Ischa und legt mir die Hand auf den Kopf.

Die Tage in New Orleans verbringen wir mit Spaziergängen. Wie in jeder Stadt haben wir schon bald unsere Lieblingsadressen ausfindig gemacht, wo wir Kaffee trinken, zu Mittag essen, wo wir uns gegen fünf eine Bloody Mary genehmigen, wo wir Bücher oder CDs kaufen, wo wir uns zum Ausruhen niederlassen. Jeden Tag setzen wir uns kurz mit unseren Neuerwerbungen auf eine Bank am Moon Walk, von der aus wir einen prachtvollen Ausblick auf den breiten Mississippi haben. Dort sage ich auch zu Ischa, daß mich das nicht loslasse, das mit diesem Unterschied zwischen Journalismus und Literatur und zwischen seiner und meiner Art zu schreiben. Erst in der vorangegangenen Nacht habe ich eine gedankliche Beziehung zwischen unseren monatelangen Reisen und dem, was Zeit mit unserer Liebe und unserer Arbeit zu tun hat, hergestellt. Wie immer, wenn mir etwas gerade erst gekommen ist und ich – da das Formulieren von Sätzen Zeit erfordert – noch nicht in der Lage war, einen Gedanken besser herauszuarbeiten, möchte ich alles mögliche gleichzeitig erzählen und weiß daher nicht so recht, wo ich anfangen soll.

»Der letzte Teil von *Die Freundschaft* wird ›Liebe und Arbeit‹ heißen«, beginne ich.

»Darum dreht sich bei uns alles«, erwidert Ischa, »in erster Linie aber doch wohl um Arbeit.«

Ich ignoriere die Hierarchie, die er herstellt und die für mich ganz sicher nicht gilt, denn ich möchte mich zu diesem Zusammenhang hinreden, von dem ich jetzt erst eine vage Vermutung habe und zu dessen schärferer Sicht ich Ischas Hilfe benötige. Daß außer in dem, *was* wir schrieben, doch ein frappierender Unterschied in dem sichtbar werde, *wie* wir schrieben, beginne ich zögernd. Der größte Unterschied liege in der Zeit. Ein Journalist wie er produziere täglich und könne das, was er geschrieben habe, auch täglich abgedruckt sehen. Das sei ein direkter Konsum von Resultat und Lob. Dahinter müsse ein Bedürfnis stecken oder ein Verlangen, wie man es nehme.

»Ich bin beachtungssüchtig«, resümiert Ischa und macht so kurzen Prozeß mit meinem bröckeligen Gedankengang.

Ich muß darüber lachen, so daß es mich anschließend große Mühe kostet, das Ganze noch beisammenzuhalten und sowohl über die Anonymität dieser Beachtung zu sprechen als auch über die Fähigkeit zum Aufschub dieser Beachtung, die man braucht, um einen Roman schreiben zu können, über den Unterschied zwischen unserem Leben in Amsterdam und dem Leben, das wir führen, wenn wir auf Reisen sind und er nicht jeden Tag gelesen wird und nicht jeden Tag Kameras auf ihn gerichtet sind und er im Fernsehen erscheint, und wieso er gerade während unserer Reisen an einem Buch wie *Zu meines Vaters Zeit* arbeiten konnte.

»Das kommt durch dich«, sagt Ischa. »Du bist schlimmer als zwanzig Kameras zusammen.«

»Connie«, sagt Ischa abends vor dem Schlafengehen, »mir ist eine neue Philosophie eingefallen: der Bonjourismus. Der oberste Grundsatz des Bonjourismus lautet: Wer sich selbst nicht sieht, schaut sich nicht gut genug um.«

Vor einem Monat haben wir bei unserer Abreise aus Lauderdale unser Motelzimmer für die beiden letzten Wochen unseres Aufenthalts in Amerika reserviert. Von New Orleans aus fahren wir in aller Ruhe über Pensacola und Lake City, Florida, in die kleine Stadt zurück, die wir mittlerweile als *home* bezeichnen. Ischa hat die Ansichtskarten mitgenommen, auf denen er Notizen für *Zu meines Vaters Zeit* gemacht hat, und ich habe meinen Laptop dabei und möchte nach vier Wochen Ruhepause wieder in *Die Freundschaft* einsteigen.

Auf dem Weg nach Lauderdale erzählt Ischa, daß er Anfang vorigen Jahres einmal mit der Straßenbahn zum Victorieplein gefahren sei.

»Und da mußte ich plötzlich entdecken, daß an der Stelle, an der einmal unser Haus stand, nur noch eine große Lücke war. Es war nicht mehr da. Mir wird jede Chance genommen, meiner Geschichte Gestalt zu verleihen. Hilf mir bitte, daran zu denken, daß es darum in *Zu meines Vaters Zeit* geht. Während ich auf diese Lücke blickte, dachte ich an den Balkon unseres Hauses. Ich erinnerte mich daran, wie ich dort gestanden und gedacht hatte, daß ich eines Tages etwas darstellen würde in der Welt. Ich muß so sechs, sieben Jahre alt gewesen sein.«

»Na, das ist dir doch auch geglückt, nicht?«

»Ja«, sagt er, »aber irgendwie kann ich das nicht als meine persönliche Geschichte betrachten. Eigentlich beginnt sich erst jetzt so etwas wie eine persönliche Geschichte abzuzeichnen, jetzt, jenseits der Fünfzig, nach dem Tod meiner Eltern, jetzt, da ich schon so viele Jahre mit dir zusammen bin und auch für mein Kind ein Platz in unserer Familie vorhanden ist. Ich hab zum erstenmal in meinem Leben das Gefühl, daß etwas bleibt, wie es ist.«

»*It's about time, honey*«, sage ich, und es soll cool klingen, aber es kommt viel zu jubelnd heraus.

Der Besitzer des Motels in Lauderdale begrüßt uns wie Heimkehrer. Wir parken den Chevy auf dem Kies vor dem Motel, gehen zu unserem Apartment im Erdgeschoß und fühlen uns sogar vom Schwappen des Ozeans willkommen geheißen.

Ischa krümmt den rechten Zeigefinger, und ich hake mich mit dem meinen ein.

»*Home*«, sagen wir gleichzeitig.

»Jetzt heiß ich Vertäfelchen«, murmelt er im Halbschlaf, als ich mich der Krümmung seines Körpers anschmiege und den Arm um seinen inzwischen wieder geschrumpften Bauch schlage.

»Wir müssen beide von unseren Süchten loskommen, Connie«, hat Ischa während der Reise gesagt.

»Von allen?« habe ich da hoffnungsvoll und ängstlich gefragt.

»Von allen«, hat er im Brustton der Überzeugung geantwortet. »Wart nur, du wirst noch über mich staunen. Es wird sich noch vieles verändern.«

Er hat sich vorgenommen, gleich am Tag unserer Rückkehr nach Lauderdale mit dem Rauchen aufzuhören, und am selben Tag gehe ich mit dem Kampf gegen meine schlechte, neurotische, aber nichtsdestoweniger süchtig machende Angewohnheit des Nägelkauens ins Rennen.

»Einfach anfangen«, habe ich gesagt.

»Dein Testimonium paupertatis«, nennt er dieses Nägelkauen, und ich habe daraufhin entgegnet, daß jede Sucht ein Testimonium paupertatis sei.

Er packt den Stier gleich bei den Hörnern. Beim Frühstück im ›Country Ham 'n Eggs‹ händigt er mir seine noch halbvolle Schachtel Merit aus, und am Nachmittag desselben Tages zieht er seine Turnschuhe an und läuft einen ganzen Häuserblock weit durch Lauderdale.

»Ich muß das langsam aufbauen«, keucht er, als er zurückkommt. »In einer Woche laufe ich wieder eine halbe Stunde am Stück.«

Jeden Tag läuft er ein wenig länger, und nach einer Woche schafft er tatsächlich eine halbe Stunde am Stück. Ich drücke ihm meine Bewunderung für dieses Durchhaltevermögen aus, ebenso wie für seinen Witz und Verstand und seine Unverfrorenheit, für alles, was er in Bewegung setzt, um ein gutes Leben zu führen, und für die Art und Weise, wie er mich liebt.

»Ja«, sagt er, »ich liebe dich, leider.«

»Wieso leider?«

»Es behagt mir natürlich gar nicht, jemanden so sehr zu lieben. Und ich sag dir noch was: Dir behagt es auch ganz und gar nicht, jemanden so sehr zu lieben.«

Es tut mir weh, das zu hören, und ich protestiere und beginne über die Liebe zu plappern und daß das doch das Schönste sei, was es gebe, und wie glücklich ich sei, und während ich so plappere, höre ich mich selbst lauter Dinge sagen, mit denen ich nur die Angst beschwöre, daß das, was er sagt, zutreffen könnte.

»Manchmal bin ich mich selbst leid. Warum muß ich denn bloß so dagegen anreden?«

Er lacht mich an.

»Ich kenne dich sehr gut«, stellt er fest.

»Ich könnte heulen, Is«, sage ich, »über uns und unsere Liebe.«

»Mit dir zusammen finde ich das Leben schwerer und schöner«, entgegnet Ischa und legt seine geöffnete Hand auf den Tisch, so daß ich die meine hineinlegen kann.

»Jetzt mußt du mich Zoef de Haas nennen, Connie«, murmelt er im Dunkeln.

Er hat es schon mehrmals gesagt, und während der zwei Wochen, die wir in Lauderdale verbringen, erwähnt er es so oft, daß es mich mitunter schon beunruhigt.

»Sobald ich nach Hause komme, mache ich dich zu meiner Erbin, und dann suchen wir uns ein schönes großes Haus, für dich und mich und Jessica.«

Immer wenn es um die Regelung seines Erbes geht, führt er seinen Freund Kees Eyrond aus Utrecht an, wie er von dem gelernt habe, daß es wichtig sei, für seine Lieben und seine Freunde zu sorgen und Vorkehrungen zu treffen, was nach dem eigenen Tod zu geschehen hat.

»Kees' größtes Talent ist Geld«, sagt Ischa, »aber Geld bedeutet bei Kees die Sorge um Sicherheit. ›Du mußt für Connie sorgen‹, hat er gesagt. Das hat mich gerührt.«

Er sieht meinen fragenden Blick.

»Weil ich noch nie für jemanden sorgen wollte oder vielleicht auch nicht konnte, und jetzt will und kann ich es. Als mir das klar wurde, wußte ich erst, daß sich doch etwas in meinem Leben verändert hat, und damit war ich plötzlich sehr zufrieden. Und außerdem muß ich immer an Tas denken, daß ich das auch ihm zu verdanken habe. Das war doch der Zweck dieser Analyse, ein bißchen menschlicher zu werden.«

Mir kommen die Tränen.

»Was ist?« fragt er kichernd.

»Ich weiß es nicht«, erwidere ich, ebenfalls mit einem Lachen.

»Das ist die Adieuität«, flachst er. »Hervorstechendstes Merkmal des Bonjourismus ist die Adieuität, die Adieuität des Lebens. Du verstehst das, aber die meisten Menschen verstehen das nicht.«

Ischa hat seine Ansichtskarten noch nicht hervorgeholt. Sobald er seine Turnschuhe anzieht, um zu joggen, klappe ich meinen Laptop auf und versuche so lange wie möglich an *Die Freundschaft* zu arbeiten. Kommt er dann keuchend und zufrieden wieder herein, sagt er, wie lieb er mich finde, an diesem Computer, aber daß er auch neidisch sei, wenn er mich arbeiten sehe.

»Aber daraus darfst du dir nichts machen, hörst du«, sagt er. »Kommst du mit, einen Espresso trinken? Wollen wir heute nachmittag mal ins Kino gehen, an der Mall?«

Das komme schon noch irgendwann, später, sagt er, als er an unserem Abreisetag seine Koffer packt und den unausgepackt gebliebenen Stapel Ansichtskarten in die Hand nimmt. Ein Anflug von Traurigkeit überzieht sein Gesicht, doch als ich zu ihm hinlaufe und ihn umarmen will, wehrt er mich ab.

»Laß mal eben, Con«, sagt er, um gleich darauf ein wenig zu munter zu fragen, ob ich mit *Die Freundschaft* vorangekommen sei. Ich gebe ihm keine Antwort, sehe ihn aber auf eine Art und Weise an, daß er lachen muß und unweigerlich den Arm um mich legt.

Bei Joop van den Ende hat er den Regisseur Guus Verstraete kennengelernt und sich mit ihm angefreundet. Guus kann mit ihm herumtollen wie mit einem jungen Hund, der noch abgerichtet werden muß, und das gefällt Ischa.

»Halt den Mund, Ies«, sagt Guus regelmäßig mit ironischer Strenge und nimmt Ischa damit immer wieder für sich ein. Guus verbringt den Sommer mit seiner Frau Simone Kleinsma, seinen Töchtern und einigen anderen Verwandten und Freunden in einer kleinen Villa an der Küste der Normandie. Einen Tag nach unserer Heimkehr aus Amerika ruft Ischa Guus an und wird von ihm eingeladen, ein paar Tage mit mir in die Normandie zu kommen.

»Das muß ich kurz mit meiner Frau besprechen, denn sie ist gerade viertausend Meilen Auto gefahren«, entgegnet Ischa, dreht sich zu mir um und sagt nur: »Ich vermisse ihn.«

»Gut«, sage ich, »wir fahren, ich bringe dich zu deinem Freund.«

»Wir kommen!« brüllt er daraufhin in den Hörer. »Aber ich möchte nicht in die Villa zu all den Leuten. Connie und ich nehmen uns ein schönes Hotel, am liebsten teuer und nobel. Kannst du das für uns organisieren? Und wird in Etretat am Quatorze Juillet noch irgendwas Besonderes gemacht? Falls ja, organisier da doch bitte auch was, denn Connie ist ganz versessen auf Feuerwerk.«

Sechs Wochen nach unserem Besuch bei seinem Freund in Etretat sitzen wir im Flugzeug nach New York. Diesmal haben wir Jessica zwischen uns. Ischa hat zwei ineinander übergehende Zimmer im Gramercy Park Hotel reserviert, wo wir am Nachmittag eines warmen Augusttages eintreffen. Wir richten uns in den beiden großen Räumen ein.
»Sieht aus wie eine Hochzeitssuite«, sage ich zu Ischa.
»Ich fühle mich auch wie auf Hochzeitsreise«, erwidert Ischa. Er hat Jessica noch nie länger als einen Tag und eine Nacht bei sich gehabt, und ich sehe ihm an, daß ihn das hin und wieder ein wenig nervös macht, daß er sich fragt, ob er ihr auch eine schöne Woche bereiten kann.
»Jess ist genau wie ich«, beruhige ich ihn, »sobald wir dich um uns haben, sind wir glücklich, dafür brauchst du noch nicht mal was zu tun.«
»Ihr seid das Licht meiner alten Tage«, jubelt er abends, als wir traditionsgemäß einen Hamburger de Luxe in Pete's Tavern fetzen.

Dozierend läuft er neben ihr her durch die Straßen und Avenues von New York. Er erklärt ihr, wie Manhattan erbaut ist, welche Logik der Stadt zugrunde liegt, läßt sie

Namen und Adresse des Hotels aufsagen, damit sie den Weg zurückfinden kann, falls sie uns einmal verlieren sollte, und nachdem er sie auf das Chrysler Building hingewiesen hat, fragt er sie am Tag darauf, wie das Gebäude heiße. In seinem Überschwang und seiner Unsicherheit schießt er bei diesem neunjährigen Mädchen haarscharf über das Ziel hinaus.

Jessica und ich können uns nicht nur zehnmal dieselben Filme zusammen ansehen, wir spielen auch beide seit Jahren leidenschaftlich gern Rommé. Während Ischa im Nebenzimmer der Suite täglich seine *Dicken Männer* schreibt, sitzen wir zusammen auf dem großen Bett und setzen unser Kartenduell fort. Beim Deli um die Ecke hole ich Riesentüten Chips, Limo und kleine Fläschchen Budweiser. Mit den ausgelegten Karten zwischen uns, den aufgerissenen Chipstüten in Reichweite und etwas zu trinken auf dem Nachttisch verbringen wir die meisten Stunden des Tages in unserem Hotelzimmer und haben gar keinen anderen Wunsch, als bei diesem Mann zu sein, der zwei Meter von uns entfernt an seiner knallroten Schreibmaschine sitzt und von Zeit zu Zeit lächelnd zu uns hereinschaut, um vergnügt zu murmeln oder lauthals zu rufen, daß wir die beiden liebsten Frauen der Welt seien.

»Wir hätten genausogut nach Egmond aan Zee fahren können«, sagt Ischa abends im Bett.

»Nein«, entgegne ich, »das stimmt nicht. Es macht sehr wohl etwas aus, ob man nun in New York in seinem Hotelzimmer bleibt oder in Egmond aan Zee.«

Nach drei Tagen und Nächten im Gramercy Park Hotel ist mir Jessicas Gegenwart derart in Fleisch und Blut übergegangen, daß ich jede Nacht kurz aufwache und ins Nebenzimmer gehe, um nachzusehen, ob mit ihr alles in Ordnung ist.

»Kein Wunder, daß du keine Kinder hast«, sagt Ischa eines Nachts, »da könntest du ja keinen einzigen Buchstaben mehr schreiben.«

»Ja, das habe ich mir auch immer gedacht«, sage ich.

Wir sind ab Ecke 21st Street die gesamte Fifth Avenue hinunterspaziert, und Jessica hat die lange Wanderung durch ein drückendes Manhattan tapfer durchgehalten, weil Ischa ihr versprochen hat, daß wir zurück ein Taxi nehmen würden.

Nachdem wir eine Kutschfahrt durch den Central Park gemacht haben, ignoriert Ischa jedoch eine Reihe von Taxen, die vor dem Plaza Hotel an- und abfahren. Wir sind schon wieder zehn Minuten auf der Fifth Avenue unterwegs, als Jessica meutert. Sie sagt, sie sei müde und wir wollten doch mit dem Taxi zurückfahren. Ischa entgegnet, sie könne ruhig noch ein Stückchen laufen, es sei so herrliches Wetter und wir hätten uns während der Fahrt durch den Central Park doch zur Genüge ausgeruht.

»Aber du hast es versprochen«, sagt Jessica halb weinend.

Es geschieht nicht oft, daß ich mich in Ischas Umgangsweise mit ihr einmische, aber ich sehe, wie sich sein Gesicht verhärtet und unerbittlich wird, und da durchfährt mich sofort der Gedanke, daß seine Reaktion mit jemand anderem zu tun hat als mit Jessica. Ehe ich mich versehe, habe ich die Hand gehoben und ein *yellow cab* angehalten. Ich halte Jessica die Tür auf, winke ihr und frage einen verärgerten Mann in ruhigem Ton, ob er auch mitfahren möchte. Bockig reißt er die Vordertür auf und setzt sich, ohne ein Wort zu sagen, neben den Fahrer.

»Versprochen ist versprochen«, sage ich.

»Gramercy Park«, brummt er den Fahrer an.

Noch bevor wir an der Ecke Lexington Avenue sind, hat er sich schon halb im Sitz umgedreht, Jessica angesehen und sie angesprochen.

»Jess, weißt du, was der Unterschied zwischen einem Terroristen und Connie ist? Mit einem Terroristen kann man verhandeln.«

»Was ist ein Terrorist?« fragt Jessica mit ausklingendem Schluchzer in der Stimme.

Für Jessica hole ich beim Deli etwas von diesem tröstenden heißen Kakao, und tapfer gibt sie sich auch schon wieder fröhlich, doch ich weiß, daß sie angeschlagen ist. Nachdem ich sie zugedeckt habe und selbst zu Ischa ins Bett schlüpfe, frage ich ihn, warum er nachmittags ihr gegenüber so überreagiert habe.

»Ach, es ärgert mich, daß sie von ihrer Mutter nicht einen Cent für diese Reise mitbekommen hat«, sagt er. »Ich bezahle doch schließlich neunhundert Gulden Alimente im Monat!«

Abgesehen davon, daß er das nicht Jessica zum Vorwurf machen könne, sage ich, sei es gar nichts Ungewöhnliches, wenn eine Tochter, die mit ihrem Vater verreise, kein eigenes Geld bei sich habe. Er ist der großzügigste, freigebigste Mensch, den ich kenne, doch sobald es um seine Kinder geht, bekommt er etwas Beleidigtes, als fühle er sich benachteiligt, wenn er Geld für sie ausgibt. Ich erinnere ihn an die Hochzeit seines Sohnes Jeroen. Was seine Freunde, mich und meine Familie betrifft, beweist er die besten Geschenkideen, aber für Jeroen fiel ihm nichts ein.

»Du hattest gar keine Lust, ihm ein Geschenk zu machen«, sage ich. »Auf mein Drängen hin hast du damals einen Scheck über tausend Gulden ausgestellt. Am liebsten hättest du nur fünfhundert gegeben. ›Tausend Gulden sind sehr viel Geld‹, hast du noch geschrien. ›Eben darum‹, habe ich damals entgegnet.«

»Es ist Eifersucht«, sagt Ischa betreten. »Weil sich um mich nie einer gekümmert hat.«

Tagsüber stromern wir durch die Stadt, fahren mit der Circle Line einmal um Manhattan herum und werden auf der Gangway wieder auf so einem Glück enthüllenden Polaroid eingefangen. An einem Abend gehen wir ins Martin Beck Theatre, um uns eine Aufführung von *Guys and Dolls* anzusehen, und an einem unserer letzten Tage fahren wir mit dem Taxi an den Rand Manhattans, wo Ischa am Ufer des Hudson River ein Ticket für Jessica und mich kauft, um uns kurz darauf nachzuwinken, als wir uns mit einem Helikopter in die Lüfte erheben.

»Sie war doch glücklich, in dieser Woche mit uns, oder?« fragt Ischa in unserer letzten Nacht im Gramercy Park unsicher. Ich zeige nur auf das Polaroid, das ich neben ihm auf den Nachttisch gestellt habe.

Im Taxi nach Hause lehnt sie an meiner Schulter und schläft. Zärtlich und leicht eifersüchtig blickt Ischa auf seine schlafende Tochter.

»Warum macht sie das bei mir nie?« hat er schon mal gefragt, wenn Jessica sich auf dem Sofa an mich geschmiegt und, in meine Armbeuge gekuschelt, einen Film im Fernsehen angeschaut hat.

»Sie ist ein feinfühliges Kind«, habe ich ihm geantwortet, »sie nimmt Rücksicht auf deine Verlegenheit.«

Die ersten Nächte zu Hause in der Reestraat schlafe ich unruhig. Jede Nacht werde ich wach und gehe im Halbschlaf auf die Suche nach Jessica, bis Ischa mich weckt.

»Wo ist Jessica?«

»Herrjemine, Connie«, seufzt er.

Drei Tage nach unserer Rückkehr aus New York, am Samstag, dem 3. September 1994, stehen Ischa und ich zum erstenmal zusammen auf der Bühne. *Het Parool* feiert fünfzigjähriges Bestehen, und die Stadsschouwburg, das Amsterdamer Stadttheater, hundertjähriges. Die Redaktion hat einige Mitarbeiter gebeten, einen Teil des Festabends zu gestalten. Ischa hat sofort zugesagt und geschrien: »Ich mach was mit Connie!«, und nun stehe ich mit ihm in den Kulissen der Stadsschouwburg und warte, bis wir an der Reihe sind. Ich bin nervös. Ischa versucht mich zu beruhigen, und das hilft auch ein wenig. Als wir dann angekündigt werden und er meine Hand nimmt und mit mir auf die Bühne hinausgeht, ist diese Hand klatschnaß vor Nervosität. An unseren Rednerpulten stehend, nicken wir einander zu, Ischa lächelt, krümmt kurz den rechten Zeigefinger, und da läuft es wie von selbst.

In New York haben wir die ersten Notizen für ein Zwiegespräch über das Theater gemacht, das wir an diesem Abend aufführen wollen, und genauso wie bei dem Artikel über die sieben Tage im Hotel nutzen wir in Amsterdam unseren Jetlag, um uns mitten in der Nacht an die IBM zu setzen und unseren Text zu tippen.

Nach unserem Auftritt laufen wir selig zusammen durch die Gänge der Stadsschouwburg.
»Nächstes Jahr machen Connie und ich den *Faust*«, sagt Ischa zu jedem, mit dem wir uns unterhalten. »Wir lassen Joop van den Ende das Nieuwe de la Mar mieten, erteilen Ton Lutz die Regie und gehen auf die Bühne. Na, siehst du es schon vor dir, mit ihr als Mephisto?«

Wir mögen alle Jahreszeiten, die flirrend-heißen Sommer in Amerika und die Zeit des Stubenhockens in Amsterdam, wenn es draußen kalt ist und in der Reestraat die Fensterscheiben vom Wind gerüttelt werden. Ischa mag es, einkaufen zu gehen.
»Leute, denen Supermärkte und Einkaufengehen ein Greuel sind, mit denen stimmt irgendwas nicht, die haben was gegen die Gesellschaft«, sagt er.
Ich bin nicht gerade versessen darauf. Manchmal begleite ich ihn zum Dagmarkt oder zu Albert Heijn, aber meistens zieht er alleine los, und ich warte zu Hause, bis ich unten auf der Straße meinen Namen höre. Dann laufe ich zum Fen-

ster, um ihn da unten stehen zu sehen, mitten auf der Reestraat, die gefüllten Tragetaschen in beiden Händen.

»Weißt du, wie ich Liebe definieren würde?« fragt er rhetorisch. »Daß man nicht durch einen Supermarkt gehen kann, ohne dabei an die Frau zu denken, die man liebt, und lauter Dinge zu kaufen, von denen man weiß, daß sie sie mag.«

Derweil packt er seine Tragetaschen aus, breitet die Waren auf dem Holz der Anrichte aus und füllt den Kühlschrank mit den Dingen, die ich mag.

Wie jedes Jahr sitzen wir in der Nacht vom 24. auf den 25. Dezember in der Basilika von St. Odiliënberg, um der Messe beizuwohnen. Meine Mutter ist im Kirchenchor und steht auf den Altarstufen, Ischa und ich sitzen zwischen meinen Brüdern und meiner zukünftigen Schwägerin in einer der Bankreihen, und mein Vater deckt zu Hause den Tisch, auf den nachher, mitten in der Nacht, die Schalen mit wurst- und fleischgefüllten warmen Blätterteigtaschen und Rosinenbrot, die Kaffeetassen und die Weingläser gestellt werden.

»Ich seh uns schon da stehen«, flüstert Ischa, »ein heißes Paar, würde ich denken.«

Er hat in den zurückliegenden Monaten unzählige Gespräche mit dem Notar in Haarlem geführt, der auch die Hinterlassenschaft seiner Eltern regelt, und mit seiner Bank, um seine eigene Hinterlassenschaft zu regeln.

»Uns bleibt nichts anderes, als zu heiraten«, hat Ischa am Ende beschlossen, »so ein Partnerschaftsvertrag ist viel zu modern für uns.«

Das finde ich auch.

Seither stellen wir uns vor, wie es wäre, im Sommer 1995 in der Basilika von St. Odiliënberg zu heiraten.

»Du gehst hübsch in Weiß«, sagt Ischa, »und wir sagen allen: Connie ist zwar in Weiß, aber wir mußten heiraten, des Geldes wegen.«

Über eine spiegelglatte A2 schlittern wir am ersten Weihnachtstag spätabends Kilometer für Kilometer nach Amsterdam zurück. Vor, neben und hinter uns schieben sich Autos langsam, aber unweigerlich aufeinander oder drehen sich um ihre eigene Achse. Wir verfallen schon in nervöses Kichern vor lauter Anspannung, aber wir können die Rückfahrt nach Amsterdam nicht verschieben, weil wir morgen, am zweiten Weihnachtstag, von Schiphol nach New York fliegen werden.

Vor drei Tagen habe ich bei Mai Spijkers das Manuskript von *Die Freundschaft* abgeliefert, und nun sitzt Ischa neben mir im Flugzeug, einen unhandlichen, immensen Stoß DIN-A4-Seiten auf dem Schoß, und liest. Er hat einen Stift in der Hand, und von Zeit zu Zeit sehe ich ihn zu meiner Verärgerung ein Wort verbessern. Er hat schon mehr als eine Stunde lang nichts gesagt. Ich beherrsche mich und störe ihn nicht dadurch bei der Lektüre, daß ich ihn frage, wie er es findet. Er liest langsam, das sehe ich, und das gefällt mir. Ab und zu lehne ich mich leicht nach rechts, um zu sehen, welche Seite er gerade liest, und dann versuche ich mir vorzustellen, ob er genießen kann, was dort steht.

Er schaut erst auf, als er die Wagen im Gang klappern

hört. Sorgfältig ordnet er den Packen Papier und sieht mich an. »So etwas habe ich noch nie gelesen«, sagt er.

Ich umarme ihn und erwidere, daß er mich mit dieser Bemerkung sehr glücklich mache.

»Und der Prolog?« frage ich.

»Eine schöne Passage«, sagt er, »aber die muß raus.«

»*Kill your darlings*«, seufze ich. Ehe ich ihm das Manuskript gegeben habe, habe ich ihn gebeten, mir seine Meinung über den Prolog zu sagen. Mai fand ihn wunderbar und zum Buch gehörig, doch ich hatte das Gefühl, daß ich diesen Prolog – obwohl ich, als ich mit dem Buch anfing, sehr genau gewußt hatte, warum ich ihn schrieb – durch das Schreiben an sich überflüssig gemacht hatte.

Nach ihrem Tod wurde ich krank, lautet der erste Satz. *Ich lag mit Fieber im Bett und schlief zwanzig Stunden am Tag. In den wenigen Stunden, die ich wachend zubrachte, hatte ich keine Gedanken und keinen Kummer. Was ich fühlte, war das Hämmern in meinem Kopf, die klamme Kälte des Bettzeugs, daß ich hungrig und ausgehöhlt war, aber keinen Appetit hatte, und mich nach einer Flüssigkeit ohne Geschmack dürstete.*

»Du mußtest sie sterben lassen, um das Buch schreiben zu können«, sagt Ischa selbstgewiß, »das hast du eher dir selbst als dem Buch zuliebe getan.«

»Ja«, sage ich, »genau das ist es.«

Danach erkundige ich mich nach dieser Szene im Bad, ob er sich an die erinnere.

»Ja. Gute Szene, doch.«

»So habe ich mich gefühlt, als du mich ein paar Tage lang nicht sehen wolltest. Wir waren gut ein halbes Jahr zusammen, weißt du noch, und es wurde dir zuviel.«
»Da mußt du ja ziemlich betrübt gewesen sein.«
»Betrübt? Mann, ich dachte, ich werd total meschugge.«
Neugierig geworden zieht Ischa den Prolog wieder aus dem Packen Papier hervor und sucht die Passage, auf die ich ihn angesprochen habe.

Nach einer Viertelstunde begann meine Haut zu prickeln. Es war eine Empfindung, die noch am ehesten mit dem kribbelnden Gefühl zu vergleichen war, das ich hatte, wenn ich früher zu lange draußen in der Kälte gespielt hatte und meine Finger und Zehen sich anfühlten und so aussahen, als wären sie erfroren. Jede Farbe war daraus gewichen. Kam ich dann in einen warmen Raum, begann dieser stechende Schmerz. Die Erfahrung hatte gezeigt, daß sich der Schmerz verschlimmerte, wenn ich meiner Neigung nachgab, Hände und Füße mit ganzer Fläche an den warmen Ofen zu pressen, weil das in meine Extremitäten zurückfließende Blut dann ein derartiges Stechen hervorrief, daß ich weinen mußte. Wenn ich mich beherrschen konnte, befolgte ich den Rat meines Vaters und hielt die Hände unter strömendes kaltes Wasser, während ich die Füße auf und ab bewegte, indem ich mich mal auf die Zehen und mal auf die Fersen stellte. Er wußte, wie das war, in seiner Familie hatten sie allesamt so dickes, kaltes Blut.
Auf der Couch zurückgelehnt, verfolgte ich den Verlauf des Prickelns, das bei meinen Fußgelenken anfing

und sich allmählich einen Weg nach oben bahnte. Eher verwundert als ängstlich wartete ich ab, was mit mir passieren würde. Ich taue auf, dachte ich und war gespannt, was mir widerfahren würde, ob es nun beginnen, ob ich nun um sie trauern würde. Mittlerweile wollte ich doch gern wissen, wie das Tier Schmerz aussah, das Gefährte ihres Todes war.

Die kalten Prickelstiche krochen mir bis in den Nacken und weiter, bis in die Wangen, was schon ziemlich weit ging, wie ich fand. Ich hatte es plötzlich eilig, drehte im Badezimmer nur den roten Hahn auf und schaute ungeduldig auf den schwachen Strahl heißen Wassers, besorgt, ob ich wohl noch beizeiten würde eingreifen können, um Widerstand gegen etwas zu leisten, was nach einem eigensinnigen und rücksichtslosen feindlichen Eindringling auszusehen begann.

Das Wasser war unerträglich heiß, doch der reale Schmerz erleichterte mich, und ich ließ mich so weit wie möglich hineingleiten, bis das Wasser auf der Höhe war, auf der ich meine Haut stechen fühlte.

Es stand mir bis zum Hals, und darüber mußte ich lachen. Es ist vorbei, dachte ich, es ist bezwungen.

Um nicht der Gefahr eines verfrühten Triumphs zu erliegen, schloß ich die Augen und verhielt mich still.

Auf Scheingefechte folgen falsche Siege. Im selben Moment, als ich mich aufrichtete und mit Kopf und Schultern aus dem Wasser kam, wußte ich, daß es noch nicht vorbei war, sondern erst noch richtig loszugehen hatte, und daß es jetzt losging.

Es ist ein Irrtum zu glauben, jedes Leid habe seinen

eigenen Schmerz. Dieser Schmerz, der war derselbe gemeine Hund wie immer, und genau wie immer hatte es den Anschein, als würde er mich nie mehr verlassen.

»Es ist danach nie mehr vorgekommen«, sagt Ischa mit retrospektiv schuldbewußtem Gesicht, doch es sieht mir gerade ein wenig zu schelmisch aus, als daß er sich nicht bewußt wäre, es damals, auf sehr verzwickte Art, auch genossen zu haben, mich leiden zu lassen.

»Dein Grinsen ist unausstehlich«, sage ich.

»Ich muß gerade daran denken, wie du an dem Abend warst, als wir uns dann wiedersahen. Du hattest in den paar Tagen kiloweise abgenommen und warst stinkwütend.«

»Du hattest eine gefüllte Gans für mich gemacht und lauter Dinge besorgt, die ich mag, aber ich kriegte keinen Bissen runter.«

»Du fingst an, gegen das Tischbein zu treten, und hast mich furchtbar beschimpft.«

»Klar«, sage ich, »ich hatte dich um Aufschluß gebeten, und den konntest du mir nicht geben. Ich war wütend, weil du nicht ehrlich sein konntest, weil du nicht über das Warum dieser Trennung nachgedacht hattest. Im nachhinein kam ich dann darauf, daß du damals zum erstenmal, seit wir uns kannten, fremdgegangen bist und das selbst nicht so ganz akzeptieren konntest.«

»Das weiß ich nicht mehr«, erwidert Ischa betreten und auf einmal verlegen, »ich weiß nur, daß du mir wirklich gefehlt hast, daß ich dich nicht verlieren wollte und daß mich das in Panik versetzt hat, weil es etwas ganz Neues für mich war.«

Die Stewardeß reicht uns die Plastiktabletts mit den warmen Aluschälchen, und wir prusten alle beide los, als wir uns mit Hingabe und Genuß über diesen Flugzeugfraß hermachen.

»Ha, und nachher lese ich in *Die Freundschaft* weiter«, sagt Ischa, um mich zufrieden zu stimmen.

»*I envy you*«, sage ich.

George Brazillers Apartment befindet sich in einem großen Gebäude Ecke 74th Street/Third Avenue. Er hat den Schlüssel beim Pförtner hinterlegt und uns einen herzlichen kleinen Brief dazu geschrieben, in dem er uns einen angenehmen Aufenthalt wünscht. Kurz darauf stehen wir in dem Apartment, das ich schon kenne, Ischa aber noch nicht. Es ist geräumig, hell und voller Bücher, und es atmet die Seele eines Mannes, der allein lebt und es versteht, gut für sich zu sorgen. Zögernd bleibe ich an der Tür stehen, in dem Bewußtsein, daß ich verantwortlich dafür bin, wo wir hier gelandet sind, und daher gespannt, was Ischa von der Wohnung hält. Er stapft durch den Raum, läuft zu den Terrassentüren, öffnet sie und hat nun einen atemberaubenden Blick auf den östlichen Teil Manhattans. Die Musik New Yorks dringt herein, und er schreit über alles hinweg, daß George ein Schatz sei, daß er die Wohnung wundervoll finde und wünschte, sie würde uns gehören.

Das Manuskript von *Die Freundschaft* liegt vor ihm auf dem Tisch, und er liest die letzten Seiten.

»Schade, daß es aus ist«, sagt er, als er zu Ende gelesen hat. »Und jetzt verstehe ich auch, warum du gesagt hast, daß du es an mich geschrieben hast. Niemand hat sich je so sehr in mein Wesen vertieft wie du.«

»Kennen heißt lieben«, sage ich.

»Mia muß es auch lesen«, sagt er plötzlich voller Enthusiasmus, »sie wird es phantastisch finden.«

Bei einem unserer Besuche in St. Odiliënberg hatte ich die ersten beiden Teile von *Die Freundschaft* bei mir, für meine Mutter, um ihr die Gelegenheit zu geben, sie vorab zu lesen.

»Es kommt eine Mutter darin vor«, hatte ich zögernd und verschämt gesagt.

Am Tisch stehend, hatte sie hier und dort ein paar Sätze gelesen, hatte wieder ein paar Seiten umgeblättert, einen Blick auf einzelne Passagen geworfen und mir das Paket dann zurückgegeben.

»Was ich da sehe, ist wieder echt Connie«, hatte sie gesagt, »aber ich brauche das jetzt nicht zu lesen, Kind. Schreib du nur das Buch, das du schreiben möchtest. Ich lese es dann später, wenn der Zeitpunkt für mich gekommen ist.«

»Mia, was bist du doch für eine weise Frau«, hatte Ischa damals zu ihr gesagt, und sie hatte gestrahlt.

»Das Bedürfnis zu denken hast du von deiner Mutter«, sagt Ischa jetzt, »aber die Lust am Denken hast du von deinem Vater. Ich hab das plötzlich an der Art und Weise bemerkt, wie du mich angesehen hast, neulich an Weihnachten, bei euch zu Hause. So sieht dein Vater deine Mutter an, forschend, denkend, neugierig.«

Ich sage ihm, daß er sich gar nicht vorstellen könne, wie glücklich mich solche Bemerkungen und seine Art, mich zu betrachten und zu analysieren, machten, und daß er mich so gut einzuschätzen wisse.

»Kennen heißt lieben«, entgegnet er daraufhin grinsend.

Mit einiger Scheu überreicht er mir den ersten *Dicken Mann*, den er in New York getippt hat.

»Hier«, sagt er, »das wird dir bestimmt sehr gefallen.«

Der Dicke Mann hat einen alten Bekannten am Apparat, den er Die Stimme tauft. Sie tauschen ihre Erlebnisse aus, Die Stimme spricht von seinen vier Bypässen und Der Dicke Mann von der Warnung, die sein Herzinfarkt für ihn gewesen ist. Er erinnert sich, daß Die Stimme ihm seinerzeit in der Grundschule eine Freundin ausgespannt hatte, Trudy, und daß er dieser Trudy Jahre später wieder begegnet ist. Sie erzählte ihm von der Hinterlassenschaft ihrer Eltern, wie schnell sie diesen gigantischen Betrag verschleudert hatte. Daraufhin fragt Der Dicke Mann Die Stimme, was denn die Frauen machten.

»Das war einmal«, trötete Die Stimme auf deutsch.
Wenig später fragt Der Dicke Mann noch einmal nach.

»Und das mit den Frauen«, murmelte Der Dicke Mann, »ist das wirklich wahr?«

»O ja!« schmetterte Die Stimme, ein wenig verwundert. »Ich muß mich an meine eigene Ehefrau halten. Das haben der Spezialist und mein Hausarzt mir dringend geraten. Hahaha! Ja, ja – die Mädels...«

»Das war einmal«, trompetete Der Dicke Mann da, dem plötzlich unheimlich froh zumute war. »Ja – das war einmal!«

»Ich könnte heulen, Is«, sage ich, zu meiner eigenen

Verwunderung halb spöttisch, nachdem ich die Kolumne gelesen habe.

»Das dachte ich mir«, erwidert er.

»Heißt das, daß ich jetzt auch meine Männer fallenlassen muß?« frage ich und merke, daß ich rot werde.

»Das mußt du wissen«, antwortet er schroff und gereizt.

»Ischa«, sage ich daraufhin, »ich lebe mit dem berüchtigsten Interviewer der Niederlande zusammen, aber du wagst mir keine einzige Frage zu stellen, bei der du die Antwort fürchtest.«

Es ist sehr kalt in New York. Bei ›Saks‹ kaufe ich eine Pelzmütze für ihn und für mich. Dick eingemummelt laufen wir durch die Avenues, durch den Central Park, schauen den Schlittschuh laufenden Menschenknäueln auf dem Eis beim Rockefeller Center zu und tauen bei einer Tasse Kaffee im Plaza langsam wieder auf. Bei Brooks kaufen wir einen weiteren Anzug für Ischa. Seit dem Tod seiner Eltern trägt er nichts anderes mehr.

»Kleidung ist eine der Formeln der Magie«, sagt er dazu. »Erwachsensein ist natürlich kein Gefühl, sondern ein Kode, und das Tragen von Anzügen gehört zu diesem Kode. Du gibst ein Statement ab. Du erklärst dich dadurch, daß du diese Art von Kleidung trägst, für erwachsen, und dann wirkt sich das andersherum auch genauso auf dich aus: Du verhältst dich dadurch erwachsener. Das ist Magie.«

Ob ihm das gefalle, dieses Erwachsensein, frage ich.

»Ja«, antwortet er ernst. »Ich habe das Denken so lieben gelernt. Erst im Laufe der letzten zwei, drei Jahre habe ich begriffen, wie schlecht ich war, manchmal. Wirklich schlecht. Im Endeffekt macht man sich doch selbst etwas vor, und das tue ich immer weniger, glaube ich.«

Es ist eher des Gebäudes als der Vorstellung wegen, daß wir eines Abends in die Radio City Music Hall gehen, um uns *The Christmas Spectacle* anzusehen. Während wir das Kino bei so manchem Film schon nach zehn Minuten wieder verlassen, weil wir nichts von ihm halten, hat Ischa diese Neigung im Theater nicht. Er liebt das Theater.

»Theater handelt von Intimität, Film nicht«, sagt er, als wir anschließend wieder in die Frostnacht hinaustreten, um im Gallagher's noch etwas trinken zu gehen.

Das Verhältnis zwischen Anonymität und Intimität beschäftige ihn schon seit Jahren, fügt er hinzu.

»Ich würde gern noch mal ein schönes Buch übers Theater schreiben«, sagt er, »und zwar keinen historischen Überblick, sondern eine Analyse dessen, was ein Schauspieler macht, was geschieht, wenn jemand auf die Bühne geht, in welcher Beziehung der Schauspieler zum Publikum steht, und das alles unter dem Blickwinkel von Anonymität und Intimität.«

»Gib ihm ein Publikum, halt ihm ein Mikrophon unter die Nase, und er kann nicht anders, als die Wahrheit zu sagen«, zitiere ich mich selbst.

Ischa bricht in ein kurzes, lautes Lachen aus. Obwohl er ganz genau weiß, auf welche konkrete Situation ich damit anspiele, fragt er, wann ich das noch gleich zu ihm gesagt hätte. Er möchte, daß ich es erzähle, und ich tue ihm den Gefallen.

Es war voriges Jahr, irgendwann im März. Henk van Os hat ihn gebeten, sein Buch vorzustellen, im Rijksmuseum. Ein kleiner Zuschauerkreis hat sich rund um das Mikrophon geschart. Ich stehe ein wenig abseits, neben Wim Hazeu, dem Verleger des Buches von van Os, dem ich hier zum erstenmal begegnet bin und mit dem Ischa mich gerade bekannt gemacht hat.

»Du stellst dich ans Mikrophon und beginnst dieses Buch von van Os doch tatsächlich in Bausch und Bogen, restlos und mit viel Witz zu verreißen. Ich spüre, wie verdattert Wim Hazeu neben mir ist und dessenungeachtet dennoch seinen Spaß hat. Wie nicht anders zu erwarten, erhältst du stürmischen Beifall, und um dich dieser Aufmerksamkeit zu entziehen, stiefelst du energischen Schrittes quer durchs Publikum zu mir herüber und hältst dich an mir fest. Und da sage ich das zu Wim Hazeu, woraufhin wir dich beide zehn Minuten lang nur stumm anschauen können, weil du dich gar nicht mehr einkriegst vor Lachen.«

Ischa muß erneut lachen.

»Wim fand das gar nicht schlimm. Er hat uns doch später noch eine Karte geschickt, daß er uns beide so nett zusammen fand. ›Ein Kokon‹, sagte er, ›ein wundervolles, vitales, unfaßbares, inspirierendes Paar‹, und er fand sogar, daß wir uns ähnlich sehen.«

»Über diese Buchpräsentation hast du ja einen *Dicken Mann* geschrieben«, sage ich.

»*Und da hörte ich meine mir Angetraute zu jemandem sagen: ›Ja, zu Hause schwindelt er, wo er nur kann, aber sobald man ihm ein Mikrophon hinhält, fängt er an, die Wahrheit zu sagen.‹ Das hörte ich sie sagen. Und seither bin ich ein wenig konfus. Sie hatte nämlich vollkommen recht.«*

Er schauderte.

»Lieb, nicht? – von meiner Frau«, schloß er.

An Silvester 1994 kaufen wir auf der Third Avenue ein. Wir klappern verschiedene Delis ab, um leckere Sachen zu besorgen, die wir abends für uns zubereiten wollen. Von Georges Terrasse aus werden wir zweifellos eine schöne Aussicht auf das Feuerwerk in der Stadt haben, und mit ein bißchen Glück können wir vom Schlafzimmerfenster seines Apartments aus den Lichterball auf den Times Square niedergehen sehen. Die Vorstellung, daß das Jahr in den Niederlanden zu einem anderen Zeitpunkt zu Ende geht als hier in Amerika, finde ich, gelinde ausgedrückt, prickelnd, doch als ich Ischa darauf anspreche, sieht er mich ein bißchen verdutzt an.

»Ach, das beschäftigt mich überhaupt nicht«, sagt er.

Als ich ihn frage, was ihn denn wohl beschäftige, antwortet er, daß er noch nie einen Silvesterabend zum Anlaß genommen habe, über das Jahr nachzudenken, das diesem Tag vorausgegangen sei. »Zeit ist ja doch nur eine Erfindung des Menschen«, sagt er.

»Nein«, entgegne ich, »die Bezifferung der Zeit ist eine Erfindung des Menschen, aber die Zeit selbst nicht, und gerade an dem Einfluß, den Zahlen auf den Menschen haben, kannst du wieder mal ablesen, wie bedeutsam diese ganzen Fiktionen sind, wie sehr sie unser Leben und unser Verhalten bestimmen.«

»Du verstehst es aber auch immer, auf deine Steckenpferde zurückzukommen, Con«, sagt er.

Er kaut auf dem kleinen Finger seiner rechten Hand und räumt ein, daß es stimme, daß er in den letzten Tagen doch öfter an den Tod seiner Eltern gedacht habe als zuvor und daß diese Gedanken immer häufiger von einem Glücksgefühl begleitet seien.

»Ich bin froh, daß ich sie überlebt habe«, sagt er.

»Auch das zweite KZ hinter dich gebracht«, sage ich.

Wir liegen im Bett und warten auf diese gewisse Zahl der Zeit.

»Was sind wir doch schon lange zusammen, nicht?«

»Vierzig Jahre, sagt meine Mutter. Ihrer Meinung nach leben wir beide für zwei und können unsere gemeinsamen Jahre mit zehn multiplizieren.«

»Neulich hast du das größte Kompliment bekommen, das man überhaupt nur bekommen kann, und zwar von meiner Tochter. Sie erinnerte mich daran, daß wir mal an einer Buchhandlung vorbeikamen und ich sie auf *Die Gesetze* aufmerksam machte. ›Die Schriftstellerin kenne ich‹, habe ich da gesagt, ›die wirst du noch zu sehen bekommen.‹ Und daraufhin sagte Jessica, daß sie sich gar nicht mehr vorstellen könne, daß du je nicht da warst.«

Ich liege dicht an seiner Seite und kann sein Gesicht nicht sehen, doch er richtet sich auf, stützt sich auf den Ellbogen, um mir in die Augen schauen zu können, und sagt, daß es ihm genauso gehe wie Jessica, daß er sich nicht vorstellen könne, daß ich je nicht da war.

»Komisch«, sage ich, »genauso geht es mir nun auch.«

Schlag zwölf Uhr amerikanischer Zeit bedecke ich Ischas Gesicht mit Küssen und halte ihn so lange in meinen Armen, wie es für ihn erträglich ist.

»1995 wird ein wundervolles Jahr«, sagt er, nachdem er sich behutsam aus meiner Umarmung gelöst hat. »Anfang des Jahres wickeln wir endlich diese Hinterlassenschaft meiner Eltern ab, *Die Freundschaft* kommt heraus und wird ein Erfolg, wir finden ein Haus an der Gracht, gleich bei der Reestraat um die Ecke, das dann von deinem Vater prachtvoll renoviert wird, im August heiraten wir in der Basilika von St. Odiliënberg, und im Herbst stehen wir mit dem *Faust* auf der Bühne.«

Ich sage ihm, daß er der himmlischste, liebste Mann der Welt ist und ich mich auf jede weitere Stunde mit ihm freue.

Es ist der 3. Januar 1995, halb sechs Uhr morgens, zwei Stunden vor unserer Landung in Amsterdam, und Ischa lehnt schlafend an meiner Seite. Ich betrachte ihn, und unter meinem Blick wird er wach.

»Was guckst du?« fragt er sanft.

»Du bist so schön«, sage ich.

Er setzt sich in seinem Sitz auf und legt mir eine Hand in den Nacken.

»Du findest doch auch, daß wir gut zueinander passen, nicht?«

»Ja.«

»Ich auch«, sagt er. »Weißt du, woraus ich das unter anderem schließen kann?«

Auch wenn ich es wüßte, würde ich es nicht sagen, denn

ich höre ihn viel zu gern sprechen und so etwas behaupten wie das, was er jetzt sagt, daß er Amsterdam zwar liebe, aber jedesmal wieder ein bißchen um das Ende unserer Reise trauere.

Später werde ich mir gerade diesen Moment vergegenwärtigen, um mich mit dem Unvorstellbaren zu quälen, um den Schmerz der Unkenntnis jener Zahl der Zeit, die es für mich geschlagen hat, zu verspüren, denn es fehlt mir in diesem Moment noch an dem grausamen Wissen, daß er von da an nur noch drei Millionen sechshundertdreiundvierzigtausendzweihundert Sekunden, nur noch sechzigtausendsiebenhundertundzwanzig Minuten, nur noch eintausendundzwölf Stunden, nur noch zweiundvierzig Tage leben wird.

In Memoriam

Mein Mann ist tot, lasse ich später in die Zeitung setzen.

Jetzt dröhnt mir das Wort Tod durch den Kopf, mit seinem Namen verbunden wie ein unzertrennliches Gespann. Hin und wieder versuche ich mich dazwischenzuzwängen, doch das gelingt mir nicht, ich lebe zu sehr. Ich fühle mich ausgestoßen, darf nicht mit von der Partie sein. Sein wundervoller Name und dieses Wort schieben gemeinsam alles beiseite. Sobald ich an etwas anderes zu denken versuche als an dieses Wortgespann, versperren sie dem Gedanken den Weg. Sie lassen höchstens ein paar Worte durch, die dazugehören.
Niemals.
Immer.
Für Immer Niemals Mehr.
Die Wahrheit ist der Torwächter meiner Seele. Da brodeln Bilder, die sich aufdrängen wollen, die Bilder vom Morgen, von vor wenigen Stunden, doch sie kommen mit so viel Schmerz daher, daß sie nicht eingelassen werden können und auf dem Absatz kehrtmachen müssen. Der einzige Gedanke, der sich an die Bilder heften kann, ist, daß es Erinnerungen an eine Zeit sind, die vorüber ist, an eine Vergangenheit, und zwar meine allerletzte, daß von jetzt an keine Erinnerungen mehr angesetzt werden und daß ich auch nichts anderes mehr habe als das, Erinnerungen. Zum erstenmal im Leben habe ich eine Vergangenheit,

weiß ich, was dieses Wort tatsächlich bedeutet, was vergangene Zeit ist. Bis jetzt habe ich noch keine vollendete Vergangenheit gehabt. Alles aus meiner Vergangenheit lebt noch lustig drauflos, doch ich leide an wirklicher Vergangenheit. Ich bin von meinem Leben mit ihm abgeschnitten, dieses Leben ist vorbei.

Von nun an ist Ischa in mein Gedächtnis verbannt.

Und ich hasse diese Macht.

Links von mir sitzt mein Bruder Jos. Er sitzt am Steuer meines Wagens und fährt uns nach Amsterdam, wo Ischa ist. Von Zeit zu Zeit schlägt er die Hand vor den Mund und weint vor Entsetzen. Er tut mir leid. Ich bin stumm und taub, alles in mir schweigt, aus Angst und Erschütterung. Ab und zu weine ich leise vor mich hin, um es zuzulassen, aber es geht nicht sonderlich gut, es tut ganz furchtbar weh in meiner Brust.

»Wein doch«, fleht mein Bruder mich an.

Ich sage nichts. Ich kann nichts sagen. Ich muß zu Ischa, das ist das einzige, was ich will, bei Ischa sein. Es ist einer der letzten Momente der nun für mich kommenden Zeit, da ich noch etwas will, aber das weiß ich zu diesem Zeitpunkt noch nicht. Ich verstehe mich selbst nicht. Ich verstehe den Aufschub des Schmerzes nicht. Insgeheim hoffe ich, daß ich zaubern kann und er wieder lebendig wird, wenn ich erst bei ihm bin und ihn küsse. Ja, ich bin mir sicher, daß ich auf das Unmögliche hoffe, daß ich ihn aus dem Tod zurückholen kann, wachküssen kann, und daß ich erst werde weinen können, wenn mir das nicht gelingt, wenn ich nichts mehr zu wollen habe.

Die Fahrt von Limburg nach Amsterdam dauert gut zwei Stunden. Ein einziges Mal passiert ein anderer Gedanke diese eine Wahrheit, die Wache hält, oder nein, ein wirklicher Gedanke will es einfach nicht werden, es sind Haken, Angeln, die ich nach einer undenkbaren Zukunft auswerfe – einer Zukunft ohne ihn.

Buch, denkt es.

Schreiben, denkt es.

Mein Vater hat mich von seinem Tod unterrichtet. Telefonisch. Er brachte es fast nicht über sich. Ich weiß nicht, wie das sein kann, aber ich wußte, welche furchtbare Mitteilung er mir machen würde.

»Du mußt es sagen, Papa«, habe ich ihn angeschrien, »du mußt es sagen!«

Er verstand meine Botschaft, und da sagte er es. Mein mutiger, lieber Vater. Er sagte es.

Danach hörte ich ein tiefes Aufheulen, wie von einem Wolf.

Ich habe gebrüllt. Ich habe den Hörer aus der Hand fallen lassen und gebrüllt. Ich habe dagestanden und geschrien, daß ich das nicht will, nicht will, daß geschieht, was jetzt geschieht. Mit dem Fuß habe ich gegen die Flanken einer Theke getreten, bis ich fürchtete, daß er brechen würde. Da habe ich aufgehört, weil mich der Gedanke durchfuhr, daß ich mit gebrochenem Fuß nicht zu Ischa würde gehen können.

Von dem Moment an, da ich aufhöre, Laute von mir zu geben, überkommt mich eine eisige Ruhe, werde ich stumm und unberührbar. Jeden, der auf mich zukommt, wehre ich unsanft ab. Keiner darf mich anfassen, keiner.

Es ist Valentinstag 1995, es ist Ischas Geburtstag, doch ich bin auf der Beerdigung des Vaters meiner zukünftigen Schwägerin. Ganz früh am Morgen bin ich mit meinem Bruder Jos nach Limburg gefahren, weil das wichtig ist, weil man in gewissen Momenten für andere dasein muß. Das findet Ischa auch. Er liegt schon seit einer Woche krank im Bett, und ich liege schon seit einer Woche neben ihm. Gestern haben wir es zum erstenmal probiert, auf seine Bitte hin. Wir haben uns zum erstenmal seit einer Woche richtig angezogen und sind nach draußen gegangen. Ischa will unbedingt mit zu der Beerdigung in Limburg, er fühle sich schon viel besser, sagt er. Aber jetzt, da wir durch die Reestraat laufen, die Brücke über die Gracht hinauf, sehe ich, daß ihm diese Brücke wie ein Berg erscheint. Wir laufen noch ein Stückchen die Keizersgracht entlang, gehen dort in eine Bank, wo er noch mit der Frau am Schalter und mir herumflachst, und als wir kurz darauf wieder draußen stehen, sehe ich, wie bleich und krank er noch ist. Er bekommt keine Luft, er atmet schwer.

»Du kannst morgen nicht mitkommen, Liebling«, sage ich. »Du bist noch viel zu schwach.«

»Nein, es geht wirklich nicht«, räumt er ein. »Gehen wir wieder nach Hause?«

Zu Hause stecke ich ihn ins Bett. Es schreit in mir vor Sorgen, aber irgendwie kann ich mit diesen Sorgen nichts anfangen. Ich wüßte nicht, was. Ich kann mir nichts dazu denken.

Er schläft beinahe augenblicklich ein. Vollständig angezogen setze ich mich neben ihn aufs Bett und horche auf seine Atmung. Erst als er wieder aufgewacht ist, wage ich kurz wegzugehen. Da wir geplant haben, morgen zusammen zu der Beerdigung nach Limburg zu fahren, kommt Jessica heute abend, um Ischas Geburtstag mit uns zu feiern. Ich werde also wohl oder übel kurz weggehen müssen, um ein paar Einkäufe zu machen.

Am Morgen der Beerdigung in Limburg sind wir sehr früh aufgestanden, Ischa und ich. So gegen halb sechs. Zweiundfünfzig wird er heute, und im Bett schlage ich die Arme um ihn, um diese warme breite Brust, und wünsche ihm das ewige Leben.

»Du bist mir so vertraut«, sagt er sanft, »so vertraut.«

Kurz darauf springt er energisch aus dem Bett, holt die Aufbackbrötchen aus dem Gefrierfach und legt sie in den Backofen. Er kocht eine große Kanne Kaffee und gießt das meiste davon in eine Thermoskanne. Er bestreicht die Brötchen, für mich und für Jos. Er macht das, damit ich unterdessen duschen kann, aber das finde ich eigentlich jammerschade, denn ich schaue ihm so gern zu, wie er zu einer so unmöglichen Tageszeit, am noch finsteren Morgen, mit diesen Brötchen und dieser Thermoskanne zugange ist, damit ich versorgt bin, ich und mein Bruder.

Er ist mir zur Dusche gefolgt. Ich stehe unter dem prasselnden Strahl, als er die Glastür aufschiebt und mich anschaut. Er streckt die Hand aus und streichelt mir über den nassen Bauch. Er lächelt mich an, und ich lächle zurück. So etwas tut er nicht oft, und es macht mich ein wenig verlegen, aber ich finde es himmlisch, seine Hand auf meinem Bauch zu fühlen.

»Ich liebe dich, Con«, sagt er.

»Ich liebe dich, Is«, sage ich.

»Weißt du, wo das Lucaskrankenhaus ist?« fragt mein Bruder leise, als wir nach Amsterdam hineinfahren. Ich erschrecke. Liegt Ischa im Krankenhaus? Warum? Was ist denn alles passiert?

Ich habe mir vorgestellt, nach Hause zu kommen, in die Reestraat, und Ischa dort im Bett vorzufinden. Ich habe mir vorgestellt, daß ich die Schlafzimmertür hinter mir zudrücke, mich neben ihn, auf ihn lege, mich an ihn schmiege, ihn auf mich ziehe. Ich habe mir vorgestellt, daß sein Körper noch ein bißchen warm ist, fast genauso warm wie heute morgen, als er mich weckte, mich in seine starken Arme nahm und zu mir sagte, daß ich ihm so vertraut sei, so vertraut.

»Ach Gott«, sage ich.

In der Eingangshalle stehen Harry und Laura. Harry streckt beide Arme aus und hebt sie in die Höhe, um seine Hoffnungslosigkeit auszudrücken. Er schließt mich in die Arme. Ich verstehe ja, daß man mich umarmen möchte, aber ich will es nicht, ich ertrage es nicht. Die Aufrichtigkeit des Todes hat schon begonnen, und ich tue mir keine Gewalt mehr an. Die Gewalt, die mir angetan worden ist, übersteigt alles. Die Aufrichtigkeit ist die Aufrichtigkeit meines Körpers. Ich erstarre und mache mich los. Zuerst muß ich Ischa angefaßt haben.

»Wo ist Ischa?« frage ich.

Fordernd wiederhole ich diese Frage an jeden, der auf mich zukommt. Wo ist Ischa? Sie bringen mich in ein kleines Zimmerchen, wo ich mich auf einen Stuhl setzen soll. Mein Entsetzen nimmt stetig zu, es ist fast nicht auszuhalten, es zieht mir das Blut aus dem Kopf, es nimmt mir den Atem.

Nun, da ich mich mit ihm im selben Gebäude befinde, ist es eine Qual, daß sie mich nicht gleich zu ihm lassen. Er gehört mir, sein Körper gehört mir. Ich will nicht, daß irgend jemand anders darüber entscheidet, wo er sich befindet und wann ich bei ihm sein darf. Ich bin wütend auf die Menschen um mich herum, die ihn bei sich haben, die ihn gesehen haben, bevor ich ihn gesehen habe, doch selbst diese Wut nehme ich nicht ganz ernst. Keine Wut kann so groß sein wie die Verzweiflung, die ich empfinde, alles andere ist weniger, unbedeutender.

Was Harry sagt, dringt kaum zu mir durch. Es ist irgend etwas über die Presse, die schon vor dem Eingang des Krankenhauses stand, über Radioberichte.

»Anrufen«, bringe ich mit Mühe heraus. »Den Sohn, die Tochter, die als erste, immer wieder versuchen.« Danach kann ich nichts mehr sagen. Ich brauche meine gesamte Luft, um einfach weiteratmen zu können, um nicht in blinde Panik zu verfallen, die mir nur ein einziger nehmen kann, und das ist Ischa.

Eine Ärztin kommt auf mich zu und streckt mir die Hand entgegen. Ich will diese Hand nicht anfassen. Sie sagt, sie hätten alles getan, was sie konnten, und will sich darüber ausbreiten, doch ich schneide ihr kurzerhand das

Wort ab, indem ich frage, wo er sei, indem ich sage, daß ich nur zu ihm wolle, jetzt.

Er werde gerade in einen separaten Raum gefahren, sagt sie, und daß ich dann zu ihm dürfe.

Es ist ein riesiger Saal, und in der Mitte steht eine fahrbare Krankentrage. Ich bin endlich bei ihm, mit ihm allein, und meine Panik weicht sofort. Ehe ich zu der Trage hinlaufe, vergewissere ich mich, ob die Tür abzuschließen ist, doch das geht leider nicht. Ich schaue mich um, ob sich etwas in dem Raum befindet, womit ich die Tür verrammeln kann, doch da ist nur diese Trage, und auf dieser Trage liegt Ischa.

Der Tod in seinem Gesicht, der ist mir vertraut, den habe ich schon einmal gesehen.

Bevor ich auf ihn klettere, sehe ich nach, ob die Räder festgestellt sind.

Er wird warm von meinem Körper, aber er wird nicht mehr weich und lebendig. Nichts gibt nach, nicht einmal seine Hoden. Am liebsten würde ich so liegenbleiben, aber das tue ich nicht. Ich liege hier schon wer weiß wie lange, eine gute Dreiviertelstunde bestimmt, und ich möchte nicht, daß sich mein Bruder um mich sorgt, daß er denkt, ich hätte mir etwas angetan. Alle Bandagen, die ich losgemacht habe, wickele ich so gut ich kann wieder fest. Sie sind völlig durchweicht; auch wenn ich es versuche, ich kann nicht mal mehr sein Gesicht damit abtrocknen.

Als ich die anderen hereinlasse, gehe ich selbst hinaus.

Bis mich erneut ein schreiendes Verlangen nach seinem

Körper zu quälen beginnt, bin ich ruhig. Eine Viertelstunde lang ungefähr.

Dort auf dem Flur des Lucaskrankenhauses, als ich diesen Körper zurücklassen muß und sich mein eigener Körper mit grenzenloser Panik, mit Angst und Schmerz füllt, dort beginnt auch die krank machende Suche nach einem Wort, einem Satz. Jedem, den ich an diesem Tag sehen werde, an diesem und am nächsten und am übernächsten Tag und in den darauffolgenden Monaten, jedem schaue ich auf die Lippen, und ich höre genau hin, ob das Wort darunter ist, ein Wort, das mir Halt geben kann, ein Wort, das mich retten kann.

Vier volle Tage habe ich ihn noch für mich, und vier Tage lang mache ich mehrmals täglich den Gang zu seinem Körper. Hin und her zwischen Reestraat und Leichenhalle, wo er ist, wo ich den Kopf auf seine Brust legen und seine Füße in die Hände nehmen kann, ihm die Hand zwischen die Beine legen kann, sein kaltes Gesicht küssen und ihm mit der Hand durchs Haar streichen kann. Die Haare sind das einzige, worin noch Bewegung ist. Dieser ewig tote Teil unseres Körpers bleibt nach dem Tod am lebendigsten.

Ich habe ihm unseren Pyjama anziehen lassen. Zwischen den flauschigen Streifenstoff und die harte, blutleere Haut stopfe ich Dutzende von Botschaften, mit einer Hand geschrieben, die das fast nicht mehr kann, die keinen Stift mehr halten kann.

»Du hast mich so glücklich gemacht, Is.«

Außerhalb vom Lucaskrankenhaus kommt die Welt mir fremd vor, unbeteiligt, ungerührt vom Wissen um seinen Tod. Jos soll mich jetzt so schnell wie möglich in die Reestraat bringen. Ich will das Haus lesen, die Zeichen seiner letzten Stunden deuten, und ich hege die wilde Hoffnung, daß Ischa einen Zettel für mich hinterlassen hat und daß die Worte auf diesem Zettel mich retten werden. Solange ich noch auf etwas hoffen kann, wird diese jaulende Angst mit etwas anderem verdünnt und dringt noch nicht in ihrer ganzen höllischen Schärfe durch.

Meine Hände zittern so sehr, daß ich den Schlüssel nicht ins Schloß stecken kann, das muß Jos tun.

In der Wohnung herrscht ein einziges Chaos, und die Zeichen sind fürchterlich. Es ist, als habe hier ein Kampf stattgefunden, als sei der Tod eingebrochen und habe meinen Mann rüde weggeschleppt. Ich verstehe nicht, daß ich nicht zusammenklappe. Ich verstehe wirklich nicht, daß ich es ertrage, das alles anzusehen.

Zuerst laufe ich ins Schlafzimmer, und ich kann nicht anders, als die Bilder zuzulassen, die ich sofort vor mir sehe.

Ischa denkt, daß er mal eben ein glattes Laken und einen sauberen Bettbezug fetzen wird, das wird schön für mich sein, wenn ich später von dieser Beerdigung nach Hause komme. Er hat die gebrauchte Bettwäsche abgezogen, als er diesen furchtbaren Schmerz in der Brust spürt. Den kennt er. Er ist schon einmal bei ihm gewesen, aber er will es nicht wahrhaben. Er ruft den Arzt an. Er sagt nicht, daß er einen Herzinfarkt hat, denn wenn er das Wort ausspricht, dann wird es Wahrheit, dann bedeutet es, daß er einen Herzinfarkt hat, und das will er nicht. Die Kissen und die Bettdecke liegen auf dem Fußboden. Ich stehe mittendrin, und mein Herz tut mir weh.

Na, komm, denke ich, na, komm.

Ich bleibe stehen und warte, daß er kommt, der Schmerz in der Herzgegend, ein Schmerz, der mich fällt, doch er ballt sich nicht zusammen, um mir ins Herz zu stechen, er ist überall. Ich spüre zwar, daß das Herz ein Muskel ist und daß der Muskel sich schmerzlich zusammenzieht und wieder entspannt, doch dieser dumme Muskel tut das nur, um mich am Leben zu erhalten, er kann nicht anders.

Ich warte nicht länger. Ich hebe alles, was auf dem Fußboden liegt, hoch und durchsuche das gesamte Schlafzimmer. Es gibt keine Nachricht, und es gibt keine Hoffnung mehr, und da haben die Angst, der Schmerz, die grenzenlose Panik, das Entsetzen und die Verzweiflung freie Bahn.

Ja, genau, es ist die absolute Verzweiflung, das vollkommen wirkliche und begründete Abhandensein jeder Hoffnung. Nun, da ich das weiß, weine ich, und ich höre die kommenden zwölf Monate nicht mehr damit auf.

Binnen einer Stunde ist die Wohnung voller Menschen. Alle haben verquollene Gesichter oder starren niedergeschlagen vor sich hin. Keiner will weggehen. Ich passe gut auf. Ich will das Wort hören, das mich retten kann, oder diesen einen Satz, den ich mir eintrichtern und der den Schmerz für eine Weile lindern könnte.

Alle Viertelstunde renne ich auf die Toilette. Ich habe akuten Durchfall. Ich bin voller Angst und mache mir in die

Hose. Ich weiß genau, wovor ich mich fürchte: Ich fürchte mich vor jeder nächsten Sekunde, vor jedem Bruchteil einer Sekunde, vor jeder Minute, jeder Stunde, jedem kommenden Tag meines Lebens ohne ihn. Es erscheint mir unmöglich, ohne ihn zu leben und mit dem Wissen, daß er in der nächsten Sekunde, dem nächsten Bruchteil einer Sekunde, der nächsten Minute, der nächsten Stunde, dem nächsten Tag nicht dasein wird.

Ich sehe mich das noch nicht tun.

Ich sehe mich die Zeit, die Zukunft ohne Ischa nicht überstehen. Ich wußte nicht mal, daß Sekunden tatsächlich in etwas Kleineres als eine Sekunde unterteilt werden können, aber jetzt weiß ich es, ich empfinde die Dauer der Zeit am eigenen Leib.

Mein Vater und meine Mutter sind auch da. Sie weinen. Ich höre meine Mutter schluchzend zu Olga sagen, daß sie ihn so sehr, so sehr liebgewonnen hatte. Is. Hatte, sagt meine Mutter.

Ich kann ihren Kummer fast nicht ertragen, und ich sehe meinen Vater und meine Mutter möglichst wenig an. Sie haben den zweifachen Schmerz, das ist mir bewußt. Sie sind bekümmert um Ischa, und sie sind bekümmert um ihr Kind, das leidet.

Ich wollte immer das Kind sein, das Freude macht, und daß sie jetzt um mich bekümmert sind, finde ich unerträglich.

Jos läßt mich keine Sekunde allein. Ohne ein Wort daran zu verschwenden, holt er am Abend des ersten Tages Jessicas Schlafsack hervor und richtet sich auf dem Sofa im Wohnzimmer ein. Er bleibt zwei Wochen. Er wagt sich noch nicht einmal hinaus, um gegenüber eine Schachtel Zigaretten zu holen. Wenn er mich nachts oder am frühen Morgen weinen hört, kommt er zu mir, streckt sich bäuchlings neben mir auf dem Bett aus und hält, ohne etwas zu sagen, meine Hand. Und manchmal weint er mit.

»Laß sie nur«, höre ich Jos zu den Leuten sagen, die mich besuchen kommen und die ich abrupt allein lasse, um jeden Tag wieder zu ihm zu gehen. »Laß sie nur, wenn sie zurückkommt, ist sie ruhig.«

Kummer ist hündisch. Ich ertrage nur Menschen um mich, mit denen er Umgang hatte, die er angepinkelt hat, die noch nach ihm riechen oder die mich, wenn auch nur entfernt, an ihn erinnern, diejenigen, die viel Wind machen, die Aufschneider, die Theatraliker, diejenigen, die ob der Verzweiflung in brüllendes Gelächter ausbrechen. Ich springe an ihnen hoch und lasse mich festhalten, und ich beschnuppere ihre Körper, um ihn zu riechen.

Freunde von früher, die Menschen, die nicht seinen Geruch an sich haben, stoße ich von mir, rüde, hart, mitleidlos und unfreundlich. Ich sehe, wie sehr ich ihnen damit weh tue, daß ich ihnen keine Chance gebe, mir nahe zu sein, aber ich kann es nicht ändern, ich habe all meinen Anstand und einen Großteil meines Mitleids verloren.

Jeden Tag ist der Dielenfußboden mit Post übersät, wird in der Zeitung, im Fernsehen, im Radio über ihn berichtet.

Seinem Bild ist nicht zu entkommen, wenn es mir auch jedesmal in die Seele schneidet, zumal wenn es ein Foto ist, das ich noch nie von ihm gesehen habe. Das Fernsehen meide ich. Ihn unvermutet sich bewegen zu sehen oder seine Stimme zu hören wäre das letzte, was mir passieren dürfte, denn dann würde ich zusammenbrechen.

Ich weiß und verstehe, daß ein Schock durch die Niederlande ging, als sein Tod bekannt wurde, doch ich kenne den Unterschied zwischen der Bekümmerung anderer und meinem Kummer. Manchmal versuche ich mir vorzustellen, was sein Tod für andere bedeutet, für Menschen, die ihm vielleicht nie persönlich begegnet sind, die er nicht kannte, sie ihn aber wohl. Dann denke ich an die Bestürzung im Gesicht meiner Mutter beim Tod von J.F.K., und dann weiß ich es.

Am frühen Morgen des Tages, an dem wir ihn beerdigen, gehe ich zum letztenmal zu ihm, zusammen mit seiner Tochter. Ich bin völlig zerschlagen vor Schmerz. Dieser tote Ischa war das letzte kleine bißchen, was ich noch hatte, und von heute an, nach nur einem Bruchteil einer Sekunde, werde ich nicht einmal mehr den haben. Ohne Is hat für mich nichts mehr einen Sinn. Ich habe seit der Stunde seines Todes nichts mehr gegessen. Meine Haut glüht vor Entsagung.

Ich möchte selbst den Sarg schließen. Jessica habe ich erzählt, daß ich allerlei Zettel in den Sarg gelegt habe und daß sie sich mal überlegen soll, ob sie ihm auch noch etwas in die Taschen stecken möchte. Und wenn sie Fotos machen möchte, darf sie auch das ruhig tun.

Bevor wir zusammen hineingehen, möchte ich erst noch kurz mit ihm allein sein. Ich verspreche ihr, schnell wieder zu ihr zu kommen, und das halte ich auch ein.

»Es ist ein schwarzer Tag, dieser Tag, an dem wir Ischa begraben müssen«, sage ich zu Jessica, und ich sage es noch Dutzende Male, wie eine Beschwörungsformel. Es ist ein schwarzer Tag. Ich zittere, und ich kann dieses Zittern nicht abstellen.

Ich höre nichts, und ich sehe nichts. Jedem, der mich gefragt hat, ob er oder sie bei seiner Beerdigung sprechen dürfe, habe ich meine Zustimmung erteilt, ob ich ihn nun mochte oder nicht. Neben mir sitzt Jessica, das weiß ich zwar, aber nicht einmal für sie kann ich mich von dem Ort lösen, an dem ich mich befinde. Ich liege in diesem Sarg, bei Ischa, und ich muß alles daransetzen, auch dort zu bleiben. Ich bin an ihn geschmiegt, an seinen toten Leib, und ich will in dem Sarg bleiben, ich will ihn begleiten, bis sie uns in die Erde versenken. Dann erst komme ich heraus. Und dann sehe ich schon weiter.

So möchte ich es, daß diese acht Männer seinen Sarg tragen: Pierre, Jos, Eric, Job, Arend Jan, Rob, Harry und Kees. Auf dem Weg zum Grab starre ich unverwandt auf den Sarg, in dem ich noch bei ihm bin. Für einen Moment wird mein Aufenthalt gestört, als sich ein Fotograf zwischen mich und den Sarg drängt. Blind vor Wut boxe ich ihn so fest ich kann mit der Faust in den Rücken, zwischen die Schulterblätter, und dann schubse ich ihn ins Gebüsch. Dabei rutscht mir die Tasche von der Schulter und fällt zu

Boden. Ich höre Jessica etwas dazu sagen, besorgt wie sie ist, aber ich will weiter, ich bin wieder im Sarg.

»Laß liegen«, sage ich zu ihr.

An dem Tag, als wir Ischa begraben, steht mir noch ein Moment des Entsetzens bevor, dort an dem Grab, das ich ausgesucht habe, für ihn und für mich, und zwar als ich am Fuße des Loches stehe und weiß, daß, wenn ich einem der Männer zunicke, daß das der Augenblick sein wird, da sie den Sarg hinabsinken lassen. Ohne es von ihr abhängig zu machen, schaue ich Jessica an, um sie darauf vorzubereiten, drücke kurz ihre Hand und nicke dann.

Samstag, der 18. Februar, der Tag der Beerdigung, ist der Anfang vom Rest meines Lebens ohne Ischa, ohne die Nähe seines Körpers. Bis jetzt bin ich so gut wie jeden Tag meines neununddreißigjährigen Lebens begierig aufgewacht, mit Lust auf den Tag, mit Hunger nach meinem Dasein und der Bereicherung meines Daseins in meiner Liebe zu dem seinen. Von der Stunde seines Todes an weiß ich etwas über den Rest meines Lebens, das mir sogar den nächsten Bruchteil einer Sekunde verleidet. Es ist dieses verbotene Wissen, dieses Wissen über die Zukunft, das dafür sorgt, daß mir das Leben unmöglich erscheint. Die Zukunft hat ungewiß zu sein, und das ist sie nicht mehr. Von jedem kommenden Tag meines Daseins weiß ich, daß es ein Tag ohne Ischa sein wird und ein Tag mit dem Schmerz über seinen Tod.

Sein Tod ist beinahe nicht auszuhalten.

An dieses »beinahe« klammere ich mich in den kommenden Monaten.

Nachts im Bett habe ich einen Herzinfarkt nach dem anderen. Immer wieder aufs neue stelle ich mir vor, wie er gestorben ist, wie sich dieser Schmerz im Herzen anfühlt, was ihm in den letzten Minuten durch den Kopf gegangen ist, was Todesangst ist. Jede Nacht vor dem Einschlafen tue ich mir das an. Ich weiß, daß diese Nachahmung Irrsinn ist, aber ich kann es nicht lassen, es mir vorzustellen, mir ihn in den letzten Minuten seines Lebens vorzustellen.

Am Morgen nach dem Tag, an dem wir ihn beerdigt haben, kann ich mich nicht mehr richtig bewegen. Meine linke obere Körperhälfte ist völlig steif, und ich habe einen tauben Schmerz im linken Schulterblatt. Mein behandelnder Arzt ist nicht da, ein anderer kommt zu mir in die Reestraat.

»Könnte es das Herz sein?« frage ich.

»Nein«, sagt er, »es ist die Anspannung.«

Ich traue mich nicht mehr Fahrrad oder Auto zu fahren. Ich kann nicht auf hochhackigen Schuhen laufen. Make-up hat keinen Sinn. Es gelingt mir nicht, meinen Haaren Stand zu geben, auch wenn ich sie noch so sehr vom Kopf wegziehe.

Und essen kann ich nicht mehr. Im Kühlschrank steht ein kleiner Topf Suppe, die er noch gemacht hat. Ein paarmal am Tag nehme ich diesen Topf heraus, hebe den Deckel ab und halte die Nase darüber, um den Duft seiner Suppe einzuatmen, seinen Duft. Der Duft dieser Suppe tut mir unendlich weh, aber ich muß es tun, diesen Duft einatmen, jeden Tag. Angstvoll sehe ich, wie sich die glänzende Lage

Schimmel von Tag zu Tag weiter auf der Suppenoberfläche ausbreitet, und rieche, wie sich der leckere Duft allmählich in säuerlichen Gestank verwandelt. Weinend, aber dumpf vor Resignation, kippe ich die Suppe nach gut einer Woche in die Kloschüssel und ziehe runter.

Links und rechts von meinem Kopfkissen liegen ein T-Shirt, eine Pyjamajacke und ein paar Boxershorts, die er getragen hat. Tagsüber ziehe ich seine Sakkos und seine Hemden an, und nachts kann ich nicht schlafen, wenn ich nicht seinen Geruch in der Nase habe, der noch in seinen Kleidern hängt. Unten im Wäschekorb horte ich einen kleinen Vorrat. Solange ich den Geruch nicht aufsauge und verbrauche, wartet er dort auf mich, denke ich.

Rie kommt jeden Mittwochvormittag. Sie geht auf Zehenspitzen durchs Wohnzimmer, damit ich so lange wie möglich ausruhen kann. Jeden Mittwochvormittag kommen ihr die Tränen, wenn ich die Schlafzimmertür aufmache und sie mich sieht.

»Ach, Connielein«, sagt sie, nimmt mich in die Arme und bleibt so stehen, bis ich aufhöre zu weinen.

Damit sie ungestört arbeiten kann, habe ich mich an einem dieser Mittwochvormittage kurz in Harrys Koffiehuis gesetzt. Bei meiner Rückkehr läuft die Waschmaschine. Rie hat noch rasch was extra für mich erledigen wollen.

Ich mache die Trauer zur Vollzeitbeschäftigung. Ich schaffe es tagsüber nicht, mich länger als eine Stunde außerhalb von der Wohnung in der Reestraat aufzuhalten. Dann überfällt mich eine große Unruhe, und ich laufe

Knall auf Fall davon, wo und bei wem ich auch gerade bin. Zu Hause liegt immer ein Fax von Olga, jeden Tag, mehrmals am Tag. Monatelang hält Olga das durch. Sie macht Pläne für abends, für die nächsten Abende, für die nächste Woche. Sie tut etwas, was ich selbst nicht mehr kann – eine Zukunft entwerfen, Tage ausfüllen.

Bei einem Blick in meinen Kalender krümme ich mich zusammen. Weinend streiche ich alle unsere zukünftigen Terminabsprachen durch, angefangen beim Auftritt von Adamo im Februar, am Sonntag nach Ischas Beerdigung, irgendwo in den Niederlanden, wo wir ihn zum erstenmal live gesehen hätten.

Ich habe anderthalb Wochen nichts gegessen, und ich kann mir nicht vorstellen, das jemals wieder zu tun, essen. Ich trinke und rauche. Harry steht ein paarmal die Woche mit einer großen Kanne frisch gepreßtem Orangensaft vor der Tür, Rob und Jet haben einen Vorrat Gulden Draakjes besorgt, und sogar Jessica kommt mit kleinen Fläschchen Bier in die Reestraat.

Fons ist bei mir, wir machen einen kurzen Spaziergang an der Rozengracht, als mir schwindelig wird, der kalte Schweiß ausbricht und die Kraft aus den Beinen weicht. Ich will es nicht, aber ich muß essen, sonst mache ich schlapp. Appetit habe ich auf gar nichts, aber wenn überhaupt muß es zerkleinerte Nahrung sein, ein Glas Babynahrung oder so, oder Brei. Wir sind auf der Höhe des Fischgeschäfts. Fons geht hinein und kommt mit Lachstartar zurück. In der Reestraat setze ich mich dazu hin und unterdrücke meinen Widerwillen. Eine Gabel ist zu groß und zu metallen, sie paßt noch nicht in meinen Mund. Mit einem Cocktailspießchen führe ich mir ein paar Bröckchen Lachs zu. Ich habe noch niemandem gesagt, daß mir im Mund alles weh tut, daß das Mundinnere mit Blasen übersät ist, meine Zunge kleine Risse aufweist und ihre Ränder mit Wucherungen bedeckt sind. Ich vergesse immer, diese Schmerzen anzusprechen.

Was ich anderen sagen kann, ist, daß ich in der Hölle lebe. An meinem Zustand ist nichts Unklares, nichts, was Fragen aufwirft, verwirrend ist, da ist kein Konflikt und kein Problem. Diese Hölle ist Leben in höchster Klarheit.
Trauer ist roh.
Ich kann seinen Tod nicht verdauen.

Die Male, da ich auf die Straße hinausmuß, habe ich das Gefühl, ohne Haut umherzulaufen, mit offenem Rücken und entblößten, an der Oberfläche liegenden blutigen Organen. Es ist, als habe man ihn von mir abgeschnitten, weggerissen, und als wäre mir dabei die Haut abgezogen worden. In meinem Kopf ertönt ein paarmal am Tag das Geheul einer Sirene, der Sirene des Krankenwagens, in dem sie ihn weggebracht haben und in dem ich nicht saß.

Mein Verstand tut sein Bestes, er läuft auf Hochtouren, aber es gibt nichts zu bedenken, so gut wie nichts. Es ist das Schicksal, das dumme, unumkehrbare Schicksal, das auf mein Leben eindrischt und mich zum blödsinnigsten Zustand verurteilt, den ich kenne, dem Zustand des Reagierens, Abwimmelns, Abblockens, Dagegenhaltens. Ein Schicksal gewinnt erst dann wieder Bedeutung, wenn es Zeit hatte, mit Geschichte bedeckt zu werden. Doch das Schicksal seines Todes ist von gestern, von vorgestern, von vor einer Woche, und es haftet noch keine Geschichte daran. Ischas Tod bleibt jung, findet jeden Tag aufs neue statt, und ich bin nicht dazu imstande, eine neue Vergangenheit anzusetzen.

»Erst müssen einmal alle Jahreszeiten darüber hinweggehen«, hat meine Mutter gesagt. Solche Sätze beginne ich zu behalten.

Dieser Verstand, dem ich in meinem Leben so viel Macht beigemessen habe, dieser Verstand rührt nur noch geistlose Sätze an, Sätze, von denen ich, wenn es darauf ankommt, nichts habe. Ich denke wie verrückt, aber es nützt mir nichts.

Ich denke zum Beispiel, daß ich froh darüber bin, diejenige von uns beiden zu sein, die als letzte stirbt, daß Ischa diesen Schmerz, den ich jetzt habe, nicht durchzumachen braucht, daß er das nicht überlebt hätte und daß ich doch noch so etwas wie Freude darüber empfinden kann, daß ihm diese Hölle, für ihn die wer weiß wievielte und für mich ja erst die erste, daß ihm die erspart geblieben ist.

Das denke ich. Und anschließend und im Zusammenhang damit denke ich, daß ihm Tas' Tod erspart geblieben ist, und ich sage das zu Tas, der bei der Beerdigung ist und den ich von da an jede Woche sehe, sage ihm, daß ich froh bin, daß Ischa seinen Tod nicht erleben mußte.

»Und was ist mit mir?« entgegnet Tas da mit tieftraurigen Augen.

Um die Angst, die den ganzen Tag in meinen Eingeweiden tobt, ertragen zu können, denke ich, daß ich niemals mehr etwas Schlimmeres erleben werde als das jetzt, daß Ischas Tod das Schlimmste ist, was mir im Leben zustoßen konnte, daß mir das Maß des Schlimmsten an die Hand gegeben wird, daß ich dieses Maß des Kummers kennenlerne und daß kennen lieben heißt.

Fieberhaft denkt es, ich konstatiere, wie tierisch mein Hirn sich anstrengt, um mir Gründe zu verschaffen, mir zu helfen, mich mit Einsichten zu versorgen, mich zu beschwichtigen, doch es ist machtlos und scheitert jämmerlich.

Gegen seinen Tod läßt sich nicht andenken.

Sein Geist lebt fort, das schon, das kann ich mir an zehn Fingern abzählen, *to be and not to be*, so funktioniert der Geist, so läuft das Spiel. Wir werden weiterhin von ihm reden, uns an ihn erinnern, es gibt Bücher und Videos, und neue Bücher werden erscheinen, Bücher von ihm, Bücher über ihn, zweifellos, doch was ich vermisse, ist sein lebendiger, sein täglicher, sein gegenwärtiger, sein zimperlicher, ängstlicher, warmer, verlegener, lieber, schöner, anwesender Körper.

Phantasie ist ein Luxus. Phantasie ist etwas für Menschen mit Hoffnung, für Menschen, die wirklich und mit der ganzen dazugehörigen Realität hoffen, daß sie das, was sie sich zurechtphantasieren, irgendwann bekommen werden. Und diese Hoffnung habe ich nicht. Was ich mir am meisten wünsche, kann nicht Wirklichkeit werden, denn ich möchte, daß er wieder lebendig wird, und das wird er ja doch nicht, das weiß ich ganz genau.

Er war vergrippt und hustete. In der Nacht, bevor wir nach Haarlem fahren, um beim Notar die Hinterlassenschaft seiner Eltern abzuwickeln, weckt ihn ein Hustenanfall. Er faßt sich an die Brust und reibt darüber, von Brustwarze zu Brustwarze.

»Es ist, als wenn da etwas gerissen wäre«, sagt er.

Ich sehe diese Handbewegung, bin für einen kurzen Moment zu Tode erschrocken und sage fragend das eine Wort: Herz. »Nein, das ist es wirklich nicht, Con«, sagt er, das wisse er, es habe mit seiner Grippe zu tun, es sei eher etwas im Zusammenhang mit seiner Bronchitis. Damit lasse ich mich sofort beruhigen.

Er schläft wieder ein und hustet nicht mehr. Ich bleibe bis zum frühen Morgen wach und schlafe erst dann noch einmal kurz ein.

Am nächsten Tag fahren wir um die Mittagszeit mit dem Zug nach Haarlem. Kaum sitzen wir in einem Abteil, lehnt er sich zurück und nickt wieder ein. Er ist leichenblaß. Ohne es zu wollen, denke ich, daß Ischa so aussieht, wenn er tot ist, und ich kann den Blick nicht mehr von ihm abwenden.

Mitten auf dem Tisch in der Kanzlei des Notars liegen ein paar unbedeutende Wertgegenstände, darunter einige Schmuckstücke seiner Mutter. Ischa hat kaum etwas aus dem Haus seiner Eltern mitgenommen. Die Bibliothek seines Vaters ist auf dessen testamentarische Verfügung hin dem Gemeindearchiv übereignet worden, und ansonsten hat vornehmlich Mirjam das Haus ausgeräumt. Das einzige, was Ischa mitgenommen hat, war ein Fernseher, den er Arend Jan und Christien geschenkt hat, ein CD-Player, mit dem er meinen Bruder Eric glücklich machen konnte, ein Buch, das er selbst gern haben wollte und das er prompt im Zug hat liegenlassen, und eine Erstausgabe von Nijhoffs *Het uur U*, die er mir geschenkt hat.

»Über meinen Vater
zu dir«,
hat er vorn hineingeschrieben.

Von den Schmuckstücken möchte er nur eins, die einzige Brosche seiner Mutter, an die er sich erinnert. Leise äußert er seinen Wunsch gegenüber dem Notar, doch Mirjam schickt sofort mit lauter Stimme hinterher, daß sie diese Brosche auch wolle. Mir wird speiübel von diesem verbissenen, abstoßenden, heuchlerischen Gesicht Mirjams, von ihrer Härte, ihren wohlgesetzten Worten. Sogar Rogier versucht sie zur Vernunft zu bringen, doch sie ist unerbittlich. Ischa hat nicht die Kraft, sich gegen sie zur Wehr zu setzen. Erst als Job Partei für seinen Bruder ergreift, bricht Ischa zusammen und weint. Er weint, wie ich ihn noch nie habe weinen sehen. Meine Hand, die ich ihm auf den Schenkel lege, ergreift er so fest er kann und schaut mich mit verweintem Gesicht an, und da sehe ich, daß er in Panik ist und weiß, daß er mehr verliert als nur eine Brosche.

Der Notar, für den Ischa große Sympathie entwickelt hat, lädt uns zum Mittagessen ein. Ischa sitzt mir mit diesem bleichen Gesicht gegenüber und gibt sich alle Mühe, nicht niedergeschlagen auszusehen. Zur Einleitung des Essens

liest der Notar das Gedicht *De Tuinman en de Dood* von
P. N. van Eyck vor. Ich weiß auch nicht, wieso.

    Der erste Gang ist kaum serviert, da sagt Ischa zu mir,
daß er nach Hause möchte. Wir rühren das Essen nicht mal
an. Er entschuldigt uns, sagt, er fühle sich nicht wohl, und
wir verlassen das Restaurant. Er hängt schwer an meinem
Arm, und auf dem Bahnsteig muß ich ihn stützen.

    »Ich möchte, daß du sofort den Arzt anrufst, wenn wir
zu Hause sind«, sage ich.

Sein behandelnder Arzt ist vor einem Jahr gestorben. Den
Arzt, der jetzt bei ihm im Schlafzimmer ist, haben wir auf
die Empfehlung von Freunden hin angerufen.

    »Grippe«, urteilt der.

    Mit dem Höchstmaß an Übertreibung, zu dem er noch
imstande ist, erhebt Ischa die Stimme, so daß ich ihn bis ins
Wohnzimmer hören kann.

    »Ich soll Sie von meiner Frau unbedingt fragen, ob es
nicht auch ein Herzinfarkt sein könnte. Das befürchtet sie
nämlich.«

Erst einen Monat nach seinem Tod traue ich mich, diesen
Arzt aufzusuchen und ihn nach den letzten Minuten von
Ischas Leben zu fragen. Und auch da noch kann ich es
kaum mit anhören, so schlimm finde ich es.

Bei dem Kardiologen, der ihn im Lucaskrankenhaus wie-
derzubeleben versucht hat, klopfe ich schon früher an. Ich
beneide ihn, weil er an einem Ort war, an dem ich nie
gewesen bin, im Innern von Ischas Körper, unter seiner

Haut, hinter seinen Rippen. Ich beneide ihn, weil er Ischas Herz in den Händen halten konnte. Er ist der einzige, der mir erzählen kann, wie sein Herz aussah, und das möchte ich wissen. Einen Freund, der im Lucaskrankenhaus als Psychiater arbeitet, bitte ich, bei dem Gespräch dabeizusein, weil ich fürchte, daß ich es nicht mit anhören kann, und schon während ich es höre, vergesse, was der Kardiologe über Ischas Herz sagt.

Anderthalb Wochen nach Ischas Tod sitze ich in einem halbdunklen Zimmer auf dem Gelände des Lucaskrankenhauses dem Mann gegenüber, der sein Herz in den Händen hatte. Er sagt, er habe alles getan, was er konnte, habe das Herz aber nicht mehr zum Schlagen bringen können. Danach sieht er mich an und muß schlucken. Und ich könnte ihn küssen, so dankbar bin ich dafür, daß Ischas Herz von einem barmherzigen Menschen angefaßt wurde.

Jessica kommt jeden Tag, und die Freunde, die vorbeischauen, bringen mir kleine Geschenke. Von Eva bekomme ich ein Pfeffer-und-Salz-Set. Annet Malherbe steckt mir einen Ring mit drei kleinen Perlen, die sie geronnene Tränen nennt, an den Finger, und Rudi Fuchs schenkt mir ein Buch. »Für die weitere Reise«, schreibt er hinein. Auf der Beerdigung hat mir Mimi, eine gute Freundin aus meiner Kinderzeit in Limburg, etwas in die Hände gedrückt. Zu Hause habe ich dann zwei silberne, mit einem Scharnier verbundene Fotorahmen in Herzform ausgepackt. Paulien war nicht da, meine amerikanische Freundin Margie wohl. Sie ist in Berlin, als sie von Ischas Tod erfährt, und nimmt sofort das nächstmögliche Flugzeug nach Amsterdam.

Harry und Laura haben mir eine E.T.-Puppe gekauft, die einen schmachtenden Zeigefinger in die Höhe reckt, aber sie trauen sich erst zwei Jahre später, sie mir auch zu geben.

Vierzehn Tage nach Ischas Tod kommt *Die Freundschaft* heraus. Ich habe Mai am Abend des Todestages gefragt, ob Ischa noch mit in mein Buch hineinkönne, und dafür hat Mai gesorgt.

> *Suppe auf dem Feuer*
> *ist*
> *wie*
> *ein guter Freund im Haus*
> *besonders leckere Suppe*
> *ist*
> *wie eine neue Familie*
>
> *Ischa Meijer 1943–1995*

Die Vorstellung, daß er in *Die Freundschaft* bei mir ist, beruhigt mich, doch ich fühle mich von dem Buch abgeschnitten, als sei es mit in den Tod gerissen worden. Ich bin völlig besetzt von der Gegenwärtigkeit des Verlusts Ischas.

»Ich habe Ischa schon sechzehn Tage nicht mehr lebend gesehen«, sage ich am Tag der Präsentation meines Buches zu Christien. Dabei strömen mir die Tränen über die Wangen. Sie denkt bei sich, daß zu diesen sechzehn noch viele, viele weitere Tage hinzukommen werden, und fragt sich, wie es mit mir weitergehen soll.

Später wird meine Mutter mir erzählen, daß sie am Tag der Präsentation von *Die Freundschaft* in einem fort meinen Vater angesehen und gewußt habe, daß er dasselbe dachte, daß sie beide fürchteten, ihr Kind zu verlieren, daß sie dachten, ich würde vor Kummer sterben.

Rob und Jet haben die Fernsehsendung von Hanneke Groenteman auf Video aufgenommen und sagen, ich müsse mir einen kleinen Ausschnitt daraus ansehen. Es geht um Ischa. Sie spulen das Video bis zu dem Ausschnitt vor, den sie mir zeigen wollen. Da sitzt Olga Zuiderhoek neben Hans van Manen, und Hanneke fragt, was von Ischa bleiben wird.

»Connie«, sagt Olga.

Es ist gut, daß sie mich das haben sehen lassen. Zum erstenmal höre ich etwas, das mir Halt gibt und woran ich mich klammern kann, wenn ich abrutsche. Ich bin Olga dankbar dafür, und auch für den Versprecher, der ihr permanent unterläuft. Jedesmal wenn sie »Trauerfeier« sagen will, sagt sie »Trauung«.

Anderthalb Monate laufe ich mit verwüstetem Mund herum, ehe ich mich entschließe, meinen Arzt aufzusuchen. Er heißt Frans, ist nüchtern und klug und bringt mich immer zum Lachen.

Mit einem Holzspatel öffnet er mir den Mund, und da entfährt meinem unerschütterlichen, meinem ausgeglichenen, meinem so ungeheuer nüchternen Arzt ein Schrei des Entsetzens. »Ach du liebe Güte, Connie«, sagt er ein paarmal hintereinander.

Frans' Reaktion ist der zweite Halt, an den ich mich klammere. Es ist eine Erinnerung an meine eigene Person. Ich bestehe nicht nur aus dem Verlust Ischas. Ich bin mehr als das, was nicht mehr da ist, und dieses Mehr ist ein Körper, und dieser Körper hat Schmerzen.

Es ist Soor, eine Krankheit von Neugeborenen.

Aus einem Protokoll der Gespräche, die Ischa mit seinem Finanzberater bei der Bank geführt hat, geht hervor, daß er mich zu seiner Erbin machen wollte. Es ist das einzige Dokument, über das ich verfüge, als ich mit Jessicas Mutter und Jeroen beim Notar um den Tisch sitze, aber es reicht nicht aus, um den Streit gegen die beiden ohnmächtigen, ungeliebten Menschen zu gewinnen, die durch seinen Tod eine Macht über ihn gewinnen, die sie zu seinen Lebzeiten nie hatten, gegen die unterschwellige Wut auf den Mann, der sie verlassen hat und ihnen Leid zufügte, und gegen ihre Rachsucht. Genau wie Ischa verliere ich. Nicht ganz. Ich kaufe die Wohnung in der Reestraat und erhalte das Verfügungsrecht über Ischas literarischen Nachlaß. Einige Monate danach sehe ich gelassen zu, wie Jeroen die Wohnung in der Reestraat durchstöbert, in Schubladen schaut und mit einem guten Dutzend prall gefüllter Umzugskartons von dannen zieht.

Jessica sitzt fassungslos dabei.

»Aber das gehört doch auch Connie«, sagt sie weinend.

Elf Wochen nach Ischas Tod wird mein Vater mit Verdacht auf einen leichten Schlaganfall ins St. Laurentiuskrankenhaus in Roermond eingeliefert. Ich besuche ihn, sooft ich kann, aber ich bin außerstande, der Reestraat und meiner Trauer länger als einen halben Tag fernzubleiben. Zwei Wochen nach seiner Einlieferung ruft mich mein Bruder Pierre weinend an, ich solle unbedingt ins Krankenhaus kommen. Er sagt, unser Vater liege im Sterben. Er habe vier Gehirntumoren.

Obwohl ich mich gerade wieder traue, Auto zu fahren, beschließe ich, den Zug nach Roermond zu nehmen, um nicht das Risiko einzugehen, auf der A2 in einen Stau zu geraten und womöglich zu spät zu kommen. Noch bevor wir Utrecht erreichen, wird über Lautsprecher durchgegeben, daß sich auf unserer Strecke ein Zugunglück ereignet habe und dieser Zug über Tilburg umgeleitet werde. Die Fahrt dauert Stunden, und ich beginne allmählich durchzudrehen. Ich laufe auf dem Gang auf und ab und erzähle jedem, der es hören will, daß mein Vater im Sterben liege. In Tilburg bleibt der Zug eine Viertelstunde lang stehen. Ich renne zu einem Fahrkartenschalter, frage die Frau hinter der Glasscheibe, wie weit es noch sei, wie schnell ich mit dem Taxi in Roermond sein könne, und flehe sie dann an, dafür zu sorgen, daß binnen fünf Minuten ein Hubschrauber für mich bereitstehe. Erst als sie sagt, sie wisse beim besten Willen nicht, wo sie einen Hubschrauber herholen solle, wird mir die Idiotie dieser Bitte bewußt, und resigniert sitze ich die vier Stunden dauernde Zugfahrt aus.

Am Nachmittag desselben Tages, des vierten Mai 1995, erhält mein Vater die Letzte Ölung. In dieser Nacht wachen und schlafen wir mit der gesamten Familie um sein Sterbebett herum, und auch die folgende und die darauffolgende

Nacht. Nach drei Tagen wird er in ein kleineres Zimmer gebracht, und ich liege mit einem oder zwei von meinen Brüdern zusammen Tag und Nacht neben ihm. Einer von uns hält stets seine Hand. Eine Woche lang weiche ich nicht von seinem Bett, schaue auf sein liebes Gesicht und verlasse das Krankenhaus nicht. Das Wort Hospitalisierung fällt, und da folge ich dem Rat eines der Ärzte und gehe zum erstenmal hinaus, in das Haus zurück, in dem er nie wieder leben wird. Fünf Tage später stirbt mein Vater im Morgengrauen. Es ist der 15. Mai 1995.

Es zerreißt mich fast vor Schmerz, aber ich habe mein Herz von kleinauf geknetet, um diesen Kummer aushalten zu können, und das tue ich auch.

Auch der Tod meines Vaters sorgt dafür, daß ich wieder mehr werde als der Verlust Ischas. Sein Tod macht mich zu der Tochter, die an einem Donnerstagmorgen im Mai zusammen mit ihrer Mutter und ihren Brüdern in einem Wald in Limburg ihren Vater beerdigt. Erst als ich wieder in der Reestraat bin und wütende, verzweifelte Versuche mache, den einen von dem anderen Schmerz zu trennen, merke ich, daß das nicht geht. Der Kummer um Ischa und der um meinen Vater vermengen sich, und der einzige Gedanke, der mir dazu kommt, ist, daß mit Ischa der Tod in meine Zukunft kam und mit meinem Vater der Tod in meine Vergangenheit, doch das hilft nichts. Schmerz ist Schmerz.

Mitte Juni stehe ich zum erstenmal seit Ischas Tod wieder an einem Rednerpult, um das Ere-Reiss-Mikrophon, das ihm posthum verliehen wurde, in Empfang zu nehmen.

Seit kurzem halte ich »posthum« so in etwa für das schlimmste Wort, das es gibt, sage ich vom Podium herab. Posthum bedeutet zu spät. Als Sie mich anriefen, um mich von dieser Ehrung für Ischa in Kenntnis zu setzen, saß ich am Sterbebett meines Vaters. Ischa war da bereits elf Wochen tot.

Es wäre ganz normal, wenn ich mal so richtig zornig würde, hatte ich von Fachleuten und Laien auch bereits seit Wochen zu hören bekommen, das gehöre zum Trauern, das tue gut.

Ich war noch nicht eine Sekunde zornig gewesen.

Ich hätte nicht gewußt, wie.

Aber das änderte sich schlagartig, als ich auf diesem Flur im St. Laurentiuskrankenhaus in Roermond stand, meinen Anrufbeantworter in Amsterdam abhörte und von diesem Ere-Reiss-Mikrophon erfuhr. Außer mir vor Wut war ich da plötzlich.

Ich war wütend auf jeden, der ihm zu Lebzeiten Anerkennung und damit Glück vorenthalten hatte, angefangen bei seinen Eltern, die ihn nicht als ihren Sohn anerkannten, bis hin zu einem amorphen, ständig wechselnden Klub von Jurys, die in diesem Land entscheiden, wessen Werk und Talent öffentlich anerkannt und belohnt werden.

Denn das tut man ja mit Preisen.

Ich hätte ihm alle Preise der Welt gegönnt, und ich finde, daß er sie auch verdient gehabt hätte. Und Ischa hätte sie auch gern allesamt haben wollen.

Natürlich ist posthum zu spät.

Zumal für Ischa.

Ischa war sich dessen sehr wohl bewußt. Er wußte, daß er, wenn er etwas Neues in Angriff nahm, kaum einmal öffentlich dafür gerühmt wurde und daß alle seine Arbeit erst lobten, wenn er damit aufhörte.

»Schade«, las man dann in der einen oder anderen Zeitung.

Er fand das schlimmer als schade. Er hätte gern einmal eine Anerkennung bekommen, bevor er mit irgend etwas aufhörte.

Jetzt hat er mit allem aufgehört.

Auch das ist schlimmer als schade.

Ich weiß eigentlich nicht, ob Ischa als Toter diesen Preis nicht posthum zurückweisen würde, ob er nicht schreien würde, daß es jetzt zu spät ist, ich weiß es wirklich nicht.

Ich kann das auch nicht mehr in Erfahrung bringen.

Wenn ich mir vorzustellen versuche, wie er selbst es gemacht hätte, wie er dieses Ere-Reiss-Mikrophon entgegengenommen hätte, dann sehe ich ihn so vor mir: Er besteigt wichtigtuerisch vor Verlegenheit dieses Podium, packt das Ding, schaut es sich an und schreit dann laut auf: »Uns Juden bleibt aber auch nichts erspart.«

Und darüber muß er selbst dann am lautesten lachen.

Seit er mir genommen wurde, habe ich sein Leben hinzubekommen. Die Wohnung mit all den Dingen, die ohne ihn nichts mehr wert sind und ihre Seele verloren haben, den Büchern, die er gekauft hat und die ungelesen blieben, den Büchern, die er geschrieben hat und die er nicht geschrieben hat, den Tausenden und Abertausenden vollgetippter, zum Teil unveröffentlichter Seiten, den Hunderten von Interviews, die in Zeitungen und Zeitschriften erschienen sind, den Dutzenden von Videokassetten, auf denen seine Talkshows festgehalten sind, und den unzähligen Kassetten mit seinen Radiosendungen, seinen Theaterstücken, den Liedern, die er geschrieben, und den Liedern, die er gesungen hat, das alles liegt dort wie Gestalt gewordener, Ding gewordener Geist, als wunderbarer Beleg für ein vergangenes Leben. Es ist so viel. Ich bin umgeben von seinen Sätzen, und manchmal werden sie in meinen Ohren laut wie ein großer, langgezogener Schrei.

Im Sommer verreise ich zum erstenmal allein. Ich fahre in die Bretagne, zu den Freunden, die mir am vertrautesten geworden sind und bei denen ich mich geborgen weiß, zu Arend Jan und Christien. Die Autofahrt dorthin, für die ich im folgenden Jahr und im Jahr darauf neun oder zehn Stunden brauchen werde, kostet mich bei diesem ersten Mal zwei volle Tage. Alle paar Kilometer halte ich am Straßenrand, weil ich nicht mehr weiterkann.

Die ersten Träume, in denen er auftaucht, verfluche ich, weil ich aus ihnen erwachen muß und dann wieder tagelang wimmere vor rohem Schmerz, doch nach einigen Monaten bete ich um einen Traum, in dem er mir erscheint, weil der Traum nun die einzige Art und Weise ist, wie ich ihn noch lebendig bei mir haben kann, weil er sich darin bewegt und spricht, wie er sich nie zuvor bewegt und gesprochen hat.

Es ist eine unbarmherzige Zeit, und das Leben teilt sich mir nicht mehr unverschnitten mit. Sein Tod durchkreuzt und färbt alles, was ich höre und erlebe. Ein einziges Wort kann schon genügen, um den gähnenden Abgrund der Erinnerung aufzureißen, und jede Erinnerung tut mir weh. Blitz. Suppe. New York. E.T. Perlhuhn. *Home.* Bei allen Wörtern, in denen ein i oder ein a vorkommt, erschrecke ich. Gutes, Amüsantes und Schönes läßt mich leiden, weil ich es allein sehen muß, es nicht mit ihm teilen und dadurch verdoppeln kann, weil er nicht mehr genießen kann, was ich genieße. Und noch monate- und jahrelang sehe und höre ich lauter *Dicke Männer*, die nie mehr geschrieben werden.

Trauer hat nichts mit Glück oder Unglück zu tun. Glück und Unglück gehören in den Bereich von glücken und mißglücken, in den Bereich, der der persönlichen Entscheidung, Macht, Verantwortung, Wettbewerb, Talent zugeordnet ist, dem Bereich, in dem man handelt und aktiv wird. Das ist der Bereich, dessen Pforte sich beim eigenen Tod schließt, aber nicht beim Tod eines anderen.

George Braziller ruft mich regelmäßig aus New York an, und im Sommer kommen Daniel und Anna Keel nach Amsterdam. Wir sitzen auf der Terrasse des Americain, und ich agiere wild und aufgekratzt. Ich rede und lache, und mir strömen die Tränen aus den Augen.

»*It's the gaiety of despair*«, sage ich irgendwann entschuldigend.

»Aber Connie, du warst schon immer so«, entgegnet Anna Keel daraufhin.

Eine Freundin aus Deutschland schickt mir einen Brief und erkundigt sich nichtsahnend, wie es mit meinem neuen Buch und Nummer acht gehe. »Nummer acht ist tot«, schreibe ich zurück. »Herz. Mein Vater ist tot. Gehirn. Das Buch über die Freundschaft zwischen Herz und Gehirn muß es allein schaffen. Ich bin ziemlich kaputt. Nein, ich bin kaputt.«

Im November feiere ich meinen vierzigsten Geburtstag, und das ziehe ich ganz groß auf. Ich tue das, weil ich meine Freunde um mich haben und ihnen ein Fest geben möchte, aus Dankbarkeit. Diese Dankbarkeit ist begründet. Ich bin weinend bei ihnen von Tür zu Tür gegangen. Ich bin mir darüber bewußt, daß ich mich mehr schlecht als recht durch die vergangenen neun Monate geschleppt habe, daß sie mein mit seinem Tod schwangeres Leben auf ihre Schultern genommen und mich so lange getragen haben, bis ich wieder eigenständig laufen konnte.

Auf dem Weg zu meinem eigenen Fest verliere ich den kleinen Koffer, in dem ich all die Kassetten mit Schmalzmusik aufbewahrt hatte, für ihn.

Nach und nach nimmt dieses ganz entsetzliche Gefühl ab, dieser permanente Schrecken, der sich derartig in meinem Körper, meinen Eingeweiden, meinem Herzen und meinem Kopf eingenistet hatte, als würde er nie wieder weggehen. Meine Angst läßt nach, und ich bekomme wieder Haut. Das Neue hat sich abgenutzt. Ich beginne mich an den Gedanken zu gewöhnen, daß ich großen Kummer habe, daß ich einen Abwesenden liebe und damit lebe. Ich entspanne die Kiefer. Ich habe mir die Zähne an diesem Kummer zerbissen, und ich wünsche eine Instandsetzung. Der verblüffte Zahnarzt läßt mich mit einem kleinen Handspiegel sehen, daß ich mir links und rechts je drei Backenzähne kaputtgeknirscht habe.

»Du hast vierundzwanzig Stunden am Tag die Zähne zusammengebissen«, sagt er.

Vom ersten Satz von *I.M.* an fürchte ich mich vor dem letzten.

Kurz vor seinem zweiten Geburts-Todestag beginne ich wieder mit dem Schreiben. Morgens klappe ich diesen mechanischen Schreibblock auf und tue das einzige, wozu ich Lust habe, wonach mich verlangt.

Es wird werden, was ich daraus mache.

Ehe dieser eine Satz auf dem Bildschirm erscheint, der Satz, der mich jeden Tag wieder in seiner ganzen Bedeutung trifft, höre ich ein Piepsen. Es ist meine animistische Seele, die diesen Piepser als Begrüßung auffaßt, und da grüße ich zurück, da begrüße ich den Ischa, den ich mache.

»*Press any key to continue*«, lautet dieser Satz und die Antwort, die ich mir von Ischa geben lasse.

Und das tue ich dann auch.

Amsterdam, Dezember 1997

Anmerkungen

TAMARAH BENIMA: Chefredakteurin des *Nieuw Israëlisch Weekblad*
WILLEM BREUKER: Komponist und Musiker, Gründer des »Wilhelm Breuker Collectief«
RAYMOND CEULEMANS: ehemaliger Billardmeister
ISAAC DA COSTA: Dichter (1798–1860), vom jüdischen zum christlichen Glauben übergetreten
ADRIAAN VAN DIS: Schriftsteller (* 1946), hatte mit Connie Palmen zusammen eine literarische Theatershow
JOOP VAN DEN ENDE: Fernseh- und Theaterproduzent
RUDI FUCHS: Direktor des Stedelijk Museum Amsterdam
HANNEKE GROENTEMAN: Moderatorin einer Fernseh-Talkshow
JACOB ISRAËL DE HAAN: niederländisch-jüdischer Schriftsteller (1881–1924)
PAUL HAENEN: Fernseh- und Theatergröße
JAN DE HARTOG: Erzähler und Dramatiker (* 1914), wohnhaft in den USA
JAC HEIJER: Theaterrezensent beim NRC *Handelsblad* († 1991)
THEODOR HOLMAN: Kolumnist
PIETER HOLSTEIN: bildender Künstler (* 1934)

Freek de Jonge: Kabarettist

Hella de Jonge: Frau von Freek und bildende Künstlerin

Roelof Kiers: ehemaliger Chefredakteur beim Fernsehsender VPRO († 1996)

Simone Kleinsma: Musicalstar

Gerrit Komrij: Lyriker, Schriftsteller und Essayist (* 1944)

Tom Lanoye: belgischer Schriftsteller (* 1958)

John Lanting: Schauspieler und Regisseur

Paul de Leeuw: Kabarettist und Komiker mit eigener Fernsehshow

Ton Lutz: Schauspieler und Theaterregisseur

Annet Malherbe: Schauspielerin

Hans van Manen: Choreograph

Henk van der Meyden: Journalist und ehemaliger Chefredakteur der Wochenillustrierten *Privé*

Henk van Os: ehemaliger Direktor des Rijksmuseum Amsterdam

Carel Peeters: Literaturkritiker bei der Wochenzeitschrift *Vrij Nederland*

Henk Spaan: Kolumnist

Fred van der Spek: ehemaliger Politiker einer extrem linken Partei

Frans Weisz: Filmregisseur

Olga Zuiderhoek: Schauspielerin

Het uur U (dt. Übersetzung *Die Stunde X*): Dichtung von Martinus Nijhoff (1894–1953)

Kees de jongen (Der Junge Kees): Roman von Theo Thijssen (1879–1943)

De Tuinman en de Dood (Der Gärtner und der Tod): Gedicht von Pieter Nicolaas van Eyck (1887–1954)

Kroeglopen (Kneipengänge): Auswahl von Kolumnenartikeln von Simon Carmiggelt (1913–1987)

e cheschiewes: eine Seele von Mensch (niederländisch-jiddisch)

chóchme: Weisheit (jiddisch)